高等职业院校创新创业教育“十四五”规划教材

创新创业：思维、方法与技术

邵　曦　王娜娅　周　苏　主编

中国铁道出版社有限公司
CHINA RAILWAY PUBLISHING HOUSE CO., LTD.

内 容 简 介

建设创新型国家，核心是增强自主创新能力，为此，创新方法必须先行。本书包括创业与创新基础、创新驱动与互联网思维、大数据思维、传统创新方法、创新思维与技法、TRIZ 创新方法基础、技术系统进化法则、40 个发明原理（即提高系统协调性的发明原理、消除有害作用的发明原理、改进操作和控制的发明原理、提高系统效率的发明原理）、用矛盾矩阵求解技术矛盾、用分离方法解决物理矛盾、创新驱动创业、创业模式与创业计划等内容。本书所涉及的知识面广，浅显易懂又理论联系实际，内容编排充分考虑了教学的特点与需要。

各章精心安排了课前阅读“创新引领”和课后实践“实训与思考”等环节，实操性强，把创业能力、创新思维、创新方法的概念、理论和技术知识融入实践中，帮助读者加深对学习的认识和理解，熟悉创新思维、方法与创业能力的实际应用。作为学习辅助，书后附录提供了全部作业和部分实训的参考答案。本书是开展创新创业教育，切实提高大学生创新创业能力的一本理论与实践相结合的优秀教材。

本书可作为高等院校各个专业开展创新创业教育的应用型教材，也可供科技工作者和工程技术人员参考。

图书在版编目（CIP）数据

创新创业：思维、方法与技术/邵曦，王娜娅，周苏主编. —北京：中国铁道出版社有限公司，2021.7

高等职业院校创新创业教育“十四五”规划教材

ISBN 978-7-113-27934-9

Ⅰ.①创… Ⅱ.①邵… ②王… ③周… Ⅲ.①大学生-创业-高等职业教育-教材 Ⅳ.①G647.38

中国版本图书馆 CIP 数据核字（2021）第 082960 号

书　　名：创新创业：思维、方法与技术
作　　者：邵　曦　王娜娅　周　苏

策　　划：汪　敏　　　　读者热线：（010）51873628
责任编辑：汪　敏　李学敏
封面设计：崔丽芳
封面制作：刘　颖
责任校对：焦桂荣
责任印制：樊启鹏

出版发行：中国铁道出版社有限公司（100054，北京市西城区右安门西街 8 号）
网　　址：http://www.tdpress.com/51eds/
印　　刷：三河市兴达印务有限公司
版　　次：2021 年 7 月第 1 版　2021 年 7 月第 1 次印刷
开　　本：787 mm×1 092 mm　1/16　印张：18.5　字数：438 千
书　　号：ISBN 978-7-113-27934-9
定　　价：49.80 元

前 言

“大众创业，万众创新”在我国已经日渐深入人心，针对大学生积极开展创新创业教育，将大学毕业生培养成为国家创新驱动发展的生力军，是摆在高等教育面前的重要任务。

研究表明，创新的先锋团队——众多的诺贝尔奖获得者的成功途径，一是科学发现，二是科学仪器，三是科学方法。其中科学方法的核心是创新方法。建设创新型国家，核心是要增强自主创新能力。自主创新，方法必须先行。

1946 年，苏联科学家根里奇·阿奇舒勒（1926—1998 年）开始了“发明问题解决理论”（TRIZ）的研究工作。在以后的数十年中，这位发明家投入全部精力，致力于创新研究。在他的带领下，苏联的几十家学校、研究部门和企业组成专门机构，先后分析了几十万份世界发明专利，总结出技术进化所遵循的普遍规律，以及解决各种技术矛盾和物理矛盾时采用的创新法则，创建了一种由解决技术问题、实现技术创新的各种方法组成的理论体系——TRIZ。

为了落实国家中长期科技规划纲要，从源头推进我国的自主创新，2008 年，国家科学技术部、发展与改革委员会、教育部、科学技术协会四部委联合颁布了《关于加强创新方法工作的若干意见》，文件中明确指出要“推进 TRIZ 等国际先进技术创新方法与中国本土需求融合……特别是推动 TRIZ 中成熟方法的培训……”。

实践表明，运用创新思维和 TRIZ 创新方法，能够帮助我们突破思维定势，从不同角度分析问题，进行理性的逻辑思维，揭示问题的本质，确定问题进一步的探索方向；能根据技术进化规律，预测未来发展趋势，最终抓住机会来彻底解决创新问题；能切实提高大学生的创新思维与创业能力。

本教材的内容包括创业与创新基础、创新驱动与互联网思维、大数据思维、传统创新方法、创新思维与技法、TRIZ 创新方法基础、技术系统进化法则、40 个发明原理（即提高系统协调性的发明原理、消除有害作用的发明原理、改进操作和控制的发明原理、提高系统效率的发明原理)、用矛盾矩阵求解技术矛盾、用分离方法解决物理矛盾、创新驱动创业、创业模式与创业计划等内容，是通俗易懂，理论与实践相结合的创新创业教育教材。

本书是温州市首批创新创业精品课程的成果之一，也是浙江东方职业技术学院中小企业创业与经营专业的核心课程教材之一。本书的编写工作得到了浙江东方职业技术学院"非遗与创客教育"小学科建设项目和2018年度浙江省级众创空间（东方印创空间）平台的支持。

本书由邵曦、王娜娅、周苏任主编，谷蓓蕾、孙一、丁磊、任春蕾、王文等人参与了编写。本书的编写工作得到浙江东方职业技术学院、温州商学院、浙江安防职业技术学院、浙大城市学院、浙江商业职业技术学院等单位的支持。欢迎教师索取配套的教学资料：E-mail：zhousu@qq.com，QQ：81505050。

编　者

2021年2月

课程教学进度表

课程号：＿＿＿＿＿＿ 课程名称：创新方法与创业能力 学分：＿2＿ 周学时：＿2＿；

理论学时：＿32＿；课外实践学时：＿30＿

主讲教师：＿＿＿＿＿＿＿＿

序号	校历周次	章节（或实验、习题课等）名称与内容	学时	教学方法	课后作业布置
1	1	第 1 章 创业与创新基础	2	课堂教学	习题/实训与思考
2	2	第 2 章 创新驱动与互联网思维	2	课堂教学	习题/实训与思考
3	3	第 3 章 大数据思维	2	课堂教学	习题/实训与思考
4	4	第 4 章 传统创新方法	2	课堂教学	习题/实训与思考
5	5	第 5 章 创新思维与技法	2	课堂教学	习题/实训与思考
6	6	机动・课程实践：分组进行头脑风暴会议	2	课堂教学	实践活动
7	7	第 6 章 TRIZ 创新方法基础	2	课堂教学	习题/实训与思考
8	8	第 7 章 技术系统进化法则	2	课堂教学	习题/实训与思考
9	9	第 8 章 提高系统协调性的发明原理	2	课堂教学	习题/实训与思考
10	10	第 9 章 消除有害作用的发明原理	2	课堂教学	习题/实训与思考
11	11	第 10 章 改进操作和控制的发明原理	2	课堂教学	习题/实训与思考
12	12	第 11 章 提高系统效率的发明原理	2	课堂教学	习题/实训与思考
13	13	第 12 章 用矛盾矩阵求解技术矛盾	2	课堂教学	习题/实训与思考
14	14	第 13 章 用分离方法解决物理矛盾	2	课堂教学	习题/实训与思考
15	15	第 14 章 创新驱动创业	2	课堂教学	习题/实训与思考
16	16	第 15 章 创业模式与创业计划	2	课堂教学	习题/实训与思考 课程实验总结

目 录

第1章 创业与创新基础

【创新引领】习近平总书记的创新观

中国共产党十八大以来，习近平总书记高度重视创新发展，在多次讲话和论述中反复强调“创新”，内容涵盖了科技、人才、文艺等方面以及在理论、制度、实践上如何创新。

把创新摆在国家发展全局的核心位置

面对日益激烈的国际竞争，我们必须把创新摆在国家发展全局的核心位置，不断推进理论创新、制度创新、科技创新、文化创新等各方面创新。

——2016年4月26日，习近平在安徽合肥主持召开知识分子、劳动模范、青年代表座谈会时指出

创新发展、新旧动能转换，是我们能否过坎的关键。要坚持把发展基点放在创新上，发挥我国社会主义制度能够集中力量办大事的制度优势，大力培育创新优势企业，塑造更多依靠创新驱动、更多发挥先发优势的引领型发展。

——2018年6月14日，习近平在济南考察浪潮集团高端容错计算机生产基地时指出

发展是第一要务，人才是第一资源，创新是第一动力。中国如果不走创新驱动道路，新旧动能不能顺利转换，就不能真正强大起来。

——2018年3月7日，习近平参加十三届全国人大一次会议广东代表团的审议时指出

科技创新

重大科技创新成果是国之重器、国之利器，必须牢牢掌握在自己手上，必须依靠自力更生、自主创新。

——2018年5月2日，习近平在北京大学考察时强调

中国要强盛、要复兴，就一定要大力发展科学技术，努力成为世界主要科学中心和创新高地。

——2018年5月28日，习近平在中国科学院第十九次院士大会、中国工程院第十四次院士大会上的讲话

要在我国发展新的历史起点上，把科技创新摆在更加重要位置，吹响建设世界科技

强国的号角。

——2016 年 5 月 30 日，习近平在全国科技创新大会（见图 1-1）、两院院士大会、中国科协第九次全国代表大会上的讲话

图 1-1　全国科技创新大会

世界每时每刻都在发生变化，中国也每时每刻都在发生变化，我们必须在理论上跟上时代，不断认识规律，不断推进理论创新、实践创新、制度创新、文化创新以及其他各方面创新。

——2017 年 10 月 18 日，习近平在中国共产党第十九次全国代表大会上的报告

我们要把完善和发展中国特色社会主义制度、推进国家治理体系和治理能力现代化作为全面深化改革的总目标，勇于推进理论创新、实践创新、制度创新以及其他各方面创新。

——2016 年 7 月 1 日，习近平在庆祝中国共产党成立 95 周年大会的讲话

实践创新和理论创新永无止境。毛泽东思想、邓小平理论、“三个代表”重要思想、科学发展观都是在实践基础上的理论创新。我们要继续与时俱进，推进马克思主义不断发展。

——2015 年 2 月 14 日，习近平在陕西考察调研时指出

文化创新

文艺创作是观念和手段相结合、内容和形式相融合的深度创新，是各种艺术要素和技术要素的集成，是胸怀和创意的对接。

——2014 年 10 月 15 日，习近平在文艺工作座谈会上的讲话

希望大家勇于创新创造，用精湛的艺术推动文化创新发展。优秀作品反映着一个国家、一个民族文化创新创造的能力和水平。广大文艺工作者要把创作生产优秀作品作为中心环节，不断推进文艺创新、提高文艺创作质量，努力为人民创造文化杰作、为人类贡献不朽作品。

——2016 年 11 月 30 日，习近平在中国文联十大、中国作协九大开幕式上的讲话

深入挖掘中华优秀传统文化蕴含的思想观念、人文精神、道德规范，结合时代要求继承创新，让中华文化展现出永久魅力和时代风采。

——2017 年 10 月 18 日，习近平在中国共产党第十九次全国代表大会上的报告

人才创新

人才是创新的根基，是创新的核心要素。创新驱动实质上是人才驱动。为了加快形成一支规模宏大、富有创新精神、敢于承担风险的创新型人才队伍，要重点在用好、吸引、培养上下功夫。

——2014 年 8 月 18 日，习近平在中央财经领导小组第七次会议上的讲话

要加大改革落实工作力度，把《关于深化人才发展体制机制改革的意见》落到实处，加快构建具有全球竞争力的人才制度体系，聚天下英才而用之。要着力破除体制机制障碍，向用人主体放权，为人才松绑，让人才创新创造活力充分迸发，使各方面人才各得其所、尽展其长。

——2016 年 5 月 6 日，习近平就深化人才发展体制机制改革作出重要指示时强调

走创新发展之路，首先要重视集聚创新人才。要充分发挥好现有人才作用，同时敞开大门，招四方之才，招国际上的人才，择天下英才而用之。

——2012 年 12 月 7 日至 11 日，习近平在广东考察工作时的讲话

阅读上文，请思考、分析并简单记录。

（1）习近平总书记一贯重视创新发展。请在网络搜索，学习更多习总书记关于“创新”的金句并记录。

答：______________________________

____

____

____

____

（2）习近平总书记多次谈到“重视创新人才的培养”，请简单说说你对此的想法。

答：______________________________

____

____

____

____

（3）2006 年 6 月 28 日，著名科学家王大珩、刘东生、叶笃正三位院士联名向时任国务院总理温家宝写信，提出《关于加强创新方法工作的建议》。7 月 3 日，温总理就给出批示：“三位老科学家提出‘自主创新，方法先行’，创新方法是自主创新的根本之源，这一重要观点应高度重视，所提三点建议，请科技部、教育部、发改委结合实际，深入研究，有何意见望告。”请通过网络搜索，深入了解“创新方法”，并记录你的认识。

答：______________________________

____

____

____

____

（4）请简单记述你所知道的上一周发生的国际、国内或者身边的大事。

答：______

______

______

______

______

1.1 实现价值，开创事业

所谓创业，是指创业者对自己拥有的资源或通过努力对能够拥有的资源进行优化整合，从而创造出更大经济或社会价值的过程。创业是一种需要创业者组织经营管理、运用服务、技术、器物作业的思考、推理和判断的行为。创业致力于理解创造新事物（新产品、新市场、新生产过程或原材料，组织现有技术的新方法）的机会，运用各种方法去利用和开发它们，然后产生各种成果。

1.1.1 创业者的类型

随着经济的发展，投身创业的人越来越多，《科学投资》调查研究表明，国内创业者基本可以分为以下类型：

（1）生存型创业者。大多为下岗者，或因为种种原因不愿困守乡村的农民，以及刚刚毕业找不到工作的大学生。这是中国数量最大的创业人群。清华大学的调查报告说，这一类型的创业者占中国创业者总数的 90%。

一般创业范围均局限于商业贸易，少量从事实业，也基本是小型的加工业。当然也有因为机遇成长为大中型企业的，但数量极少，因为国内市场已经不像多年前的创业初期，那时经济短缺，机遇遍地。如今，仅想依靠机遇成就大业，已是不切实际的幻想了。

（2）主动型创业者。可以分为两种，一种是盲动型创业者，一种是冷静型创业者。前一种创业者大多极为自信，做事冲动。这种类型的创业者，大多是博彩爱好者，喜欢买彩票，而不太喜欢检讨成功概率。这样的创业者很容易失败，但一旦成功，往往就是一番大事业。冷静型创业者是创业者中的精华，其特点是谋定而后动，不打无准备之仗，或是掌握资源，或是拥有技术，一旦行动，成功概率通常很高。

（3）赚钱型创业者。这个群体除了赚钱没有什么明确的目标。他们就是喜欢创业，喜欢做老板的感觉。他们不计较自己能做什么，会做什么。可能在做着这样一件事又在做着那样一件事，他们做的事情之间可以完全不相干。甚至其中有一些人，连对赚钱都没有明显的兴趣，也从来不考虑自己创业的成败得失。奇怪的是，这一类创业者中赚钱的并不少，创业失败的概率也并不比那些兢兢业业，勤勤恳恳的创业者高。而且，这一类创业者大多过得很快乐。

（4）创意创新创业型创业者。此类创业模式，对创业者的个人素质要求很高，创业成功往往形成独角兽企业，有时形成新的业态。

创业者首先要处理好创意、创新、创业三者的关系：常规思维及创新思维产生创意，创意是创新的基础，创意是创业的动力源之一，创新与创业的结合形成新的生产方式，良好的创新创业氛围更易激发人们的创意，创意创新创业组合的链条是推动各业发展、社会繁荣的重要源泉；其次是配置资源。

（5）迭代创业者。互联网时代认知迭代、产品迭代、组织迭代、营销迭代，不断迭代的创业模式。互联网迭代创业的认知标准是打造超级 IP。企业要在细分市场建立一个高维度富有想象力的认知。让大市场明白你到底是什么？让用户知道你是先进的还是落后的？你的认知能力是否提升到可以布局未来？认知迭代就是企业 IP 面向未来的旗帜。

1.1.2　创业的基本阶段

创业之路可以分为四个阶段：

第一阶段：生存阶段，以产品和技术来占领市场，只要有想法（点子）会销售就可以。

第二阶段：公司化阶段，规范管理来增加企业效益，这是需要创业者的思维从想法提升到思考的高度，而原先的销售就转变成一个个渠道的建设，公司的销售是依靠渠道来完成，团队也初步形成。

第三阶段：集团化阶段。这时依靠的是硬实力（核心竞争力），整个集团和子公司形成了系统平台，依靠的是各个团队通过系统平台来完成管理（变人治为公司治理），销售变成了营销，区域性渠道转变成一个个地区性的网络。从而形成了系统。思维从平面到三维。这时，创业者有了现金流系统，它 24 小时工作着，这是许多创业者梦想达到的理想状态。

第四阶段：这是创业者的最高境界，集团总部阶段，是一种无国界的经营，俗称跨国公司。集团总部的系统平台和各子集团的运营系统形成的是一种体系。集团总部依靠的是一种可跨越行业边界的无边界核心竞争力（软实力），子集团形成的是行业核心竞争力（硬实力），这样将使集团的各行各业取得它们在单兵作战的情况下所无法取得业绩水平和速度。思维已从三维到多维，这才是企业发展所能追求和达到的最高境界。

1.1.3　创业的基础是创新

创业是指发现、创造和利用适当的机会，借助有效的商业模式组合生产要素，创立新的事业，以获得新的商业成功的过程或活动（见图 1-2）。所谓创业教育，就是要使受教育者能够在社会经济、文化、政治领域内进行行为创新，开辟或拓展新的发展空间，并为他人和社会提供机遇的探索性行为的教育活动。

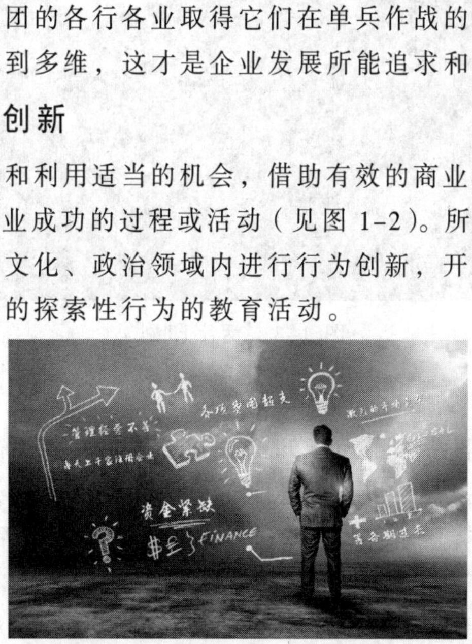

图 1-2　大学毕业生创业

初创型企业，大多是小企业，团队是新的，管理是新的，市场与渠道又相对陌生，那么，与那些成熟企业相比，创业型企业的竞争力就只能源于创新力。因此，创新不单是技术创新，更包括体制机制创新、管理创新、模式创新。

中国地大物博，人口众多，蕴藏着无穷的创造力。万千“草根”是创业的主体，而大学生、研究生创业更是“草根创新”的重要力量。然而，以创新为基础的创业，不应该是摆地摊、开咖啡店的方式，要引导创业者走“需求拉动、创新驱动”之路，开展科技成果研发和转化。要在创新教育的基础上，鼓励大学毕业生和青年投身于创业的大潮。

1.2 发明与创新

人类发展及科学技术进步中的每一次重大跨越和重要发现都与思维创新、方法创新、工具创新密切相关。离开了“创新”，人类社会不可能向前迈进，科学技术也不可能有实质性的进步。可以说，“创新”已经成为现代社会发展与进步的基本动力。

我国是一个文明古国，也是一个发明大国。在绵延数千年的中国历史长河中，我们的祖先创造了灿烂的科技文化，为推动人类的进步与发展做出了不可磨灭的贡献。从公元前 4000 年算起，截止明代末年，世界科技史上的 100 项重大发明的前 27 项中，有 18 项是属于中国人的发明。16 世纪前的中国，真可谓发明大国。活字印刷（见图 1-3）、指南针、造纸术和火药这四大发明曾在世界文明史上写下了一页页光辉的篇章。富有创新精神的中华民族对人类的科技、经济发展起着巨大的推动作用。

图 1-3 活字印刷

1.2.1 发现和发明

所谓发现，是对客观世界中前所未知的事物、现象及其规律的一种认识活动。发现的结果本身是客观存在的，是不以人的意志为转移的。无论人类是否对其有所认识，它都按照自身的规律存在于客观世界中。对这种结果进行认识的活动过程就是发现。例如，物质的本质、现象、规律等，不管人类是否发现了它们，它们本来是客观存在的。后来被人类认识到了，就是发现。科学研究的目的就是发现这些客观存在的、还没有被人类认识到的规律。发现也称为科学发现。

发明是指具有独创性、新颖性、实用性和时间性的技术成果，通常指人类做出的前所未有的成果。这种成果包括有形的物品和无形的方法等，在被发明出来之前客观上是不存在的。通过技术研究而得到的前所未有的成果多属发明。发明最注重的是独创性和时间性（或称为首创性）。

简单说，发现和发明的区别主要是：发现是认识世界；发明是改造世界。发现要回答"是什么"、"为什么"和"能不能"等问题，主要属于非物质形态财富；发明要回答"做什么"、"怎么做"和"做出来有什么用"等问题，是知识的物化，能够直接创造物质财富。科学发现在我国是不授予专利权的。对于那些具有新颖性、创造性和实用性的发明，发明人可以申请专利，利用法律的手段来保护自己的合法权益。

1.2.2　创造与创新

"创造"一词是对创造活动的综合概括。在《现代汉语词典》里，"创造"被解释为"想出新方法、建立新理论、做出新的成绩或东西"。可以说，创造是人们应用已知信息，产生某种新颖而独特的、具有社会价值或个人价值的产品的过程，是"破旧立新"，打破世界上已有的，创立世界上尚未有的精神和物质的活动。作为创造的成果，这种产品可以是新概念、新设想、新理论，也可以指新技术、新工艺、新产品。其特征是新颖、独特，具有一定的社会价值或个人价值。

创新是从英文 innovate（动词）或 innovation（名词）翻译过来的。根据《韦氏词典》所下的定义，创新的含义为：引进新概念、新东西和革新。

创新理论最早是由奥地利经济学家熊彼特（1883—1950）于 1912 年在其成名作《经济发展理论》一书中首先提出来的。按照熊彼特的观点，"创新"是指新技术、新发明在生产中的首次应用，是指建立一种新的生产函数或供应函数，是在生产体系中引进一种生产要素和生产条件的新组合。熊彼特认为创新包括五个方面的内容：

（1）采用一种新的产品或产品的一种新的特性。

（2）开辟新的市场。

（3）获得一种原料或半成品的新的供给来源。

（4）采用新的生产方法（主要是工艺）。

（5）实现新的组织形式。

从一般意义上讲，创造强调的是新颖性和独特性，而创新强调的则是创造的某种具体实现。创造与创新在概念上的差别体现在以下几个方面：

（1）创造比较强调过程，创新比较强调结果。例如，可以说"他创造了一种新方法，这种方法具有创新价值"。

（2）在程度上，创造强调"首创"、"第一"、"无中生有"和"破旧立新"，主要是指自身的新颖性，不一定有比较对象；创新是建立在已经创造出的既有概念、想法、做法等基础之上，其着眼点在于"由旧到新"，强调与原有事物相比较。因此，在某种程度上，可以将创新看作是创造的目的和结果。例如，蒸汽机的出现是一种创造（见图 1-4），而将它应用到其他工业领域，则是创新（见图 1-5）。

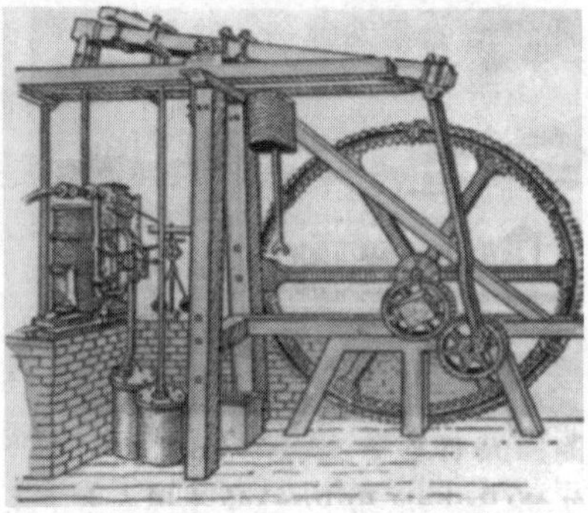
图 1-4　创造：瓦特改良的蒸汽机

图 1-5　创新：蒸汽机火车头

（3）在思维过程上，创造应是独到的，其思维始终站在新异的尖端；创新则是在已经创造出的既有概念、想法和做法等的基础上，将别人的原始想法组织起来，应用到自己的思维活动中去。

（4）在范畴上，创造一般指的多是知识、概念、理论、艺术等方面；创新一般指的多是技术、方法、产品等。

（5）在目的上，创造注重的是科学性和探索性；创新更注重经济性和社会性。

1.2.3　典型问题和非典型问题

很多哲学家认为，只有在面对问题的时候，人才会开始思考，且思考过程是以问题为起点进行的。当我们看到了问题的现状，并设想了问题被解决后应该实现什么样的状态，接下来我们就会想办法改变问题的现状。在解决问题的过程中，如果用那些已经熟知的典型解决方法无法解决问题，那么我们就会考虑采用非典型方法来解决问题。

典型解决方法：可以通过专业教育学到的处理问题的常规方法。对于专业人士来说，典型解决方法是他们工作中经常用到的、非常熟悉的那些解决本领域问题的方法。现有的典型解决方法绝大多数都是前人通过试错法得到的。专业人士通过学习，掌握了这些方法后，就可以将它们作为“拿来就用”的工具。

典型问题：那些用典型解决方法可以解决的问题。

非典型问题：那些用典型的解决方法无法解决的问题。

对于一个非典型问题来说，既然无法使用典型解决方法来解决，那么就需要使用具有创造性、创新性的思维方法来找到一种解决方法。这种能够解决非典型问题的，具有创造性、创新性的解决方法对于该问题来说就是一种非典型方法。因此，非典型问题也被称为创新问题。

在面对非典型问题的时候，人们往往会先用各种典型解决方法尝试求解。当典型解决方法无能为力的时候，专业人士会绞尽脑汁去寻找某种非典型解决方法。一旦所找到的这种非典型方法解决了该非典型问题，这种非典型方法很快就会在该领域的专业人士之间传播开来，并最终成为该领域中的一种典型解决方法。这里的“绞尽脑汁”就是人们在面对非典型问题时的真实写照。在绞尽脑汁的过程中，有人通过“顿悟”找到了非典型方法；有人从其他领域找到了可以解决本领域中非典型问题的方法，这种方法在其原有领域中可能已经是典型方法了，但是对于这个领域来说就是一种非典型方法。因此，一种方法是典型方法还是非典型方法是相对的。

为了找到解决非典型问题的方法，处于同一时代的两位先驱者从不同的角度提出了不同的理论。以美国的亚历山大·奥斯本为代表的学者们开创了“创造学”这种以创造主体的心理活动为主的创新方法体系。创造发明是人类劳动中最高级、最活跃、最复杂、也是最有意义的一种实践活动，其实质是人类追求新的有价值的功能系统。而创造发明可以发展生产力，推动社会进步，改善人类的生活环境、劳动环境，因此创造发明是人类最宝贵的财富。创造学是一门研究人类创造发明活动规律的科学。

苏联的根里奇·阿奇舒勒通过对大量专利的研究、分析和总结，发现了隐藏在专利背后的规律，提出了发明问题解决理论（TRIZ）。TRIZ 属于技术创新的范畴，其主要作用就是解决创新问题。当然，非创新问题也可以用 TRIZ 来解决。

1.2.4　科技创新体系

创新理论和实践都证明，创新是人人都具有的一种潜在能力，而且这种能力可以通过一定的学习和训练得到激发和提升。同时，创新是有规律可循的。人类在解决工程技术问题时所采用的方法都是有规律的，并且这些规律可以通过总结和学习加以掌握和应用。

科技创新是原创性科学研究和技术创新的总称，是指创造和应用新知识和新技术、新工艺，采用新的生产方式和经营管理模式，开发新产品，提高产品质量，提供新服务的过程（见图 1-6）。

原创性的科学研究或知识创新是提出新观点（包括新概念、新思想、新理论、新方法、新发现和新假设）的科学研究活动，并涵盖开辟新的研究领域、以新的视角来重新认识已知事物等。原创性的知识创新与技术创新结合在一起，使人类知识系统不断丰富和完善，认识能力不断提高，产品不断更新。信息通信技术发展引领的管理创新作为信息时代和知识社会科技创新的主题，也是当今科技创新的重要组成部分。

科技创新体系由以科学研究为先导的知识创新、以标准化为轴心的技术创新和以信息化为载体的现代科技引领的管理创新三大体系构成（见图 1-7），知识社会新环境下三个体系相互渗透，互为支撑，互为动力，推动着科学研究、技术研发、管理与制度创新的新形态。

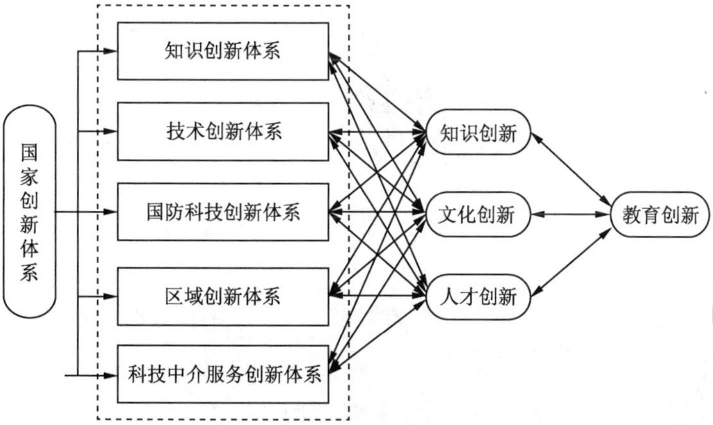

图 1-6　国家创新体系

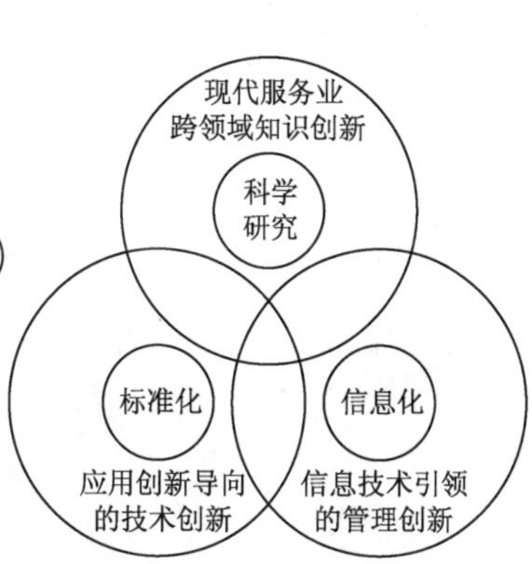

图 1-7　科技创新体系

科技创新涉及政府、企业、科研院所、高等院校、国际组织、中介服务机构、社会公众等多个主体，包括人才、资金、科技基础、知识产权、制度建设、创新氛围等多个要素，是在各创新主体、创新要素交互复杂作用下，科学研究、技术进步与应用创新这个三螺旋结构协同演进下的一种复杂涌现，是一类开放的复杂巨系统（如果组成系统的元素不仅数量大而且种类也很多，它们之间的关系又很复杂，并有多种层次结构，这类系统称为复杂巨系统）。从技术进步与应用创新构成的技术创新双螺旋结构出发，进一步拓展视野，技术创新的力量是来自于科学研究与知识创新，来自专家和人民群众的广泛参与。

信息技术引领的现代科技的发展以及经济全球化进程，进一步推动了管理创新。现代科技引领的管理创新无疑是我们所在这个时代创新的主旋律，也是科技创新体系的重要组成部分。

科技创新可以被分成三种类型：知识创新、技术创新和现代科技引领的管理创新。

1.3　知识创新

知识创新是指通过科学研究，包括基础研究和应用研究，获得新的基础科学和技术科学知识的过程，包括科学知识创新、技术知识，特别是高技术创新和科技知识系统集成创新等。其目的是追求新发现、探索新规律、创立新学说、创造新方法、积累新知识。知识创新是技术创新的基础，是新技术和新发明的源泉，是促进科技进步和经济增长的革命性力量。知识创新为人类认识世界、改造世界提供新理论和新方法，为人类文明进步和社会发展提供不竭动力。

1.3.1　知识创新的特性

知识创新中，通过企业或组织的知识管理，在知识获取、处理、共享的基础上不断追求新的发展，探索新的规律，创立新的学说，并将知识不断地应用到新的领域，在新的领域不断创新，推动企业核心竞争力的不断增强，创造知识附加值，使企业获得经营成功。

知识创新具有以下特征：

（1）独创性。知识创新是新观念、新设想、新方案及新工艺等的采用，它甚至破坏原有的秩序。知识创新实践常常表现为勇于探索、打破常规，知识创新活动是各种相关因素相互整合的结果。

（2）系统性。知识创新可以说是一个复杂的“知识创新系统”，在实际经济活动中，创新在企业价值链中的各个环节都有可能发生。

（3）风险性。知识创新是一种高收益与高风险并存的活动，它没有现成的方法、程序可以套用，投入和收获未必成正比，风险不可避免。

（4）科学性。知识创新是以科学理论为指导，以市场为导向的实践活动。

（5）前瞻性。有些企业，只重视能够为当前带来经济利益的创新，而不注重能够为将来带来利益的创新，而知识创新则更注重未来的利益。

1.3.2　形式与能力

知识创新一般有两种形式：累积式知识创新和激进式知识创新。累积式知识创新是学习中在原有知识的基础上，结合外部资源进行持续创新，这种创新是在原有知识基础上的创新，创新的累积性还意味着学习过程必须是连续的；激进式知识创新是指突破惯性思维，发现现有知识中没有的全新知识，这一创新的来源既有科技创新带来的根本性变革，也有企业效仿竞争对手引进的新知识、新技术与新理念。无论是累积式知识创新，还是激进式知识创新，都需要具备包容新知识的素质和才能。

知识创新的能力是企业（组织）创造、整合和运用企业知识，实现战略目标所表现的能力，主要体现为战略远景、组织结构、人力资本以及组织制度等方面。

（1）战略远景：知识创新的导向能力。战略远景规定了知识创新的价值体系，企业依此来评估、证明和判定其所创造知识的质量。因此，企业的战略远景可以用来指引企业员工吸收知识、整合知识和创新知识，是企业知识创新重要的能力组成部分。

（2）组织结构：知识创新的载体能力。知识创新的特点决定了企业的知识创新必须既有利于企业成员个体知识的生产，又能促进企业对这些个体知识的交流与共享，这种交流与共享只有通过企业成员的广泛沟通才能实现，而组织结构是企业知识创新决策的执行载体，其合理性影响企业知识交流与共享的效率。企业应以组织学习与知识创新能力的提升为出发点，以核心知识流为主线来进行组织结构设计与创新，须以知识流为导向构建企业组织结构，有利于知识创新各环节的横向知识交流。

（3）人力资本：知识创新存量流量控制能力。知识，尤其是隐性知识主要体现在企业知识员工群体中，员工的知识广度与结构决定了企业的知识存量，员工在内部或外部的流动也体现了企业的知识流量。因此企业人力资本管理能力决定了企业知识创新的存量和流量。有效的人力资本管理可以稳定员工从而避免企业核心知识向外流失，同时也可以吸引高知识含量的员工加盟企业，使企业获得足够的知识创新来源，保证知识创新的知识存量与流量。

（4）组织制度：知识创新的保护与激励能力。企业知识，尤其是创新知识和核心知识决定了企业在市场中的价值，是企业赖以发展的基础和动力。如果企业的创新知识和核心知识被外泄，或者创新知识和核心知识没有得到持续的增加，企业竞争优势将不复存在。因此，企业建立和完善相关制度如知识保护制度、组织学习制度、知识资产激励制度等会对企业知识创新起到促进作用。

1.3.3　提升竞争力的源泉

企业的核心竞争力包括两个方面：一是运营力，指企业能高速度、高效率地生产高品质的产品和高满意度服务的能力；二是知识力，指企业拥有对某种特定领域和业务独一无二的专长、技术和知识。国内外现代化企业的经验都证明，知识创新是企业寻求核心竞争力的无穷源泉。

知识创新也可以隐喻为知识进化，即不停地生成新知识。这要凭借理性思维的力量，因而必须有相应的思维方式创新。最后，要上升到精神文化创新。

知识始终是思维或理性的产物，因而应注意到理性思维是形成知识的源头活水。因此，知识创新就需要思维方式创新，培养和提高理性思维能力。

实质上，知识创新是极其复杂的精神性生产活动，因而必须坚持怀疑、批判精神，特别是自由精神。自由是人的本性，只有坚持自由创新精神，才能最大限度地甚至无限地实现知识创新。爱因斯坦非常强调自由创新精神。他认为，外在的自由和内心的自由是科学进步的先决条件，科学理论的逻辑基础，即基本概念和基本原理，是人类精神的自由创造，是人类理智的自由发明，知识和自由是不可分割的双翼。

知识创新必须坚持自由精神，才能激发人的潜能，造就永续的智慧源泉。思想创新、文化创新都要超越国界、超越权力和金钱枷锁；辨析传统文化，主要靠现代人；知识创新、思维方式创新，更要靠具有自由创新精神的现代人。

1.4　技术创新

技术创新是指生产技术的创新，是以创造新技术为目的创新或以科学技术知识及其创造的资源为基础的创新。前者如创造一种新的激光技术，后者如以现有的激光技术为基础开发一种新产品或新服务，是企业竞争优势的重要来源，是企业可持续发展的重要保障。认识技术创新本质、特点和规律，是技术创新有效管理的重要前提。

在技术创新中，以现有的知识和物质，在特定的环境中，改进或创造新的事物（包括但不限于各种方法、元素、路径、环境等），并能获得一定有益效果的行为。重大的技术创新会导致社会经济系统的根本性转变。技术创新包括新产品和新工艺，以及原有产品和工艺的显著技术变化。

技术创新和产品创新有密切关系，又有所区别。技术的创新可能带来但未必带来产品的创新，产品的创新可能需要但未必需要技术的创新。一般来说，运用同样的技术可以生产不同的产品，生产同样的产品可以采用不同的技术。产品创新侧重于商业和设计行为，具有成果的特征，因而具有更外在的表现；技术创新具有过程的特征，往往表现得更加内在。产品创新可能包含技术创新的成分，还可能包含商业创新和设计创新的成分。技术创新可能并不带来产品的改变，而仅仅带来成本的降低、效率的提高，例如改善生产工艺、优化作业过程从而减少资源消费、能源消耗、人工耗费或者提高作业速度。另一方面，新技术的诞生，往往可以带来全新的产品，技术研发往往对应于产品或者着眼于产品创新；而新的产品构想，往往需要新的技术才能实现。

苏塞克斯大学的科学政策研究所根据创新的重要性，将技术创新分为：

（1）渐进性创新：渐进性的、连续的小创新。

（2）根本性创新：开拓全新领域、有重大技术突破的创新。

（3）技术系统的变革：这类创新将产生具有深远意义的变革，通常出现技术上有关联的创新群的出现。

（4）技术–经济范式的变更：这类创新包含很多根本性的创新，又包含很多技术系统变更。

1.5 管理创新

管理创新，是指组织形成创造性思想并将其转换为有用的产品、服务或作业方法的过程。也即，富有创造力的组织能够不断地将创造性思想转变为某种有用的结果。当管理者说要将组织变革得更富有创造性时，他们通常指的就是要激发创新。在管理创新活动中，企业把新的管理要素（如新的管理方法、新的管理手段、新的管理模式等）或要素组合引入企业管理系统以更有效地实现组织目标的活动。

1.5.1 核心内容

管理创新包括管理思想、管理理论、管理知识、管理方法、管理工具等的创新。何道谊按功能将管理创新分解为目标、计划、实行、检馈、控制、调整、领导、组织、人力九项管理职能的创新。按业务组织的系统，将创新分为战略创新、模式创新、流程创新、标准创新、观念创新、风气创新、结构创新、制度创新。以企业职能部门的管理而言，企业管理创新包括研发管理创新、生产管理创新、市场营销和销售管理创新、采购和供应链管理创新、人力资源管理创新、财务管理创新、信息管理创新等类创新。

管理创新的内容也可以分为三个方面，三者从低到高，相互联系、相互作用：

（1）管理思想理论上的创新。

（2）管理制度上的创新。

（3）管理具体技术方法上的创新。

有三类因素将有利于组织的管理创新，它们是组织的结构、文化和人力资源实践。

（1）从组织结构因素看，有机式结构对创新有正面影响，拥有富足的资源能为创新提供重要保证，单位间密切的沟通有利于克服创新的潜在障碍。

（2）从文化因素看，充满创新精神的组织文化通常有如下特征：接受模棱两可，容忍不切实际，外部控制少，接受风险，容忍冲突，注重结果甚于手段，强调开放系统。

（3）在人力资源这一类因素中，有创造力的组织积极地对其员工开展培训和发展，以使其保持知识的更新；同时，它们还给员工提供高工作保障，以减少他们担心因犯错误而遭解雇的顾虑；组织也鼓励员工成为革新能手；一旦产生新思想，革新能手们会主动而热情地将思想予以深化、提供支持并克服阻力。

1.5.2 四个阶段

一般来说，管理创新过程包含四个阶段。

第一阶段：对现状不满。管理创新的动机通常都源于对企业或组织现状的不满：或是企业遇到危机，或商业环境变化以及新竞争者出现而形成战略型威胁，或是某些人对操作性问题产生抱怨。不论出于哪种原因，管理创新都在挑战组织的某种形式，它更容易产生于紧要关头。

第二阶段：从其他来源寻找灵感。管理创新者的灵感可能来自其他社会体系的成功经验，也可能来自那些未经证实却非常有吸引力的新观念。有些灵感源自管理思想家和管理宗师，还有些灵感来自无关的组织和社会体系，或者，有些灵感来自背景非凡的管理创新者，他们通常拥有丰富的工作经验。管理创新的灵感很难从一个公司的内部产生。只有通过从其他来源获得灵感，公司的管理创新者们才能够开创出真正全新的东西。

第三阶段：创新。管理创新人员将各种不满的要素、灵感以及解决方案组合在一起，组合方式通常并非一蹴而就，而是重复、渐进的，但多数管理创新者都能找到一个清楚的推动事件。

第四阶段：争取内部和外部的认可。与其他创新一样，管理创新也有风险巨大、回报不确定的问题。很多人无法理解创新的潜在收益，或者担心创新失败会对公司产生负面影响，因而会竭力抵制创新。而且，在实施之前，我们很难准确判断创新的收益是否高于成本。因此对于管理创新人员来说，一个关键阶段就是争取他人对新创意的认可。

在管理创新最初阶段，获得组织内部的接受比获得外部人士的支持更为关键。这个过程需要明确的拥护者。如果有一个威望高的高管参与创新的发起，就会大有裨益。另外，只有尽快取得成果才能证明创新的有效性，然而，许多管理创新往往在数年后才有结果。因此，创建一个支持同盟并将创新推广到组织中非常重要。管理创新的另一个特征是需要获得“外部认可”，以说明这项创新获得了独立观察者的印证。外部认可具有双重性：一方面增加了其他公司复制创新成果的可能性；另一方面也增加了公司坚持创新的可能性。

外部认可包括四种来源：

（1）专业学者。他们密切关注管理创新，总结企业碰到的实践问题，以用于研究或教学。

（2）咨询公司。他们通常对这些创新进行总结和存档，以便用于其他的情况和组织。

（3）媒体机构。他们热衷于向更多的人宣传创新的成功故事。

（4）行业协会。

1.5.3 基本条件

为使管理创新能有效地进行，还必须创造以下的基本条件：

（1）创新主体（企业家，管理者和企业员工）应具有良好的心智模式。这是实现管理创新的关键。心智模式是指由于过去的经历、习惯、知识素养、价值观等形成的固定的思维认识方式和行为习惯。创新主体具有的心智模式：一是远见卓识；二是较好的文化素质和价值观。

（2）创新主体应具有较强的能力结构。管理创新主体必须具备一定的能力才可能完成管理创新，创新管理主体应具有：核心能力，必要能力和增效能力。核心能力突出地表现为创新能力；必要能力包括将创新转化为实际操作方案的能力，从事日常管理工作的各项能力；增效能力则是控制协调加快进展的各项能力。

（3）企业应具备较好的基础管理条件。现代企业中的基础管理主要指一般的最基本的管理工作，如基础数据、技术档案、统计记录、信息收集归档、工作规则、岗位职责标准等。管理创新往往是在基础管理较好的基础上才有可能产生，因为基础管理好可提供许多必要的准确的信息、资料、规则，这本身有助于管理创新的顺利进行。

（4）企业应营造一个良好的管理创新氛围。创新主体能有创新意识，能有效发挥其创新能力，与拥有一个良好的创新氛围有关。在良好的工作氛围下，人们思想活跃，新点子产生得多而快，而不好的氛围则可能导致人们思想僵化、思路堵塞、头脑空白。

（5）管理创新应结合本企业特点。这是为了更有效地整合本企业的资源以完成目标和任务。因此，这样的创新不可能脱离本企业的特点，应充分发挥管理制度的优势和特长。

（6）管理创新应有创新目标。管理创新目标比一般目标更难确定，因为创新活动及创新目标具有更大的不确定性。尽管确定创新目标是一件困难的事情，但是如果没有一个恰当的目标则会浪费企业的资源，这本身又与管理的宗旨不符。

1.5.4　创新文化与环境

由于科学和技术是关于人认知和改造自然的知识，技术还包含着技艺，人的参与程度越大、越多，科学和技术知识含量、密度和水平就越高，这些特点决定了科学和技术的人文价值和科学价值，因此，我们说科学和技术及它们的创新也是创新文化的重要组成部分。

按照是否具有实体和刚性（可理解为非人文的和人文的）将环境分为硬环境（由物质环境和刚性的管理体制及人员组成）和软环境（由人文环境、弹性的研究方向和评价体系组成）两大类，其中物质环境的要素是校园房舍、仪器设备、人员经费等，人文环境主要由科学和人文精神、国家政策制度、学术传统、学风和治学氛围等组成。硬环境与软环境的相互渗透和融合程度，决定了人性物境（主要由人才和体制组成）和物性人境（主要由研究方向和评价体系组成），它们渗透和融合越多，人性物境和物性人境的范围就越大，成果的趋向和大小也越显著。影响科技创新的因素很多，而且由于时间、地点和具体情况的差异，哪种环境和什么要素对于各个科技人员、科研机构或组织的创新过程所产生的影响起主要作用，往往是不同的。

当今世界，科技创新能力成为国家实力最关键的体现。在经济全球化时代，一个国家具有较强的科技创新能力，就能在世界产业分工链条中处于高端位置，就能创造激活国家经济的新产业，就能拥有重要的自主知识产权而引领社会的发展。总之，科技创新能力是当今社会活力的标志，是国家发展的关键结点。

科技创新能力的形成是一个过程，需要一定的环境。如果人们自觉而明智地去塑造有利于科技创新的环境，就能激发科技创新的社会潜能，就能缩减从科技创新到产业运用的时间进程。学习各国在科技创新上的经验，无疑是提高上述自觉性的很好方式。

从各国的经验看，科技创新能力的形成有赖于如下因素：

良好的文化环境。例如，有一种尊重知识、尊重人才的社会氛围，有热爱科学的社会风气，有百花齐放、百家争鸣、追求真理、实事求是的学术教养和规范，等等。没有一个良好的软环境，就很难形成科技创新能力生长的土壤。

较强的基础条件。在科技创新的基础条件中，最重要的是教育体系。中国的传统教育体系偏重于知识传授，厚重有余，活力不足，在某种意义上不利于创造能力的形成。

有效的制度支持。国家对自主科技创新的制度支持应是全面而有效的。例如，有有效的项目评估和资金支持体系，有有利于自主创新的政府采购制度，有明智的产业政策，有合理的知识产权制度，有有利于科技创业的社会融资系统，等等。

在人类社会中，做成一件事的条件无非是人、财、物。在三个条件中，人是主体、是最活跃的因素。在科技创新中，人的因素第一，人才第一，体现得更为突出。当然，人的因素并不仅仅指个人的才智，也包括人的社会组织水平。另一方面，有人而无财、物，便是英雄无用武之地，也是做不成事。因此，所谓科技创新的环境创造，就是让人、财、物能自然地结合、有效地结合。

科技自主创新能力主要是指科技创新支撑经济社会科学发展的能力。近现代世界历史表明，科技创新是现代化的发动机，是一个国家的进步和发展最重要的因素之一。重大原始性科技创新及其引发的技术革命和进步成为产业革命的源头，科技创新能力强盛的国家在世界经济的发展中发挥着主导作用。自然，一项新技术的诞生、发展和应用，最后转化为生产力，离不开观念的引导、支持和制度的保障，可以说，观念创新是建设创新型国家的基础，制度创新是建设创新型国家的保障；但发明一项新技术并转化为生产力，创造出新产品，占领市场取得经济效益，这是只有科技创新才能实现的。

习　题

1. 所谓创业，是创业者对自己拥有的或通过努力能够拥有的(　　)进行优化整合，从而创造出更大经济或社会价值的过程。

A. 财富　　B. 资源　　C. 知识　　D. 工具

2. 随着经济的发展，投身创业的人越来越多，调查研究表明，国内创业者基本可以分成四种类型。但下列（　　）不是其中之一。

A. 生存型创业者　　B. 主动型创业者

C. 娱乐型创业者　　D. 赚钱型创业者

3. 创业之路可以分为四个基本阶段，但下列（　　）不是其中之一。

A. 集约阶段　　B. 生存阶段　　C. 公司化阶段　　D. 集团化阶段

4. 初创型企业大多是小企业，团队是新的，管理是新的，市场与渠道又相对陌生，那么，与那些成熟企业相比，创业型企业的竞争力就只有源于（　　）。

A. 财富力　　B. 执行力　　C. 人力　　D. 创新力

5. 人类发展及科学技术进步中的每一次重大跨越和重要发现都与(　　)密切相关。

A. 思维创新　　B. 方法创新　　C. 工具创新　　D. A、B 和 C

6. 所谓（　　），是对客观世界中前所未知的事物、现象及其规律的一种认识活动，它的结果本身是客观存在的，是不以人的意志为转移的。

A. 发明　　B. 发现　　C. 发展　　D. 发达

7. （　　）是指具有独创性、新颖性、实用性和时间性的技术成果，通常指前所未有的成果。

A. 发明　　B. 发现　　C. 发展　　D. 发达

8. （　　）是人们应用已知信息，产生某种新颖而独特的、具有社会价值或个人价值的产品的过程，是“破旧立新”，打破世界上已有的，创立世界上尚未有的精神和物质的活动。

A. 研究　　B. 创新　　C. 创造　　D. 开发

9. （　　）创新的含义为：引进新概念、新东西和革新。

A. 研究　　B. 创新　　C. 创造　　D. 开发

10. 创新理论最早是由奥地利经济学家熊彼特于 1912 年提出来的。按照熊彼特的观点，创新包括五个方面的内容。下列（　　）不属于其中。

A. 找到一种过去未知的化学元素

B. 采用一种新的产品或产品的一种新的特性

C. 开辟新的市场

D. 获得一种原料或半成品的新的供给来源

11. （　　）是指可以通过专业教育学到的处理问题的常规方法，但它无法解决非典型问题。

A. 非典型解决方法　　B. 万能解决问题工具

C. 典型解决方法　　D. 问题的自动解决方法

12. 能够解决（　　）问题，具有创造性、创新性的解决方法对于该问题就是一种非典型方法。

A. 研究　　B. 创新　　C. 创造　　D. 开发

13. 根里奇•阿奇舒勒通过对大量（　　）的研究、分析和总结，发现了隐藏在其背后的规律，提出了发明问题解决理论（TRIZ）。

A. 产品　　B. 文献　　C. 工具　　D. 专利

14. 理论和实践都证明，（　　）是人人都具有的一种潜在的能力，而且这种能力可以通过一定的学习和训练得到激发和提升。

A. 创新　　B. 创造　　C. 制造　　D. 赚钱

15. 科技创新可以被分成三种类型，但下列（　　）不属于其中。

A. 知识创新　　B. 技术创新　　C. 方法创新　　D. 管理创新

16. 技术创新是指（　　）的创新，是以创造新技术为目的的创新或以科学技术知识及其创造的资源为基础的创新。

A. 知识积累　　B. 生产技术　　C. 培育技术　　D. 研究方法

17. 管理创新，是指组织形成一（　　）创造性思想并将其转换为有用的产品、服务或作业方法的过程。

A. 创造性思想　　B. 技术措施　　C. 管理制度　　D. 工具方法

18. 一般来说，管理创新过程包含四个阶段，但下列（　　）不属于其中。

A. 从其他来源寻找灵感　　　　　　B. 对现状的不满
C. 争取内部和外部的认可　　　　　D. 对现实的把控

【实训与思考】熟悉创业创新与科技创新的基本概念

1. 实训目的

（1）理解创业基础，掌握“创业的基础是创新”基本理念。
（2）理解和熟悉创新发明的基础概念。
（3）熟悉科技创新的内容构成，了解知识创新、技术创新和管理创新的基本思想。

2. 工具/准备工作

在开始本实训之前，请回顾本章的相关内容。
需要准备一台能够访问因特网的计算机。

3. 实训内容与步骤

（1）人们把创业者分成四类，请分析，你认为自己若走上创业之路，会属于哪一类？
□ 生存型　□ 主动型　□ 赚钱型　□ 创意创新创业型　□ 迭代型
请说说你的理由：____
____
____
____

（2）熊彼特创新理论认为，创新包括五个方面的内容，即：
① ____
② ____
③ ____
④ ____
⑤ ____

（3）什么是典型问题，什么是非典型问题？
典型问题：____
例如：____
非典型问题：____
例如：____

（4）科技创新的三种类型是：
知识创新：____
____
技术创新：____
____
管理创新：____
____

（5）根据创新的重要性，可以将技术创新分类为：

① ______

② ______

③ ______

④ ______

（6）管理创新的四个阶段是：

第一阶段：______

第二阶段：______

第三阶段：______

第四阶段：______

4. 实训总结

______

______

______

______

5. 实训评价（教师）

______

______

第2章 创新驱动与互联网思维

【创新引领】习近平总书记巧用经典论创新

科技兴则民族兴，科技强则国家强。习近平历来高度重视科技创新，他强调创新是引领发展的第一动力，指出要把科技创新摆在更加重要的位置。对于科技创新，习近平引用了哪些经典？让我们一起来看。

学贵知疑，小疑则小进，大疑则大进。

“学贵知疑，小疑则小进，大疑则大进。”要创新，就要有强烈的创新意识，凡事要有打破砂锅问到底的劲头，敢于质疑现有理论，勇于开拓新的方向，攻坚克难，追求卓越。

——2013 年 7 月 17 日，习近平在中国科学院考察工作时的讲话中强调

【出处】

这句话出自明代哲学家陈献章的《白沙子 · 与张廷实》，意思是：学习贵在善于思考，心存怀疑。有小的疑问和困惑（并去思考），就会有小的进步；有大的的疑问和困惑（并去思考），则会有大的进步。怀疑是觉醒领悟的基础。

【解析】

在科技创新的过程中，要有问题意识。习近平引用这句话，意在告诫科技工作者应该具备打破砂锅问到底的探索精神。只有具备问题意识和探索精神，我们国家才能在科技创新的道路上走得更远。

功以才成，业由才广。

牢牢把握集聚人才大举措。“功以才成，业由才广。”人才是创新的第一资源。没有人才优势，就不可能有创新优势、科技优势、产业优势。培养集聚人才，要有识才的眼光、用才的胆识、容才的雅量、聚才的良方，健全集聚人才、发挥人才作用的体制机制，创造人尽其才的政策环境。要发挥好现有人才作用，同时揽四方之才，择天下英才而用之。要加强科研院所和高等院校创新条件建设，完善知识产权运用和保护机制，激发科研人员创新活力，让各类人才的创新智慧竞相迸发。

——2014 年 5 月 23 日、24 日，习近平在上海考察时的讲话中强调

【出处】

这句话出自东晋人习凿齿所编纂的《襄阳记》。大意是：功绩是凭借才能而成就的，事业是由才能而扩展开来的。后人常用这句话强调才能的重要性。

【解析】

科技创新要重视人才，综合国力竞争归根到底是人才竞争。习近平引用这句话，强调了人才在科技创新中的重要性。要发现人才、培养人才、凝聚人才。要充分发挥好现有人才作用，同时敞开大门，招四方之才，招国际上的人才，择天下英才而用之。

盖有非常之功，必待非常之人。

“盖有非常之功，必待非常之人。”人是科技创新最关键的因素。创新的事业呼唤创新的人才。尊重人才，是中华民族的悠久传统。“思皇多士，生此王国。王国克生，维周之桢；济济多士，文王以宁。”这是《诗经·大雅·文王》中的话，说的是周文王尊贤礼士，贤才济济，所以国势强盛。千秋基业，人才为先。实现中华民族伟大复兴，人才越多越好，本事越大越好。我国是一个人力资源大国，也是一个智力资源大国，我国十三亿多人大脑中蕴藏的智慧资源是最可宝贵的。知识就是力量，人才就是未来。我国要在科技创新方面走在世界前列，必须在创新实践中发现人才、在创新活动中培育人才、在创新事业中凝聚人才，必须大力培养造就规模宏大、结构合理、素质优良的创新型科技人才。

——2014 年 6 月 9 日，习近平在中国科学院第十七次院士大会、中国工程院第十二次院士大会（见图 2-1）上的讲话中指出

图 2-1　两院院士大会（2014）

【出处】

这句话出自东汉班固的《汉书·武帝纪第六》，意为要建立不寻常的功业，必须依靠不寻常的人才。原文是：“初置刺史部十三州。名臣文武欲尽，诏曰：‘盖有非常之功，必待非常之人。故马或奔踶而致千里，士或有负俗之累而立功名。夫泛驾之马，跅弛之士，亦在御之而已。其令州郡察吏民有茂才异等可为将相及使绝国者。’”

【解析】

世有伯乐，然后有千里马。我国作为人口大国，即是人力资源大国，也是智力资源大国。习近平引用这句话，强调知识就是力量，人才就是未来。希望我国能够发挥人口红利，用好人才，促进各项事业不断发展。

致天下之治者在人才。

“致天下之治者在人才。”人才是衡量一个国家综合国力的重要指标。没有一支宏大的高素质人才队伍，全面建成小康社会的奋斗目标和中华民族伟大复兴的中国梦就难以顺利实现。

——2013年10月21日，习近平在欧美同学会成立一百周年庆祝大会上的讲话中指出

【出处】

这句话出自北宋学者胡瑗的《松滋县学记》，意指能够使社会稳定和谐的因素在于人才。原文是：“致天下之治者在人才，成天下之才者在教化，教化之所本者在学校。”

【解析】

科技兴国，人才强国。人才是衡量国家综合实力的重要指标，实现中国梦离不开人才。习近平引用这句话意在强调，要构建宏大的高素质人才队伍，实现全面建成小康社会的奋斗目标，实现中国民族伟大复兴的中国梦。

一年之计，莫如树谷；十年之计，莫如树木；终身之计，莫如树人。

“一年之计，莫如树谷；十年之计，莫如树木；终身之计，莫如树人。”要在全社会大力营造勇于创新、鼓励成功、宽容失败的良好氛围，为人才发挥作用、施展才华提供更加广阔的天地，让他们人尽其才、才尽其用、用有所成。

——2013年7月17日，习近平在中国科学院考察工作时的讲话中指出

【出处】

这句话出自《管子·修权》，原文是：“一年之计，莫如树谷；十年之计，莫如树木；终身之计，莫如树人。”意指作一年的打算，没有比种植谷物更恰当的；作十年的打算，没有有比培植果木更恰当的；作终身的打算，没有比培育人才更恰当的。

【解析】

人才培养是一个漫长的过程，需要早做规划。对于国家而言，营造勇于创新、鼓励成功、宽容失败的社会环境将极大地促进人才培养。习近平引用这句话，意在构建出能让有才之士人尽其才、才尽其用、用有所成的社会环境。

先天下之忧而忧，后天下之乐而乐。

要鼓励人才继承中华民族“先天下之忧而忧，后天下之乐而乐”的传统美德，把个人理想与实现中国梦结合起来，脚踏实地，勤奋工作，把自己的智慧和力量奉献给实现中国梦的伟大奋斗。

——2013年3月4日，习近平在参加全国政协十二届一次会议科协、科技界委员联组讨论时的讲话中强调

【出处】

这句话出自范仲淹的《岳阳楼记》。意思就是把国家、民族的利益摆在首位，为祖国的前途、命运担忧分愁，为天底下的人民幸福出力。

【解析】

将个人理想与国家命运结合起来的人，才是真正对社会有用的人。习近平激励科研工作人员积极发扬“先天下之忧而忧，后天下之乐而乐”的精神，为国家和社会发展贡

献智慧和力量。

阅读上文，请思考、分析并简单记录。

（1）上文中列举了几例古语，这些都是习近平总书记在论述创新时引用的经典。请网络搜索，看看习近平总书记还引用了那些金句经典并记录。

答：____

____

____

____

____

（2）中国是历史文明古国，具有悠久的创新文化传统。今天我们倡导创新驱动发展，请简单阐述其中传承的意义。

答：____

____

____

____

____

（3）古人云：终身之计，莫如树人。请简单阐述你对此的理解。

答：____

____

____

____

____

（4）请简单记述你所知道的上一周发生的国际、国内或者身边的大事。

答：____

____

____

____

____

2.1　现代化建设“三步走”战略

小康，是邓小平 1979 年会见当时的日本首相大平正芳时第一次提出的用于现代化发展战略的一个概念。“所谓小康社会，就是虽不富裕，但日子好过。”

为了规划中国现代化发展的蓝图，邓小平设想了著名的现代化发展“三步走”战略，即：第一步，从 1981 年到 1990 年，实现国民生产总值翻一番，解决全国人民的温饱问题，这在 20 世纪 80 年代末已基本实现；第二步，从 1991 年到 20 世纪末，国民生产总值再翻一番，达到小康，这也已在 1995 年提前完成；第三步，到 21 世纪中叶，人民生活比较富裕，再翻两番，基本实现现代化，人均国民生产总值达到中等发达国家水平，人民过上比较富裕的生活。

2.1.1 十三大提出“三步走”战略

“三步走”战略在1987年10月党的十三大上提出，并成为中国政府经济建设的总体战略部署。

2000年，中国实现了“三步走”战略的第一步、第二步目标，全国人民的生活总体上达到了小康水平，人均GDP达到848美元，实现了从温饱到小康的历史性跨越。这是中华民族发展史上的一个里程碑。下一步将开始全面建设小康社会，即达到中等发达国家程度的现代化发展战略第三步阶段。

在全面建设小康社会的奋斗目标中，关键的目标是国内生产总值到2020年力争比2000年翻两番，综合国力和国际竞争力明显增强。这是实现现代化建设第三步战略目标必经的承上启下的发展阶段，也是完善社会主义市场经济体制和扩大对外开放的关键阶段。

2.1.2 十五大提出“三步走”战略

在当时历史条件下，邓小平设计的“三步走”战略，对第三步只作了一个大致的构想。现在，在走完前两步目标的时候，把第三步目标和步骤进一步具体化，作出新的战略规划，是历史的必然和现实的要求。

党的十五大提出的21世纪的目标是，第一个十年实现国民生产总值比2000年翻一番，使人民的小康生活更加宽裕，形成比较完善的社会主义市场经济体制；再经过十年的努力，到建党一百年时，使国民经济更加发展，各项制度更加完善；到世纪中叶建国一百年时，基本实现现代化，建成富强民主文明的社会主义国家。

这实际上提出了一个新的“三步走”发展战略。按照这个战略部署，中国从20世纪末进入小康社会后，将分2010年、2020年、2050年三个阶段，逐步达到现代化的目标。2010年前，是第一步。2010年国民经济和社会发展的主要奋斗目标是：实现国民生产总值比2000年翻一番，人民的小康生活更加宽裕，形成比较完善的社会主义市场经济体制；从2010年到2020年，是第二步，根据十六大的规划，到2020年实现国内生产总值比2000年翻两番的目标；从2020年到2050年，是第三步，通过30年的奋斗，基本实现现代化。

党的十六大指出：“一方面，经过全党和全国各族人民的共同努力，我们胜利地实现了社会主义现代化建设‘三步走’战略的第一步、第二步目标，人民生活总体上达到小康水平。这是社会主义制度的伟大胜利，是中华民族发展史上一个新的里程碑；另一方面，我国正处于并将长期处于社会主义初级阶段，现在达到的小康还是低水平的、不全面的、发展很不平衡的小康。”应该说，这是一个十分清醒的估价，既肯定了中国人经过取得的历史性成就，又指出了中国目前存在的问题以及继续前进的方向。

认清这些基本情况，十分重要。这是中国人继续前进的基础，也为中国人继续前进指明了方向。所以，十六大报告提醒大家：“我国生产力和科技、教育还比较落后，实现工业化和现代化还有很长的路要走；城乡二元经济结构还没有改变，地区差距扩大的趋势尚未扭转，贫困人口还为数不少；人口总量继续增加，老龄人口比重上升，就业和社会保障压力增大；生态环境、自然资源和经济社会发展的矛盾日益突出；我们仍然面临发达国家在经济科技等方面占优势的压力；经济体制和其他方面的管理体制还不完善；民主体制建设和思想道德建设等方面还存在一些不容忽视的问题。巩固和提高目前达到的小康水平，还需要进行长时期的艰苦奋斗。”

2.1.3 十九大提出“两个一百年”奋斗目标

中国共产党第十九次全国代表大会于2017年10月18日至10月24日在北京召开(见图 2-2)。会上，习近平指出，我们既要全面建成小康社会、实现第一个百年奋斗目标，又要乘势而上开启全面建设社会主义现代化国家新征程，向第二个百年奋斗目标进军。

图 2-2 中国共产党第十九次全国代表大会

习近平说，从现在到 2020 年，是全面建成小康社会决胜期。要按照十六大、十七大、十八大提出的全面建成小康社会各项要求，紧扣我国社会主要矛盾变化，统筹推进经济建设、政治建设、文化建设、社会建设、生态文明建设，坚定实施科教兴国战略、人才强国战略、创新驱动发展战略、乡村振兴战略、区域协调发展战略、可持续发展战略、军民融合发展战略，突出抓重点、补短板、强弱项，特别是要坚决打好防范化解重大风险、精准脱贫、污染防治的攻坚战，使全面建成小康社会得到人民认可、经得起历史检验。

从十九大到二十大，是“两个一百年”奋斗目标的历史交汇期。我们既要全面建成小康社会、实现第一个百年奋斗目标，又要乘势而上开启全面建设社会主义现代化国家新征程，向第二个百年奋斗目标进军。

习近平提出，综合分析国际国内形势和我国发展条件，从 2020 年到 20 世纪中叶，可以分两个阶段来安排。

第一个阶段，从 2020 年到 2035 年，在全面建成小康社会的基础上，再奋斗十五年，基本实现社会主义现代化。到那时，我国经济实力、科技实力将大幅跃升，跻身创新型国家前列；人民平等参与、平等发展权利得到充分保障，法治国家、法治政府、法治社会基本建成，各方面制度更加完善，国家治理体系和治理能力现代化基本实现；社会文明程度达到新的高度，国家文化软实力显著增强，中华文化影响更加广泛深入；人民生活更为宽裕，中等收入群体比例明显提高，城乡区域发展差距和居民生活水平差距显著缩小，基本公共服务均等化基本实现，全体人民共同富裕迈出坚实步伐；现代社会治理格局基本形成，社会充满活力又和谐有序；生态环境根本好转，美丽中国目标基本实现。

第二个阶段，从 2035 年到 20 世纪中叶，在基本实现现代化的基础上，再奋斗十五年，把我国建成富强民主文明和谐美丽的社会主义现代化强国。到那时，我国物质文明、政治文明、精神文明、社会文明、生态文明将全面提升，实现国家治理体系和治理能力现代化，成为综合国力和国际影响力领先的国家，全体人民共同富裕基本实现，我国人民将享有更加幸福安康的生活，中华民族将以更加昂扬的姿态屹立于世界民族之林。

习近平强调，从全面建成小康社会到基本实现现代化，再到全面建成社会主义现代化强国，是新时代中国特色社会主义发展的战略安排。我们要坚忍不拔、锲而不舍，奋力谱写社会主义现代化新征程的壮丽篇章。

2.2 创新驱动发展“三步走”战略

中国共产党十八大提出实施创新驱动发展战略，强调科技创新是提高社会生产力和综合国力的战略支撑，必须摆在国家发展全局的核心位置。这是中央在新的发展阶段确立的立足全局、面向全球、聚焦关键、带动整体的国家重大发展战略。为加快实施这一战略， 2016 年 5 月 19 日，中共中央、国务院印发了《国家创新驱动发展战略纲要》(以下简称《纲要》)。

改革开放以来，我国经济的高速发展主要是依靠土地、人力、资源等生产要素来驱动的，现在继续依靠这些来维持快速发展显然难以为继。同时，我国经济发展中产业层次低、结构不合理等矛盾也已日益凸显。所以，必须转变发展方式，依靠创新来跨越中等收入陷阱。创新成为国家战略已刻不容缓。

时任国家科技部部长万钢在介绍《纲要》时表示，将把创新驱动发展作为国家的优先战略，以科技创新为核心带动全面创新，以体制机制改革激发创新活力，以高效率的创新体系支撑高水平的创新型国家建设。

2.2.1 创新驱动发展的国际经验

从国际经验看，二战后只有少数经济体从低收入迈向高收入，成功实现了现代化，而依靠科技创新形成新的竞争优势、使劳动生产率持续提高。以韩国为例，韩国是自 20 世纪 70 年代开始发展信息技术，自此进入快速发展阶段。“凡是能够实现创新驱动的国家或者地区都上来了。”

放眼全球，创新从来都是国家之间竞争的关键筹码。2009 年金融危机后，一些发达国家的创新和结构调整了步伐。如，美国分别在 2009 年和 2011 年两度发布其创新战略，加大对创新的投入和工程技术人才的培养，实施再制造业化战略等。日本也于 2009 年提出“2020 增长战略”，指出 2020 年 R&D[①]支出占 GDP 的比例达 4%，拓展环境、能源、医疗、科技和人才培养等领域，选择重点在信息通信、节能环保、生物工程、宇宙和海洋开发等产业技术突破。

为此，党的十八大提出实施创新驱动发展战略，而此前诸多关于科技体制改革、创新的文件大多是就科技论科技。《纲要》首次将创新作为一个系统工程上升到国家战略进行部署。

2.2.2　创新驱动发展架构顶层设计

《纲要》是一个历史性文件，指出了未来十几年中国的发展方向。它宣示我国经济发展的路径将发生根本性变化，即从要素驱动转变为创新驱动。

《纲要》按照 2020 年、2030 年、2050 年三个阶段进行部署，每个阶段的目标都与我国现代化建设“三步走”的目标相互呼应、提供支撑。

创新驱动发展的“三步走”战略是：第一步，到 2020 年进入创新型国家行列，有力支撑全面建成小康社会目标的实现；第二步，到 2030 年跻身创新型国家前列，为建成经济强国和共同富裕社会奠定坚实基础；第三步，到 2050 年建成世界科技创新强国，为我国建成富强民主文明和谐的社会主义现代化国家、实现中华民族伟大复兴中国梦提供强大支撑。

《纲要》指出，把创新驱动发展作为国家的优先战略，以科技创新为核心带动全面创新，以体制机制改革激发创新活力，以高效率的创新体系支撑高水平的创新型国家建设，推动经济社会发展动力根本转换，为实现中华民族伟大复兴的中国梦提供强大动力。

创新驱动就是创新成为引领发展的第一动力，科技创新与制度创新、管理创新、商业模式创新、业态创新和文化创新相结合，推动发展方式向依靠持续的知识积累、技术进步和劳动力素质提升转变，促进经济向形态更高级、分工更精细、结构更合理的阶段演进。

创新驱动是国家命运所系。国家力量的核心支撑是科技创新能力。创新强则国运昌，创新弱则国运殆。实现中华民族伟大复兴的中国梦，必须真正用好科学技术这个最高意义上的革命力量和有力杠杆。

创新驱动是世界大势所趋。全球新一轮科技革命、产业变革和军事变革加速演进，科学探索从微观到宏观各个尺度上向纵深拓展，以智能、绿色、泛在为特征的群体性技术革命将引发国际产业分工重大调整，颠覆性技术不断涌现，正在重塑世界竞争格局、改变国家力量对比，创新驱动成为许多国家谋求竞争优势的核心战略。

创新驱动是发展形势所迫。我国经济发展进入新常态，传统发展动力不断减弱，粗放型增长方式难以为继。必须依靠创新驱动打造发展新引擎，培育新的经济增长点，持续提升我国经济发展的质量和效益，开辟我国发展的新空间，实现经济保持中高速增长

① R&D（research and development），指在科学技术领域，为增加知识总量（包括人类文化和社会知识的总量），以及运用这些知识去创造新的应用进行的系统的创造性的活动，包括基础研究、应用研究、试验发展三类活动。可译为“研究与开发”“研究与发展”或“研究与试验性发展”。

和产业迈向中高端水平“双目标”。

在我国加快推进社会主义现代化、实现“两个一百年”奋斗目标和中华民族伟大复兴中国梦的关键阶段，必须始终坚持抓创新就是抓发展、谋创新就是谋未来，让创新成为国家意志和全社会的共同行动，走出一条从人才强、科技强到产业强、经济强、国家强的发展新路径，为我国未来十几年乃至更长时间创造一个新的增长周期。

2.2.3 “三步走”战略与现代化建设相呼应

《纲要》提出的“三步走”与我国现代化建设“三步走”战略目标相互呼应、提供支撑。“三步走”战略目标既志存高远又紧接地气。

第一步最难，“难就难在人们的惯性思维必须发生改变。长期以来的经济工作主要追求数量、速度，而现在要拼质量、品牌；过去我们主要是跟随、模仿，而现在要强调并行、创新。”

为实现这一战略目标，《纲要》明确了实施创新驱动发展战略的总体部署，强调要按照“坚持双轮驱动、构建一个体系、推动六大转变”进行布局，构建新的发展动力系统。

所谓双轮驱动，是指科技创新和体制机制创新两个轮子相互协调、持续发力。科技创新是创新驱动的核心，而体制、机制创新是保障。没有体制创新，科技创新就只能待在实验室。要通过体制机制创新把创新的源头从政府主导，转移到企业和科学家这端。体制机制创新要调整一切不适应创新驱动发展的生产关系，统筹推进科技、经济和政府治理等三方面体制机制改革，最大限度释放创新活力。

抓创新首先要抓科技创新，补短板首先要补科技创新的短板。科学发现对技术进步有决定性的引领作用，技术进步有力推动发现科学规律。要明确支撑发展的方向和重点，加强科学探索和技术攻关，形成持续创新的系统能力。

一个体系就是建设国家创新体系。要建设各类创新主体协同互动和创新要素顺畅流动、高效配置的生态系统，形成创新驱动发展的实践载体、制度安排和环境保障。明确企业、科研院所、高校、社会组织等各类创新主体功能定位，构建开放高效的创新网络，建设军民融合的国防科技协同创新平台；改进创新治理，进一步明确政府和市场分工，构建统筹配置创新资源的机制；完善激励创新的政策体系、保护创新的法律制度，构建鼓励创新的社会环境，激发全社会创新活力。

六大转变就是发展方式从以规模扩张为主导的粗放式增长向以质量效益为主导的可持续发展转变；发展要素从传统要素主导发展向创新要素主导发展转变；产业分工从价值链中低端向价值链中高端转变；创新能力从“跟踪、并行、领跑”并存、“跟踪”为主向“并行”、“领跑”为主转变；资源配置从以研发环节为主向产业链、创新链、资金链统筹配置转变；创新群体从以科技人员的小众为主向小众与大众创新创业互动转变。

《纲要》紧紧围绕经济竞争力提升的核心关键、社会发展的紧迫需求、国家安全的重大挑战，采取差异化策略和非对称路径，强化重点领域和关键环节的任务部署。

《纲要》指出：实施创新驱动发展战略，必须从体制改革、环境营造、资源投入、扩大开放等方面加大保障力度。

2.3 十九届五中全会提出“2035年远景目标”

2020年10月26日上午，中国共产党第十九届中央委员会第五次全体会议在京召开（见图2-3）。中央委员会总书记习近平代表中央政治局向全会作工作报告，并就《中共中央关于制定国民经济和社会发展第十四个五年规划和2035年远景目标的建议（讨论稿）》向全会作了说明。

图2-3 党的十九届五中全会

全会提出了到2035年基本实现社会主义现代化远景目标，这就是：中国经济实力、科技实力、综合国力将大幅跃升，经济总量和城乡居民人均收入将再迈上新的大台阶，关键核心技术实现重大突破，进入创新型国家前列；基本实现新型工业化、信息化、城镇化、农业现代化，建成现代化经济体系；基本实现国家治理体系和治理能力现代化，人民平等参与、平等发展权利得到充分保障，基本建成法治国家、法治政府、法治社会；建成文化强国、教育强国、人才强国、体育强国、健康中国，国民素质和社会文明程度达到新高度，国家文化软实力显著增强；广泛形成绿色生产生活方式，碳排放达峰后稳中有降，生态环境根本好转，美丽中国建设目标基本实现；形成对外开放新格局，参与国际经济合作和竞争新优势明显增强；人均国内生产总值达到中等发达国家水平，中等收入群体显著扩大，基本公共服务实现均等化，城乡区域发展差距和居民生活水平差距显著缩小；平安中国建设达到更高水平，基本实现国防和军队现代化；人民生活更加美好，人的全面发展、全体人民共同富裕取得更为明显的实质性进展。

2.4 创新的互联网思维

“互联网思维”是相对于工业化思维而言的，它是一种商业民主化的思维，是一种用户至上的思维。互联网思维下的产品和服务是一个有机的生命体。

2.4.1 工业化思维

18世纪中期，英国商品越来越多地销往海外，手工工厂的生产技术供应不足。为了提高产量，人们想方设法改进生产技术。在棉纺织部门，人们先发明了一种称为飞梭的织布工具，大大加快了织布的速度，也刺激了对棉纱的需求。18 世纪 60 年代，织布工詹姆士·哈格里夫斯发明了“珍妮机”（见图 2-4）的手摇纺纱机。“珍妮机”一次可以纺出许多根棉线，极大地提高了生产率。

图 2-4　珍妮机

一种技术从工具属性、从应用层面到社会生活，往往需要经历很长的过程。珍妮纺纱机从一项新技术到改变纺织行业，再到后来被定义为工业革命的肇始，影响东、西方经济格局，其跨度至少需要几十年。互联网也同样。

但因为这种影响是滞后的，所以，我们就难免会处于身份的尴尬之中：旧制度和新时代在我们身上会形成观念的错位。越是以前成功的企业，转型越是艰难，这就是“创新者的窘境”——一个技术领先的企业在面临突破性技术时，会因为对原有生态系统的过度适应而面临失败。

互联网思维就是要对传统的工业思维进行颠覆，消费者已经反客为主，拥有了消费主权。过去 2000 多年作为人类文明基石的思想体系将面临新的挑战，我们正要迎来消费平等、消费民主和消费自由的消费者主权时代，整个供应链条上的各大角色，如品牌商、分销商和零售商的权力在稀释、在衰退甚至终结。在消费者主权的大时代下，消费信息越来越对称，价值链上的传统利益集团越来越难巩固自身的利益壁垒，传统的品牌霸权和零售霸权逐渐丧失发号施令的能力。话语权从零售商转移出来到了消费者手中，这是一个划时代的事件，未来全球消费者共同参与、共同分享的开放架构正在形成。这一重心变化赋予每个消费者改变世界的力量，我们必须主动邀请我们的顾客参与到从创意、设计、生产到销售的整个价值链创造中来。

2.4.2 商业民主化的思维

工业化时代的标准思维模式是：大规模生产、大规模销售和大规模传播，这被称为是工业化时代企业经营的“圣三位一体”。但是，在互联网时代，这三个基础被解构了。工业化时代稀缺的是资源和产品，资源和生产能力被当作企业的竞争力，而产品更多地是以信息的方式呈现的，渠道垄断很难实现。最重要的一点，媒介垄断被打破了，消费者同时成为媒介信息和内容的生产者和传播者。再希望通过买通媒体单向度、广播式制造热门商品诱导消费行为的模式不成立了。这三个基础被解构以后，生产者和消费者发生转变，消费者主权形成。

2.4.3　用户至上的思维

以前的企业也会讲用户至上、产品为王，但这种口号要么是自我标榜，要么真的是出于企业主的道德自律。但是在信息时代，在消费者主权的时代，用户至上是你不得不这样的行为，你得真心讨好用户。淘宝卖家“见面就是亲，有心就有爱”是真实的情绪，因为好评变成了有价值的资产。

过去，零售商和品牌商习惯了独唱，消费者没有参与，而互联网颠覆了现有的商业价值坐标体系和参照物，颠覆了价值创造的规律。我们必须回归到商业的本质，真正找到用户的痛点，找到用户的普遍需求，为客户创造价值。只有专注客户的价值才会带来财富。

2.4.4　互联网+思维

国务院《关于积极推进“互联网+”行动的指导意见》(国发〔2015〕40 号，以下简称“40 号文”) 指出：“互联网+”是把互联网的创新成果与经济社会各领域深度融合，推动技术进步、效率提升和组织变革，提升实体经济创新力和生产力，形成更广泛的以互联网为基础设施和创新要素的经济社会发展新形态。

理解“互联网+”的四个要点是：

其一，要走出“互联网+”工具论的狭隘视野，把“互联网+”当作更具生态性的要素来看待，它就是我们的生存环境、我们的生活、我们的生命不可分割的存在。

其二，每个人都有一个“互联网+”，它和你的时间、空间、生活、事业、行业、关系以及你的现实世界与虚拟世界纠缠在一起。每个人都可以对“互联网+”做出自己的定义、进行解读。

其三，尽管“互联网+”具有动态性，但它的特质用最简洁的方式来表述，只有八个字——“跨界融合，连接一切”。如果说“连接一切”更加代表了“互联网+”和这个时代的未来，那么，“跨界融合”则是“互联网+”现在真真切切要发生的事情。

其四，切忌孤立地看待、解读“互联网+”。“互联网+”是生态要素，它具有很强的协同性、全局性、系统性。我们综合地去看待创新驱动发展，大众创业，万众创新中国制造 2025，智慧民生，会发现它们是无法分割、片面理解的，而串起这些珍珠的线就是“互联网+”。

未来，“互联网+”对于产业、经济和整个社会都会有非常长远深刻的影响，而且一定会汇成一股越来越强大的力量，推动一个新时代的来临。

我们应该从不同层次来区别看待、理解和整体把握“互联网+”，以便更通透地考察“互联网+”，这包括以下五个层次：

第一个层次：互+联+网。互联网是什么？连接，形成交互，并纳入网络或虚拟网络。信息通信技术（ICT）改变了距离、时间、空间，虚拟与现实都成为一种存在，每一个个体都被自觉不自觉地划分到不同的社群、网络。换句话说，互联网产业的企业、从业者也有一个连接、联盟、生态圈的问题。例如，在通用电气（GE）的倡导下，AT&T、思科（Cisco）、通用电气、IBM、英特尔（Intel）等世界级大公司就在美国波士顿宣布成立工业互联网联盟（IIC），以期打破技术壁垒，促进物理世界和数字世界的融合。

第二个层次：互联网+移动互联网+云计算+大数据+安全云库+知联网+万联网+产业互联网（如工业互联网、能源互联网）。不管什么名头，连接是目标，互联互通是根本。如果单纯去讲某一方面的网络，和连接本身就是对立的，更谈不上连接一切。同时，万物互联，不论何种网络，一定不要变成孤岛。

第三个层次：互联网+人。移动终端是人的智能化器官，让用户触觉、听觉、视觉等都持续在线、无处不达。“互联网+人”是“互联网+”的起点和归宿，是“互联网+”文化的决定因素，也是“互联网+”可以向更多要素、更多方向、更深层次延展的驱动力之所在。

第四个层次：“互联网+”其他行业。其他行业不能简单地归类为传统行业，互联网产业也需要自我革命、持续迭代，新兴行业要拥抱互联网，而创新创业更离不开互联网。现在进展最快的有“互联网+零售”产生的电子商务，“互联网+金融”出现的互联网金融等。

第五个层次：互联网+∞。∞代表无穷，这就是连接一切的阶段。人与人、人与物、人与服务、人与场景、物与物，这些连接随时随处发生；不同的地域、时空、行业、机构乃至意念、行为都在连接。同时，后面也可能有各种各样的排列组合，这里面蕴含了形如“互联网+X + Y”这样的基本模式，比如“互联网+汽车后市场服务”，往往会再“+保险”、“+代驾”、“+救援”、“+拼车”等服务，这才能真正体现跨界与融合，才有可能产生细分领域的创新。

其实，即便对于“+”本身，也需要有更结构化的体察和更超脱的定义，在不同的场景，其内涵与方式都是不一样的。一般地，它代表了连接，至于连接的基础、协议、方式、持续等可能要视情况而有很大的差异。

2.4.5 关于互联网的再认识

互联网、“互联网+”是信息时代的主旋律。从中央到地方，从政府到民间，从企业到个人，都要拥抱互联网，主动互联网+，拥抱创新、拥抱未来。推动互联网与各行业深度融合，对促进大众创业、万众创新，加快形成经济发展新功能，意义重大（见图 2-5）。

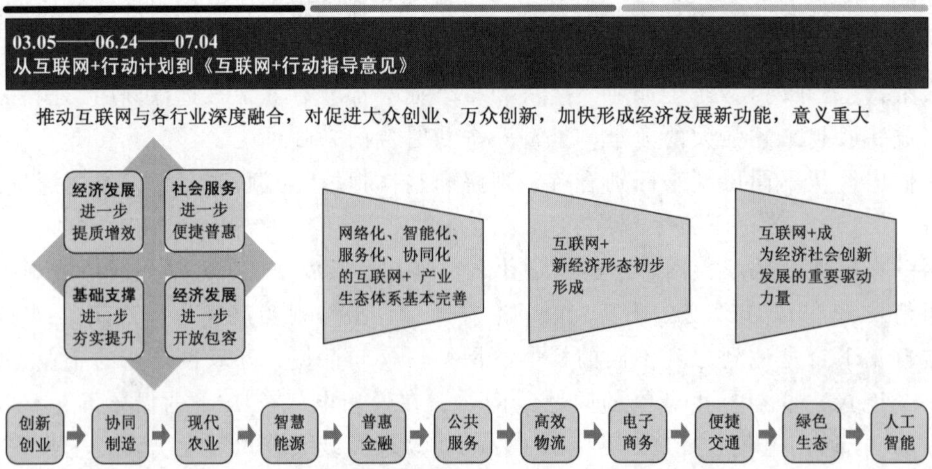

图 2-5 “互联网+”重点行动与发展目标

如果对目标进行梳理、归纳和提炼，包括未清晰表达的诉求与目标，整体目标清单应如下：

转型与发展目标：形成网络经济与实体经济协同互动的发展格局；实现平稳转型，提质增效升级，做优存量；打造新引擎，创新驱动发展取得重要成果，做大增量。平稳就是不造成巨大波动，不要硬着陆，要兼顾速度和效能，保持健康，但创新驱动发展坚定不移。民众享受智慧生活的同时，也可以促进信息消费、生产性服务业等成为新增长点。

连接目标：将大力推动移动互联网、云计算、大数据、安全、物联网、人工智能建设，整体连接指数大幅提高，对内基本消灭数字鸿沟，还要提高面向全球的连接能力。

生态目标：应用互联网+优化社会新生态，让移动互联网、云计算、大数据、物联网等成为生态的基础，让连接更畅通，让跨界融合更具可能性，让要素的流动性更足，让科技创新的机制更灵活，让创新创业的环境更健康、更智慧；促进互联网+产业生态体系基本完善，互联网+新经济形态初步形成。

民生目标：针对民生问题，习近平强调，做好经济社会发展工作，民生是“指南针”。互联网+最重要的就是+人，真正以人为本、公平可及、便捷普惠，创新发现与放大人的价值，促进各得其所；通过互联网融入生活，提供更加优质、更有效率的公共服务，建立公众参与的网络化社会管理服务新模式；让每一个个体体会互联网技术带给他们的生产、生活、创新创业的巨大便利性；在衣食住行、健康、娱乐等诸方面，获得连接一切的智慧化生活体验。

创新创业目标：鼓励在互联网+率先发展的领域更多地发现机会，展开创新，融合创业；利用互联网+的渗透性，让创新创业获得生态化、集聚性支持，催生高质量、可落地的前瞻性项目，真正成为“双引擎”之一，发力创新驱动发展，让创新创业生态化自由生长。

产业行业目标：互联网+逐步由第三产业向第二产业、第一产业渗透，促进网络化、智能化、服务化、协同化；率先转型的重点产业已经明确，即金融业、电子商务、工业制造业，但是其他行业也要次第跟上。形成一批有国际影响力和竞争力的行业样本，在中国制造 2025、互联网金融、电子商务三大领域形成重点突破；优化价值链，催生新业态、新模式，发育新兴产业；促进互联网+产业资本+众创空间，以创新为纽带促进产业集群、智力集群。

跨境发展目标：大大增强全球连接能力、全球价值创造能力，在全球市场、全球服务、全球供应链、全球价值链、全球合作伙伴方面，构建跨境产业链体系，发展全球市场应用，特别是培育具有全球影响力的互联网+应用平台，增强走出去服务能力，带动一批骨干企业主体及其产业联盟形成全球跨界融合能力。

智力资本目标：激活人力资本，发挥创造性，培育企业家精神；发育结构资本，让创新创业的生态、跨界融合的生态、产业价值链的生态、外部合作的生态不断完善、优化；积淀、产生标准（创制一批全球有影响力的重要标准）、惯例、标杆、样本等具有知识、技术、商业价值的输出，在互联网+上形成集群示范效应；在关系资本上，形成一批具有一定主导权的标准联盟、产业联盟、服务联盟，通过组办具有全球影响力的互联网+论坛与博览会，通过“一带一路”、自贸区、亚投行辐射区等方面促进交互、信任关系的资本化。

竞争力目标：互联网+驱动，通过扫除羁绊、架构生态，解放生产关系，释放生产力动能；用技术创新、思想创新、产业创新、文化创新推动社会价值创新，对世界形成友好而深刻的影响；在民生、治理、公共服务等方面建立具有独特魅力的示范效应。通过努力，实现在全球的产业主导权、市场话语权，构建具有全球影响力的科技创新中心、价值输出中心、连接融合中心、思想创新中心。

2.5 经济新常态

2014年11月9日，习近平在亚太经合组织（APEC）工商领导人峰会上首次系统阐述了“新常态”。2014年12月9日至11日，中央经济工作会议在北京举行，会议从消费、投资、出口和国际收支、生产能力和产业组织方式、生产要素相对优势、市场竞争特点、资源环境约束、经济风险积累和化解、资源配置模式和宏观调控方式九个方面全面阐释中国经济“新常态”。

（1）新常态。这是新驱动（新动能）、新要素、新生态、新业态的集成。新驱动（新动能）即创新驱动发展，主要包括：一是协同创新生态与联盟，如40号文提到的“互联网+创业网络体系”、“开放式创新体系”、“创业服务业”等新业态；二是企业主体，40号文强调“坚持改革创新和市场需求导向，突出企业的主体作用，大力拓展互联网与经济社会各领域融合的广度和深度”；三是大众创业、万众创新，这些中国经济的每一个细胞、万千创新因子，是新动能的最重要来源；四是政府与非政府组织、中介组织、科研院所的创新。所以，要求政府在新常态下“着力深化体制机制改革，释放发展潜力和活力”，“着力创新政府服务模式，夯实网络发展基础，营造安全网络环境，提升公共服务水平”。当然有一点需要明确，就是创新不限于技术创新。

（2）新思维。开放是引领，开放是一切的起点，开放是互联网最重要的精神，开放才有生态可言，开放才有连接性的产生，开放才有自我变革的勇气和接纳的胸怀。要努力实现以互联网+促进新业态、新模式的创新、培育与发展。40号文强调“营造开放包容的发展环境，将互联网作为生产生活要素共享的重要平台，最大限度优化资源配置，加快形成以开放、共享为特征的经济社会运行新模式。也就是把互联网作为开放共享的基础，作为优化资源配置、构建开放式创新体系、驱动智慧生活的重要平台。

（3）新经济。互联网+时代经济发展呈现新的特征与形态。共享经济、信息经济、WE众经济、普惠经济等，实际上都是“经济社会发展新形态”的一部分或不同表现形式。

WE众经济是指以人为中心的新的连接方式，新的关系模式，新的合作结构极其规则，是大众的积极参与和跨界融合，协同创新创造。概括地说，众包、众筹、众挖、众扶、众设、众创、众智，再加上交互、分享、协同，就可能获得“WE众经济”——优化生态，借助互联网与平台，进行新的分工合作，融合协作，让每一个个体的创意，创新，创造的能动性与活力充分释放！

40 号文件在“发展便民服务新业态”中提到三种新经济形态。“发展体验经济，支持实体零售商综合利用网上商店、移动支付、智能试衣等新技术，打造体验式购物模式。发展社区经济，在餐饮、娱乐、家政等领域培育线上线下结合的社区服务新模式。发展共享经济，规范发展网络约租车，积极推广在线租房等新业态，着力破除准入门槛高、服务规范难、个人征信缺失等瓶颈制约。发展基于互联网的文化、媒体和旅游等服务，培育形式多样的新型业态。积极推广基于移动互联网入口的城市服务，开展网上社保办理、个人社保权益查询、跨地区医保结算等互联网应用，让老百姓足不出户享受便捷高效的服务”。三种新经济形态放在一起说，也表明对新业态的包容性进一步增强。

习　题

1. 小康，是邓小平（　　）年会见当时的日本首相大平正芳时第一次提出的用于现代化发展战略的一个概念。“所谓小康社会，就是虽不富裕，但日子好过。”

A. 2020　　B. 1979　　C. 1966　　D. 1949

2. 为了规划中国现代化发展的蓝图，邓小平设想了著名的现代化发展“三步走”战略，但下列（　　）不属于其中之一。

A. 国民生产总值翻三番，经济总量名列世界前茅

B. 国民生产总值翻一番，解决全国人民的温饱问题

C. 国民生产总值翻一番，达到小康

D. 人民生活比较富裕，国民经济生产总值翻两番，基本实现现代化

3. 从十九大到二十大，是“两个一百年”奋斗目标的历史交汇期。习近平提出，综合分析国际国内形势和我国发展条件，从 2020 年到 21 世纪中叶可以分两个阶段来安排。下列（　　）不属于其中的奋斗目标之一。

A. 在全面建成小康社会的基础上，再奋斗十五年，基本实现社会主义现代化

B. 我国经济实力、科技实力大幅跃升，跻身创新型国家前列

C. 在基本实现现代化的基础上，建成富强民主文明和谐美丽的社会主义现代化强国

D. 在全面建成小康社会的基础上，建成富强民主文明和谐美丽的社会主义现代化强国

4. 2016 年 5 月 19 日，中共中央、国务院印发《国家创新驱动发展战略纲要》，提出创新驱动发展“三步走”战略，强调（　　）是提高社会生产力和综合国力的战略支撑，必须摆在国家发展全局的核心位置。

A. 工业发达　　B. 粮食增产　　C. 科技创新　　D. GDP 增长

5. 《国家创新驱动发展战略纲要》指出未来十几年中国的发展方向，宣示我国经济发展的路径将发生根本性变化，即从（　　）。

A. 要素驱动转变为创新驱动　　B. 创新驱动转变为要素驱动

C. 农业驱动转变为工业驱动　　D. 工业驱动转变为创新驱动

6. 所谓“互联网思维”是相对于（　　）思维而言的，它是一种商业民主化的思维，是一种用户至上的思维。

A. 农业化　　B. 工业化　　C. 科技化　　D. 创新化

7. 工业化时代的标准思维模式有三点，但下列（　　）不属于其中之一。

A. 大规模生产　　B. 大规模销售　　C. 大规模传播　　D. 大规模发展

8. 所谓（　　）思维，是要形成以互联网为基础设施和创新要素的经济社会发展新形态。

A. 百年　　B. 创新　　C. 互联网+　　D. AI+

9. 中国经济“新常态”，是新驱动（新动能）、（　　）的集成。

A. B+C+D　　B. 新要素　　C. 新生态　　D. 新业态

10. 共享经济、（　　）等实际上都是互联网+时代经济发展呈现新的特征与形态的一部分或不同表现形式。

A. 信息经济　　B. WE 众经济　　C. 普惠经济　　D. A、B 和 C

【实训与思考】熟悉“三步走”创新驱动发展战略

1. 实训目的

（1）认真阅读《国家创新驱动发展战略纲要》，熟悉创新驱动发展“三步走”战略，熟悉“从要素驱动转变为创新驱动”的战略需求与任务。

（2）学习和掌握十九届五中全会提出的 2035 年远景目标。

（3）学习国务院《关于积极推进“互联网+”行动的指导意见》，理解什么是互联网+，熟悉互联网+时代的特征，对互联网再认识。

2. 工具/准备工作

在开始本实训之前，请回顾本章的相关内容。

需要准备一台能够访问因特网的计算机。

3. 实训内容与步骤

请记录：

您的个人“三步走”是：

2020 年，__________岁，人生目标是：____________________

2030 年，__________岁，__________：____________________

2050 年，__________岁，__________：____________________

（1）请通过网络搜索，了解邓小平设想的现代化发展“三步走”战略：

第一步：____________________

____

第二步：____________________

____

第三步：____________________

____

（2）请通过网络搜索，了解党的十五大提出的现代化发展“三步走”战略：

第一步：________________________

第二步：________________________

第三步：________________________

（3）请分析，改革开放以来，我国经济高速发展主要是依靠________________来实现的。

为什么说：“创新成为国家战略已刻不容缓”？

（4）请通过网络搜索，仔细阅读和认真领会《国家创新驱动发展战略纲要》。《纲要》提出的创新驱动发展的“三步走”战略是：

答：________________________

（5）学习国务院《关于积极推进“互联网+”行动的指导意见》（国发〔2015〕40号）和阅读课文，理解和把握“+”的五个层次是：

答：

第一层次：________________________

第二层次：________________________

第三层次：________________________

第四层次：________________________

第五层次：

（6）阅读课文和40号文，请分别简述新常态、新思维、新经济。

答：

新常态：

新思维：

新经济：

4. 实训总结

5. 实训评价（教师）

第3章 大数据思维

【创新引领】准确预测地震

我们已经知道，地震是由构造板块（即偶尔会漂移的陆地板块）相互挤压造成的，这种板块挤压发生在地球深处，并且各个板块的相互运动极其复杂。因此，有用的地震数据来之不易，而要弄明白是什么地质运动导致了地震，基本上是不现实的。每年，世界各地约有 7 000 次里氏 4.0 或更高级别的地震发生，每年有成千上万的人因此丧命，而一次地震带来的物质损失就有千亿美元之多。

虽然地震有预兆，“但是我们仍然无法通过它们可靠、有效地预测地震”。相反，能做的就是尽可能地为地震做好准备，包括在设计、修建桥梁和其他建筑的时候就把地震考虑在内，一旦发生大地震，这些基础设施和群众都能有更充足的准备（见图 3-1）。

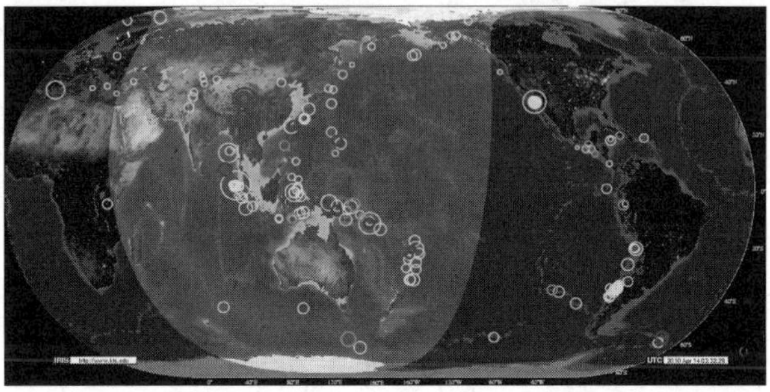

图 3-1　全球实时地震监测

如今，科学家只能预报某个地方、某个具体的时间段内发生某级地震的可能性。例如，他们只能说未来 30 年，某个地区有 80%的可能性会发生里氏 8.4 级地震，但他们无法完全确定地说出何时何地会发生地震，或者发生几级地震。

科学家能预报地震，但是他们无法预测地震。归根结底，准确地预测地震，就要回答何时、何地、何种震级这三个关键问题，需要掌握促使地震发生的不同自然因素，以及揭示它们之间复杂的相互运动的更多、更好的数据。

预测不同于预报。不过，虽然准确预测地震还有很长的路要走，但科学家已经越来越多地为地震受害者争取到那么几秒的时间了。

例如，斯坦福大学的“地震捕捉者网络”就是一个会生成大量数据的廉价监测网络的典型例子，它由参与分布式地震检测网络的大约200个志愿者的计算机组成。有时候，这个监测网络能提前10秒提醒可能会受灾的人群。这10秒，就意味着你可以选择是搭乘运行的电梯还是走楼梯，是走到开阔处去还是躲到桌子下面。

技术的进步使得捕捉和存储如此多数据的成本大大降低。能得到更多、更好的数据，不只为计算机实现更精明的决策提供了更多的可能性，也使人类变得更聪明了。

从本质上来说，准确预测地震既是大数据的机遇又是挑战。单纯拥有数据还远远不够。我们既要掌握足够多的相关数据，又要具备快速分析并处理这些数据的能力，只有这样，我们才能争取到足够多的行动时间。越是即将逼近的事情，越需要我们快速地实现准确预测。

阅读上文，请思考、分析并简单记录。

（1）记录你亲历或者听说过的地震事件：

答：______________________________

____

____

____

____

（2）针对地球上频发的地震灾害，请尽可能多地列举你所认为的地震大数据内容。

答：______________________________

____

____

____

____

（3）认识大数据，对地震活动的方方面面（预报、预测与灾害减轻等）有什么意义？

答：______________________________

____

____

____

____

（4）请简单记述你所知道的上一周内发生的国际、国内或者身边的大事。

答：______________________________

____

____

____

____

3.1　什么是大数据

信息社会所带来的好处是显而易见的：每个人口袋里都揣有一部手机，每台办公桌上都放着一台计算机，每间办公室内都连接到局域网甚至互联网。半个世纪以来，随着计算机技术全面和深度地融入社会生活，信息爆炸已经积累到了一个开始引发变革的程度。信息总量的变化导致了信息形态的变化——量变引起了质变。最先经历信息爆炸的学科，如天文学和基因学，创造出了“大数据”（Big Data）这个概念。如今，这个概念几乎应用到了所有人类致力于发展的领域中。

数据是反映客观事物属性的记录，是信息的具体表现形式。数据经过加工处理之后，就成为信息；而信息需要经过数字化，转变成数据才能存储和传输。所以，数据和信息之间是相互联系的。

数据和信息也是有区别的。从信息论的观点来看，描述信源的数据是信息和数据冗余之和，即：数据=信息+数据冗余。数据是数据采集时提供的，信息是从采集的数据中获取的有用信息，即信息可以简单地理解为数据中包含的有用的内容。

一个消息越不可预测，它所含的信息量就越大。事实上，信息的基本作用就是消除人们对事物了解的不确定性。信息量是指从 N 个相等的可能事件中选出一个事件所需要的信息度量和含量。从这个定义看，信息量跟概率是密切相关的。

3.1.1　天文学——信息爆炸的起源

综合观察社会各个方面的变化趋势，人们能真正意识到信息爆炸或者大数据的时代已经到来。以天文学为例，2000 年，斯隆数字巡天①项目（见图 3-2）启动的时候，位于新墨西哥州的望远镜在短短几周内收集到的数据，就比世界天文学历史上总共收集的数据还要多。到了 2010 年，信息档案已经高达 4.4×2^{42} 字节。不过，2016 年在智利投入使用的大型视场全景巡天望远镜能在五天之内就获得同样多的信息。

图 3-2　美国斯隆数字巡天望远镜

天文学领域发生的变化在社会各个领域都在发生。2003 年，人类第一次破译人体基因密码的时候，辛苦工作了十年才完成了三十亿对碱基对的排序。大约十年之后，世界范围内的基因仪每 15 min 就可以完成同样的工作。在金融领域，美国股市每天的成交量高达 70 亿股，而其中三分之二的交易都是由建立在数学模型和算法之上的计算机程序自动完成的，这些程序运用海量数据来预测利益和降低风险。

互联网公司更是要被数据淹没了。谷歌公司每天要处理超过 24 拍字节（PB，2^{50} 字

① 斯隆数字巡天：位于新墨西哥州阿帕奇山顶天文台的 2.5 m 口径望远镜红移巡天项目。计划观测 25%的天空，获取超过一百万个天体的多色测光资料和光谱数据。2006 年，斯隆数字巡天进入了名为 SDSS-II 的新阶段，进一步探索银河系的结构和组成，而斯隆超新星巡天计划搜寻 Ia 型超新星爆发，以测量宇宙学尺度上的距离。

节）的数据，这意味着其每天的数据处理量是美国国家图书馆所有纸质出版物所含数据量的上千倍。Facebook（脸书）每天更新的照片量超过 1 000 万张，每天人们在网站上点“赞”（Like）按钮或者写评论大约有三十亿次，这就为 Facebook 公司挖掘用户喜好提供了大量的数据线索。与此同时，谷歌子公司 YouTube①每月接待多达 8 亿的访客，平均每一秒就会有一段长度在一小时以上的视频上传。推特（Twitter）②上的信息量几乎每年翻一番，每天都会发布超过 4 亿条微博。

从科学研究到医疗保险，从银行业到互联网，各个不同的领域都在讲述着一个类似的故事，那就是爆发式增长的数据量。这种增长超过了我们创造机器的速度，甚至超过了我们的想象。人类存储信息量的增长速度比世界经济的增长速度快 4 倍，而计算机数据处理能力的增长速度则比世界经济的增长速度快 9 倍，每个人都受到了这种极速发展的冲击。

以纳米技术为例。纳米技术专注于把东西变小而不是变大，其原理就是当事物到达分子级别时，它的物理性质会发生改变。一旦你知道这些新的性质，就可以用同样的原料来做以前无法做的事情。铜本来是用来导电的物质，但它一旦到达纳米级别就不能在磁场中导电了。银离子具有抗菌性，但当它以分子形式存在的时候，这种性质会消失。一旦到达纳米级别，金属可以变得柔软，陶土可以具有弹性。同样，当我们增加所利用的数据量时，也就可以做很多在小数据量的基础上无法完成的事情。

大数据的科学价值和社会价值正是体现在这里。一方面，对大数据的掌握程度可以转化为经济价值的来源。另一方面，大数据已经撼动了世界的方方面面，从商业科技到医疗、政府、教育、经济、人文以及社会的其他各个领域。尽管我们还处在大数据时代的初期，但我们的日常生活已经离不开它了。

3.1.2 大数据的定义

所谓大数据，狭义上可以定义为：用现有的一般技术难以管理的大量数据的集合。对大量数据进行分析并从中获得有用观点，这种做法在一部分研究机构和大企业中，过去就已经存在了。现在的大数据和过去相比，主要有三点区别：第一，随着社交媒体和传感器网络等的发展，在我们身边正产生出大量且多样的数据；第二，随着硬件和软件技术的发展，数据的存储、处理成本大幅下降；第三，随着云计算的兴起，大数据的存储、处理环境已经没有必要自行搭建。

所谓“用现有的一般技术难以管理”，例如是指用目前在企业数据库占据主流地位的关系型数据库无法进行管理的、具有复杂结构的数据。或者也可以说，是指由于数据量的增大，导致对数据的查询（Query）响应时间超出允许范围的庞大数据。

研究机构 Gartner 给出了这样的定义：“大数据”是需要新处理模式才能具有更强的决策力、洞察发现力和流程优化能力的海量、高增长率和多样化的信息资产。

---

① YouTube 是世界上知名的视频网站，于 2005 年 2 月 15 日注册，早期总部位于加利福尼亚州的圣布鲁诺。2006 年 11 月，Google 公司以 16.5 亿美元收购了 YouTube，并把其当作一家子公司来经营。

② Twitter（推特）是一家美国社交网络及微博客服务的网站，是全球互联网上访问量最大的十个网站之一，其消息也被称为“推文（Tweet）”。Twitter 被形容为“互联网的短信服务”。

麦肯锡[①]说："大数据指的是所涉及的数据集规模已经超过了传统数据库软件获取、存储、管理和分析的能力。这是一个被故意设计成主观性的定义，并且是一个关于多大的数据集才能被认为是大数据的可变定义，即并不定义大于一个特定数字的 TB 才叫大数据。因为随着技术的不断发展，符合大数据标准的数据集容量也会增长；并且定义随不同的行业也有变化，这依赖于在一个特定行业通常使用何种软件和数据集有多大。因此，大数据在今天不同行业中的范围可以从几十 TB 到几 PB。"

随着"大数据"的出现，数据仓库、数据安全、数据分析、数据挖掘等围绕大数据商业价值的利用正逐渐成为行业人士争相追捧的利润焦点，在全球引领了新一轮数据技术革新浪潮。

3.1.3 用 3V 描述大数据特征

从字面来看，"大数据"这个词可能会让人觉得只是容量非常大的数据集合而已。但容量只不过是大数据特征的一个方面，如果只拘泥于数据量，就无法深入理解当前围绕大数据所进行的讨论。因为"用现有的一般技术难以管理"这样的状况，并不仅仅是由于数据量增大这一个因素所造成的。

IBM 说："可以用 3 个特征相结合来定义大数据：数量（Volume，或称容量）、种类（Variety，或称多样性）和速度（Velocity），或者就是简单的 3V，即庞大容量、极快速度和种类丰富的数据"（见图 3-3）。

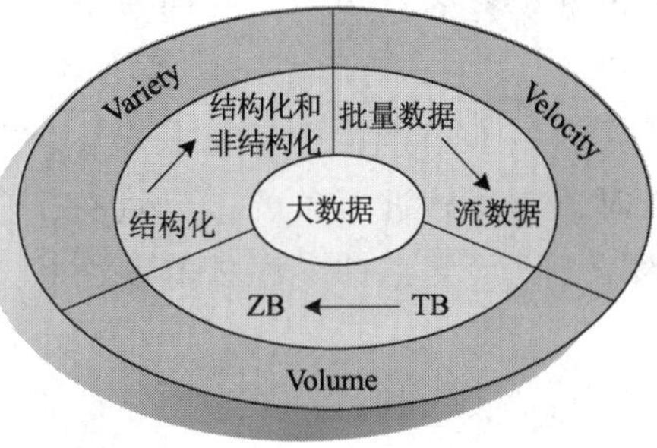

图 3-3 按数量、种类和速度来定义大数据

1. Volume（数量）

用现有技术无法管理的数据量，从现状来看，基本上是指从几十 TB 到几 PB 这样的数量级。当然，随着技术的进步，这个数值也会不断变化。

如今，存储的数据数量正在急剧增长中，我们存储所有事物，包括：环境数据、财务数据、医疗数据、监控数据等。有关数据量的对话已从 TB 级别转向 PB 级别，并且不可避免地会转向 ZB 级别。可是，随着可供企业使用的数据量不断增长，可处理、理解和分析的数据的比例却不断下降。

2. Variety（种类、多样性）

随着传感器、智能设备以及社交协作技术的激增，企业数据也变得更加复杂，因为

① 麦肯锡公司：世界级领先的全球管理咨询公司。

它不仅包含传统的关系型数据，还包含来自网页、互联网日志文件（单击流数据）、搜索索引、社交媒体论坛、电子邮件、文档、主动和被动系统的传感器数据等原始、半结构化和非结构化数据。

种类表示所有的数据类型。其中，爆发式增长的一些数据，如互联网上的文本数据、位置信息、传感器数据、视频等，用企业中主流的关系型数据库是很难存储的，它们都属于非结构化数据。

当然，在这些数据中，有一些是过去就一直存在并保存下来的。和过去不同的是，除了存储，还需要对这些大数据进行分析，并从中获得有用的信息。例如，监控摄像机中的视频数据。近年来，超市、便利店等零售企业几乎都配备了监控摄像机，最初目的是为了防范盗窃，但现在也出现了使用监控摄像机的视频数据来分析顾客购买行为的案例。

例如，美国高级文具制造商万宝龙（Montblane）过去是凭经验和直觉来决定商品陈列布局的，现在尝试利用监控摄像头对顾客在店内的行为进行分析。通过分析监控摄像机的数据，将最想卖出去的商品移动到最容易吸引顾客目光的位置，使得销售额提高了20%。

3. Velocity（速度）

数据产生和更新的频率，也是衡量大数据的一个重要特征。就像我们收集和存储的数据量和种类发生了变化一样，生成和需要处理数据的速度也在变化。不要将速度的概念限定为与数据存储相关的增长速率，应动态地将此定义应用到数据，即数据流动的速度。有效处理大数据需要在数据变化的过程中对它的数量和种类执行分析，而不只是在它静止后执行分析。

例如，遍布全国的便利店在24 h内产生的POS机数据，电商网站中由用户访问所产生的网站点击流数据，高峰时达到每秒近万条的微信短文，全国公路上安装的交通堵塞探测传感器和路面状况传感器（可检测结冰、积雪等路面状态）等，每天都在产生着庞大的数据。

IDC（互联网数据中心）说："大数据是一个貌似不知道从哪里冒出来的大的动力。但是实际上，大数据并不是新生事物。然而，它确实正在进入主流，并得到重大关注，这是有原因的。廉价的存储、传感器和数据采集技术的快速发展、通过云和虚拟化存储设施增加的信息链路，以及创新软件和分析工具，正在驱动着大数据。大数据不是一个'事物'，而是一个跨多个信息技术领域的动力/活动。大数据技术描述了新一代的技术和架构，其被设计用于：通过使用高速的采集、发现和/或分析，从超大容量的多样数据中经济地提取价值。"这个定义增添了一个新特征：价值。可见，不同行业根据其应用的不同有着不同的理解，大数据的定义标准也在随着技术的进步而改变。

从广义层面上再为大数据下一个定义（见图3-4）：所谓大数据，是一个综合性概念，它包括因具备3V特征而难以进行管理的数据，对这些数据进行存储、处理、分析的技术，以及能够通过分析这些数据获得实用意义和观点的人才和组织。

"存储、处理、分析的技术"，指的是用于大规模数据分布式处理的框架Hadoop、具备良好扩展性的NoSQL数据库，以及机器学习和统计分析等；"能够通过分析这些数据获得实用意义和观点的人才和组织"，指的是目前十分紧俏的"数据科学家"这类人才，以及能够对大数据进行有效运用的组织。

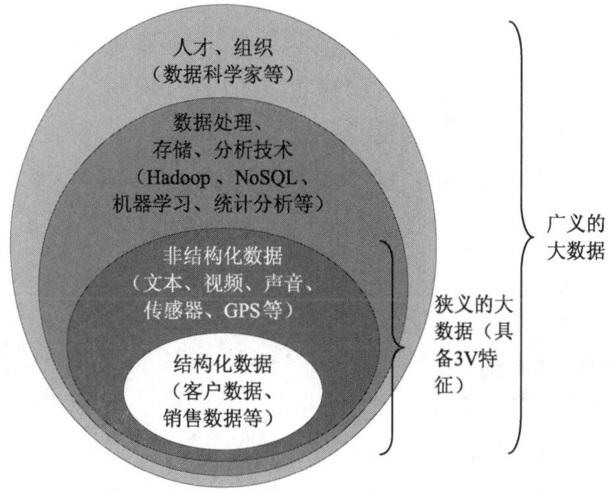

图 3-4 广义的大数据

3.1.4 大数据的结构类型

大数据具有多种形式，从高度结构化的财务数据，到文本文件、多媒体文件和基因定位图的任何数据，都可以称为大数据。由于数据自身的复杂性，作为一个必然的结果，处理大数据的首选方法就是在并行计算的环境中进行大规模并行处理（Massively Parallel Processing，MPP），这使得同时发生的并行摄取、并行数据装载和分析成为可能。实际上，大多数的大数据都是非结构化或半结构化的，这需要不同的技术和工具来处理和分析。

大数据最突出的特征是它的结构。图 3-5 显示了几种不同数据结构类型数据的增长趋势，由图可知，未来数据增长的 80%~90%将来自于不是结构化的数据类型（半、准和非结构化）。

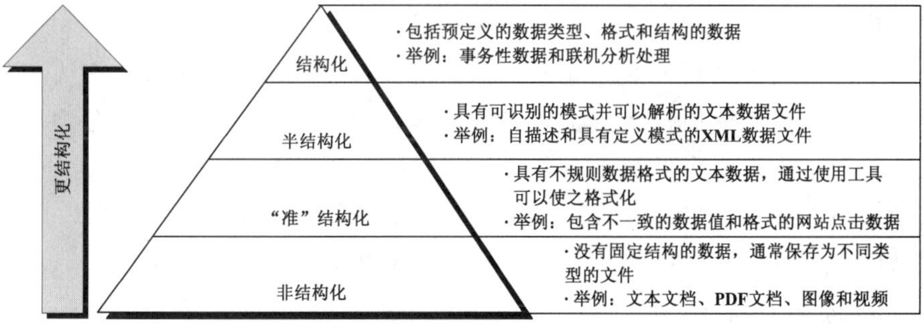

图 3-5 数据增长日益趋向非结构化

虽然图 3-5 显示了 4 种不同的、相分离的数据类型，实际上，有时这些数据类型是可以被混合在一起的。例如，有一个传统的关系数据库管理系统保存着一个软件支持呼叫中心的通话日志，这里有典型的结构化数据，比如日期/时间戳、机器类型、问题类型、操作系统，这些都是在线支持人员通过图形用户界面上的下拉式菜单输入的。另外，还有非结构化数据或半结构化数据，比如自由形式的通话日志信息，这些可能来自包含问题的电子邮件，或者技术问题和解决方案的实际通话描述。另外一种可能是与结构化数据有关的实际通话的语音日志或者音频文字实录。即使是现在，大多数分析人员还无法分析这种通话日志历史数据库中最普通和高度结构化的数据，因为挖掘文本信息是一项强度很大的工作，并且无法简单地实现自动化。

人们通常最熟悉结构化数据的分析，然而，半结构化数据（XML）、“准”结构化数据（网站地址字符串）和非结构化数据代表了不同的挑战，需要不同的技术来分析。

如今，人们不再认为数据是静止和陈旧的。但在以前，一旦完成了收集数据的目的之后，数据就会被认为已经没有用处了。比方说，在飞机降落之后，票价数据就没有用了。又如某城市的公交车因为价格不依赖于起点和终点，所以能够反映重要通勤信息的数据就可能被丢弃了——设计人员如果没有大数据的理念，就会丢失掉很多有价值的数据。

今天，大数据是人们获得新的认知、创造新的价值的源泉，大数据还是改变市场、组织机构，以及政府与公民关系的方法。大数据时代对我们的生活，以及与世界交流的方式都提出了挑战。实际上，大数据的精髓在于人们分析信息时的三个转变，这些转变将改变人们理解和组建社会的方法，这三个转变是相互联系和相互作用的。

3.2 思维变革之一：样本=总体

大数据时代的第一个转变，是要分析与某事物相关的更多的数据，有时候甚至可以处理和某个特别现象相关的所有数据，而不再是只依赖于分析随机采样的少量的数据样本。

19 世纪以来，当面临大量数据时，社会都依赖于采样分析。但是采样分析是信息缺乏时代和信息流通受限制的模拟数据时代的产物。以前通常把这看成是理所当然的限制，但高性能数字技术的流行让人们意识到，这其实是一种人为的限制。与局限在小数据范围相比，使用一切数据为人们带来了更高的精确性，也让人们看到了一些以前样本无法揭示的细节信息。

在某些方面，人们依然没有完全意识到自己拥有了能够收集和处理更大规模数据的能力，还是在信息匮乏的假设下做很多事情，假定自己只能收集到少量信息。这是一个自我实现的过程。人们甚至发展了一些使用尽可能少的信息的技术。例如，统计学的一个目的就是用尽可能少的数据来证实尽可能重大的发现。事实上，人们形成了一种习惯，那就是在制度、处理过程和激励机制中尽可能地减少数据的使用。

3.2.1 小数据时代的随机采样

数千年来，政府一直都试图通过收集信息来管理国民，只是到最近，小企业和个人才有可能拥有大规模收集和分类数据的能力，而此前，大规模的计数都是政府的事情。

以人口普查为例。据说古代埃及曾进行过人口普查，《旧约》和《新约》中对此都有所提及。1086 年英国皇家委员穿越整个国家，对当时的人口、土地和财产做了一个前所未有的全面记载。后来这本书用《圣经》中的《末日审判书》命名，因为每个人的生活都被赤裸裸地记载下来的过程就像接受“最后的审判”一样。然而，人口普查是一项耗资且费时的事情，尽管如此，当时收集的信息也只是一个大概情况，实施人口普查的人也知道他们不可能准确记录下每个人的信息。实际上，“人口普查”这个词来源于拉丁语的“censere”，本意就是推测、估算。

三百多年前，一个名叫约翰·格朗特的英国缝纫用品商提出了一个很有新意的方法，来推算出鼠疫时期[①]伦敦的人口数，这种方法就是后来的统计学。这个方法不需要一个人一个人地计算。虽然这个方法比较粗糙，但采用这个方法，人们可以利用少量有用的样本信息来获取人口的整体情况。虽然后来证实他能够得出正确的数据仅仅是因为运气好，但在当时他的方法大受欢迎。样本分析法一直都有较大的漏洞，因此，无论是进行人口普查还是其他大数据类的任务，人们还是一直使用清点这种“野蛮”的方法。

考虑到人口普查的复杂性以及耗时耗费的特点，政府极少进行普查。古罗马在拥有数十万人口的时候每 5 年普查一次。美国宪法规定每 10 年进行一次人口普查，而随着国家人口越来越多，只能以百万计数。但是到 19 世纪为止，即使这样不频繁的人口普查依然很困难，因为数据变化的速度超过了人口普查局统计分析的能力。

新中国建立后，先后于 1953 年、1964 年和 1982 年举行过 3 次人口普查。前 3 次人口普查是不定期进行的，自 1990 年第 4 次全国人口普查开始改为定期进行。根据《中华人民共和国统计法实施细则》和国务院的决定以及国务院 2010 年颁布的《全国人口普查条例》规定，人口普查每 10 年进行一次，尾数逢 0 的年份为普查年度。两次普查之间，进行一次简易人口普查。2020 年为第七次全国人口普查时间。

美国在 1880 年进行的人口普查，耗时 8 年才完成数据汇总。因此，他们获得的很多数据都是过时的。1890 年进行的人口普查，预计要花费 13 年的时间来汇总数据。然而，因为税收分摊和国会代表人数确定都是建立在人口的基础上的，必须获得正确且及时的数据。很明显，人们已有的数据处理工具已经难以应付了。后来，美国人口普查局就委托发明家赫尔曼·霍尔瑞斯（被称为现代自动计算之父）用他的穿孔卡片制表机（见图 3-6）来完成 1890 年的人口普查。

图 3-6　霍尔瑞斯普查机

① 鼠疫时期：鼠疫也称黑死病，它第一次袭击英国是在 1348 年，此后断断续续延续了 300 多年，当时英国有近 1/3 的人口死于鼠疫。到 1665 年，这场鼠疫肆虐了整个欧洲，几近疯狂。

经过大量的努力，霍尔瑞斯成功地在1年时间内完成了人口普查的数据汇总工作。这在当时简直就是一个奇迹，它标志着自动处理数据的开端，也为后来IBM公司的成立奠定了基础。但是，将其作为收集处理大数据的方法依然过于昂贵。毕竟，每个美国人都必须填一张可制成穿孔卡片的表格，然后再进行统计。对于一个跨越式发展的国家而言，十年一次的人口普查的滞后性已经让普查失去了大部分意义。

这就是问题所在，是利用所有的数据还是仅仅采用一部分呢？最明智的自然是得到有关被分析事物的所有数据，但是，当数量无比庞大时，这又不太现实。那如何选择样本呢？事实证明，问题的关键是选择样本时的随机性。统计学家们证明：采样分析的精确性随着采样随机性的增加而大幅提高，但与样本数量的增加关系不大。虽然听起来很不可思议，但事实上，研究表明，当样本数量达到了某个值之后，我们从新个体身上得到的信息会越来越少，就如同经济学中的边际效应递减一样。

在商业领域，随机采样被用来监管商品质量。这使得监管商品质量和提升商品品质变得更容易，花费也更少。以前，全面的质量监管要求对生产出来的每个产品进行检查，而现在只需从一批商品中随机抽取部分样品进行检查就可以了。本质上来说，随机采样让大数据问题变得更加切实可行。同理，它将客户调查引进了零售行业，将焦点讨论引进了政治界，也将许多人文问题变成了社会科学问题。

随机采样取得了巨大的成功，成为现代社会、现代测量领域的主心骨。但这只是一条捷径，是在不可收集和分析全部数据的情况下的选择，它本身存在许多固有的缺陷。它的成功依赖于采样的绝对随机性，但是实现采样的随机性非常困难。一旦采样过程中存在任何偏见，分析结果就会相去甚远。此外，随机采样不适合考察子类别的情况。因为一旦继续细分，随机采样结果的错误率会大大增加。因此，在宏观领域起作用的方法在微观领域失去了作用。

3.2.2 大数据与乔布斯的癌症治疗

由于技术成本大幅下跌以及在医学方面的广阔前景，个人基因排序（DNA分析）成为了一门新兴产业。从2007年起，硅谷的新兴科技公司23andme就开始分析人类基因，价格仅为几百美元。这可以揭示出人类遗传密码中一些会导致其对某些疾病抵抗力差的特征，如乳腺癌和心脏病。23andme希望能通过整合顾客的DNA和健康信息，了解到用其他方式不能获取的新信息。

苹果公司的传奇总裁史蒂夫·乔布斯在与癌症斗争的过程中采用了不同的方式，成为世界上第一个对自身所有DNA和肿瘤DNA进行排序的人。为此，他支付了高达几十万美元的费用，这是23andme报价的几百倍之多。所以，他得到了包括整个基因密码的数据文档。

对于一个普通的癌症患者，医生只能期望她的DNA排列同试验中使用的样本足够相似。但是，史蒂夫·乔布斯的医生们能够基于乔布斯的特定基因组成，按所需效果用药。如果癌症病变导致药物失效，医生可以及时更换另一种药。乔布斯曾经开玩笑地说："我要么是第一个通过这种方式战胜癌症的人，要么就是最后一个因为这种方式死于癌症的人。”虽然他的愿望都没有实现，但是这种获得所有数据而不仅是样本的方法还是将他的生命延长了好几年。

3.2.3 全数据模式：样本=总体

采样的目的是用最少的数据得到最多的信息，而当我们可以获得海量数据的时候，它就没有什么意义了。如今，感应器、手机导航、网站点击和微信等被动地收集了大量数据，而计算机可以轻易地对这些数据进行处理——数据处理技术已经发生了翻天覆地的改变。

在很多领域，从收集部分数据到收集尽可能多的数据的转变已经发生了。如果可能的话，我们会收集所有的数据，即“样本=总体”，这是指我们能对数据进行深度探讨。

分析整个数据库，而不是对一个小样本进行分析，能够提高微观层面分析的准确性。所以，我们现在经常会放弃样本分析这条捷径，选择收集全面而完整的数据。我们需要足够的数据处理和存储能力，也需要最先进的分析技术。同时，简单廉价的数据收集方法也很重要。过去，这些问题中的任何一个都很棘手。在一个资源有限的时代，要解决这些问题需要付出很高的代价。但是现在，解决这些难题已经变得简单容易得多。曾经只有大公司才能做到的事情，现在绝大部分的公司都可以做到了。

通过使用所有的数据，人们可以发现以前会在大量数据中被淹没掉的情况。例如，信用卡诈骗是通过观察异常情况来识别的，只有掌握了所有的数据才能做到这一点。在这种情况下，异常值是最有用的信息，你可以把它与正常交易情况进行对比。这是一个大数据问题。而且，因为交易是即时的，所以你的数据分析也应该是即时的。

因为大数据是建立在掌握所有数据，至少是尽可能多的数据的基础上的，所以就可以正确地考察细节并进行新的分析。在任何细微的层面，都可以用大数据去论证新的假设。当然，有些时候，还是可以使用样本分析法，毕竟仍然活在一个资源有限的时代。但是更多时候，利用手中掌握的所有数据成为了最好也是可行的选择。

3.3 思维变革之二：接受数据的混杂性

大数据时代的第二个转变，是人们乐于接受数据的纷繁复杂，而不再一味追求其精确性。

在越来越多的情况下，使用所有可获取的数据变得更为可能，但为此也要付出一定的代价。数据量的大幅增加会造成结果的不准确，与此同时，一些错误的数据也会混进数据库。然而，重点是我们能够努力避免这些问题，适当忽略微观层面上的精确度会让我们在宏观层面拥有更好的洞察力。

当我们拥有海量即时数据时，绝对的精准不再是我们追求的主要目标。大数据纷繁多样，优劣掺杂，分布在全球多个服务器上。拥有了大数据，我们不再需要对一个现象刨根究底，只要掌握大体的发展方向即可。当然，我们也不是完全放弃了精确度，只是不再沉迷于此。

3.3.1 允许不精确

对“小数据”而言，最基本、最重要的要求就是减少错误，保证质量。因为收集的信息量比较少，所以我们必须确保记录下来的数据尽量精确。无论是确定天体的位置还是观测显微镜下物体的大小，为了使结果更加准确，科学家致力于优化测量工具，发展了可以准确收集、记录和管理数据的方法。在采样的时候，对精确度的要求就更高更苛刻了。因为收集信息的有限意味着细微的错误会被放大，甚至有可能影响整个结果的准确性。

然而，在不断涌现的新情况里，“允许不精确”已经成为一个亮点。因为放松了容错的标准，人们掌握的数据就多了起来，可以利用这些数据做更多新的事情。这样，大量数据创造了更好的结果。

同时，我们需要与各种各样的混乱做斗争。混乱，简单地说就是随着数据的增加，错误量也会相应增加。所以，如果桥梁的压力数据量增加 1 000 倍的话，其中的部分读数就可能是错误的，而且随着读数量的增加，错误率可能也会增加。在整合来源不同的各类信息的时候，通常也会加大混乱程度。混乱还可以指格式的不一致性，因为要达到格式一致，就需要在进行数据处理之前清洗数据，而这在大数据背景下很难做到。

3.3.2 大数据优于算法

大数据在多大程度上优于算法，这个问题在自然语言处理上表现得很明显。2000 年，微软研究中心的米歇尔·班科和埃里克·布里尔一直在寻求改进 Word 程序中语法检查的方法。但是他们不能确定是努力改进现有的算法、研发新的方法，还是添加更加细腻精致的特点更有效。所以，在实施这些措施之前，他们决定往现有的算法中添加更多的数据，看看会有什么不同的变化。很多对计算机学习算法的研究都建立在百万字左右的语料库基础上。最后，他们决定往 4 种常见的算法中逐渐添加数据，先是一千万字，再到一亿字，最后到十亿。

结果有点令人吃惊。他们发现，随着数据的增多，4 种算法的表现都大幅提高了。当数据只有 500 万的时候，有一种简单的算法表现得很差，但当数据达 10 亿的时候，它变成了表现最好的，准确率从原来的 75%提高到了 95%以上。与之相反地，在少量数据情况下运行得最好的算法，当加入更多的数据时，也会像其他的算法一样有所提高，但是却变成了在大量数据条件下运行得最不好的。它的准确率会从 86%提高到 94%。

后来，班科和布里尔在他们发表的研究论文中写到，“如此一来，我们得重新衡量一下更多的人力物力是应该消耗在算法发展上还是在语料库发展上。”

3.3.3 纷繁的数据越多越好

通常传统的统计学家都很难容忍错误数据的存在，在收集样本的时候，他们会用一整套的策略来减少错误发生的概率。在结果公布之前，他们也会测试样本是否存在潜在的系统性偏差。这些策略包括根据协议或通过受过专门训练的专家来采集样本。但是，即使只是少量的数据，这些规避错误的策略实施起来还是耗费巨大。尤其是当我们收集所有数据的时候，在大规模的基础上保持数据收集标准的一致性不太现实。

如今，我们已经生活在信息时代。我们掌握的数据库越来越全面，它包括了与这些现象相关的大量甚至全部数据。我们不再需要那么担心某个数据点对整套分析的不利影响，所要做的就是接受这些纷繁的数据并从中受益，而不是以高昂的代价消除所有的不确定性。

在华盛顿州布莱恩市的英国石油公司（BP）切里波因特炼油厂（见图 3-7）里，无线感应器遍布于整个工厂，形成无形的网络，能够产生大量实时数据。在这里，酷热的恶劣环境和电气设备的存在有时会对感应器读数有所影响，形成错误的数据。但是数据生成的数量之多可以弥补这些小错误。随时监测管道的承压使得 BP 能够了解到，有些种类的原油比其他种类更具有腐蚀性。以前，这都是无法发现也无法防止的。

图 3-7 炼油厂

有时候，当我们掌握了大量新型数据时，精确性就不那么重要了，我们同样可以掌握事情的发展趋势。除了一开始会与我们的直觉相矛盾之外，接受数据的不精确和不完美，我们反而能够更好地进行预测，也能够更好地理解这个世界。

值得注意的是，错误并不是大数据本身固有的特性，而是一个亟需我们去处理的现实问题，并且有可能长期存在。它只是我们用来测量、记录和交流数据的工具的一个缺陷。因为拥有更大数据量所能带来的商业利益远远超过增加一点精确性，所以通常我们不会再花大力气去提升数据的精确性。这又是一个关注焦点的转变，以前统计学家们总是把他们的兴趣放在提高样本的随机性而不是数量上。如今，大数据给我们带来的利益，让我们能够接受不精确的存在了。

我们怎么看待使用所有数据和使用部分数据的差别，以及我们怎样选择放松要求并取代严格的精确性，将会对我们与世界的沟通产生深刻的影响。随着大数据技术成为日常生活中的一部分，我们应该开始从一个比以前更大更全面的角度来理解事物，也就是说应该将“样本=总体”植入我们的思维中。

相比依赖于小数据和精确性的时代，大数据因为更强调数据的完整性和混杂性，帮助我们进一步接近事实的真相。当我们的视野局限在我们可以分析和能够确定的数据上时，我们对世界的整体理解就可能产生偏差和错误。不仅失去了去尽力收集一切数据的动力，也失去了从各个不同角度来观察事物的权利。所以，局限于狭隘的小数据中，我们可以自豪于对精确性的追求，但是就算我们可以分析得到细节中的细节，也依然会错过事物的全貌。

大数据要求我们有所改变，我们必须能够接受混乱和不确定性。精确性似乎一直是我们生活的支撑，但认为每个问题只有一个答案的想法是站不住脚的。

3.4 思维变革之三：数据的相关关系

在传统观念下，人们总是致力于找到一切事情发生背后的原因。然而在很多时候，寻找数据间的关联并利用这种关联就足够了。这些思想上的重大转变导致了第三个变革：尝试着不再探求难以捉摸的因果关系，转而关注事物的相关关系。相关关系也许不能准确地告知某件事情为何会发生，但是它会提醒我们这件事情正在发生。在许多情况下，这种提醒已经足够了。

如果数百万条电子医疗记录显示橙汁和阿司匹林的特定组合可以治疗癌症，那么找出具体的药理机制就没有这种治疗方法本身来得重要。同样，只要我们知道什么时候是买机票的最佳时机，就算不知道机票价格疯狂变动的原因也无所谓了。大数据告诉我们"是什么"而不是"为什么"。在大数据时代，我们不必知道现象背后的原因，我们只要让数据自己发声。我们不再需要在还没有收集数据之前，就把我们的分析建立在早已设立的少量假设的基础之上。让数据发声，我们会注意到很多以前从来没有意识到的联系的存在。

3.4.1 关联物，预测的关键

虽然在小数据世界中相关关系也是有用的，但如今在大数据的背景下，通过应用相关关系，我们可以比以前更容易、更快捷、更清楚地分析事物。

所谓相关关系，其核心是指量化两个数据值之间的数理关系。相关关系强是指当一个数据值增加时，另一个数据值很有可能也会随之增加。我们已经看到过这种很强的相关关系，比如谷歌流感趋势：在一个特定的地理位置，越多的人通过谷歌搜索特定的词条，该地区就有更多的人患了流感。相反，相关关系弱就意味着当一个数据值增加时，另一个数据值几乎不会发生变化。例如，我们可以寻找关于个人的鞋码和幸福的相关关系，但会发现它们几乎扯不上什么关系。

相关关系通过识别有用的关联物来帮助我们分析一个现象，而不是通过揭示其内部的运作机制。当然，即使是很强的相关关系也不一定能解释每一种情况，比如两个事物看上去行为相似，但很有可能只是巧合。相关关系没有绝对，只有可能性。也就是说，不是亚马逊推荐的每本书都是顾客想买的书。但是，如果相关关系强，一个相关链接成功的概率是很高的。这一点很多人可以证明，他们的书架上有很多书都是因为图书网站推荐而购买的。

通过找到一个现象的良好的关联物，相关关系可以帮助我们捕捉现在和预测未来。如果 A 和 B 经常一起发生，我们只需要注意到 B 发生了，就可以预测 A 也发生了。这有助于我们捕捉可能和 A 一起发生的事情，即使我们不能直接测量或观察到 A。更重要的是，它还可以帮助我们预测未来可能发生什么。当然，相关关系是无法预知未来的，他们只能预测可能发生的事情。但是，这已经极其珍贵了。

在大数据时代，建立在相关关系分析法基础上的预测是大数据的核心。这种预测发生的频率非常高，以至于我们经常忽略了它的创新性。当然，它的应用会越来越多。

3.4.2　“是什么”，而不是“为什么”

在小数据时代，相关关系分析和因果分析都不容易，耗费巨大，都要从建立假设开始，然后进行实验——这个假设要么被证实要么被推翻。但是，由于两者都始于假设，这些分析就都有受偏见影响的可能，极易导致错误。与此同时，用来做相关关系分析的数据很难得到。

另一方面，在小数据时代，由于计算机能力不足，大部分相关关系分析仅限于寻求线性关系。而实际情况远比人们想象的要复杂。经过复杂的分析，人们能够发现数据的“非线性关系”。

多年来，经济学家和政治家一直认为收入水平和幸福感是成正比的。研究表明，虽然统计工具呈现的是一种线性关系，但事实上，它们之间存在一种更复杂的动态关系：例如，对于收入水平在1万美元以下的人来说，一旦收入增加，幸福感会随之提升；但对于收入水平在1万美元以上的人来说，幸福感并不会随着收入水平提高而提升。如果能发现这层关系，我们看到的就应该是一条曲线，而不是统计工具分析出来的直线。

这个发现对决策者来说非常重要。如果只看到线性关系的话，那么政策重心应完全放在增加收入上，因为这样才能增加全民的幸福感。而一旦察觉到这种非线性关系，策略的重心就会变成提高低收入人群的收入水平，因为这样明显更划算。

大数据时代，专家们正在研发能发现并对比分析非线性关系的技术工具。一系列飞速发展的新技术和新软件也从多方面提高了相关关系分析工具发现非因果关系的能力。这些新的分析工具和思路为我们展现了一系列新的视野，我们看到了很多以前不曾注意到的联系，还掌握了以前无法理解的复杂技术和社会动态。但最重要的是，通过去探求“是什么”而不是“为什么”，相关关系帮助我们更好地了解了这个世界。

3.4.3　通过相关关系了解世界

传统情况下，人类是通过因果关系了解世界的。首先，我们的直接愿望就是了解因果关系。即使无因果联系存在，我们也还是会假定其存在。研究证明，这只是我们的认知方式，与每个人的文化背景、生长环境以及教育水平无关。当我们看到两件事情接连发生的时候，我们会习惯性地从因果关系的角度来看待它们。在小数据时代，很难证明由直觉而来的因果联系是错误的。

现在，情况不一样了。将来，大数据之间的相关关系，将经常会用来证明直觉的因果联系是错误的。最终也能表明，统计关系也不蕴含多少真实的因果关系。总之，我们的快速思维模式将会遭受各种各样的现实考验。

不像因果关系，证明相关关系的实验耗资少，费时也少。与之相比，分析相关关系，我们既有数学方法，也有统计学方法，同时，数字工具也能帮我们准确地找出相关关系。

相关关系分析本身意义重大，同时它也为研究因果关系奠定了基础。通过找出可能相关的事物，我们可以在此基础上进行进一步的因果关系分析。如果存在因果关系的话，我们再进一步找出原因。这种便捷的机制通过实验降低了因果分析的成本。我们也可以从相互联系中找到一些重要的变量，这些变量可以用到验证因果关系的实验中去。

例如，Kaggle公司举办了关于二手车的质量竞赛。二手车经销商将二手车数据提供给参加比赛的统计学家，统计学家们用这些数据建立一个算法系统来预测经销商拍卖的哪些车有可能出现质量问题。相关关系分析表明，橙色的车有质量问题的可能性只有其他车的一半。

这难道是因为橙色车的车主更爱车，所以车被保护得更好吗？或是这种颜色的车子在制造方面更精良些吗？还是因为橙色的车更显眼、出车祸的概率更小，所以转手的时候，各方面的性能保持得更好？

马上，我们就陷入了各种各样谜一样的假设中。若要找出相关关系，我们可以用数学方法，但如果是因果关系的话，这却是行不通的。所以，我们没必要一定要找出相关关系背后的原因，当我们知道了“是什么”的时候，“为什么”其实没那么重要了，否则就会催生一些滑稽的想法。比方说上面提到的例子里，我们是不是应该建议车主把车漆成橙色呢？毕竟，这样就说明车子的质量更过硬啊！

考虑到这些，如果把以确凿数据为基础的相关关系和通过快速思维构想出的因果关系相比的话，前者就更具有说服力。但在越来越多的情况下，快速清晰的相关关系分析甚至比慢速的因果分析更有用和更有效。慢速的因果分析集中体现为通过严格控制的实验来验证的因果关系，而这必然是非常耗时耗力的。

在大多数情况下，一旦我们完成了对大数据的相关关系分析，而又不再满足于仅仅知道“是什么”时，我们就会继续向更深层次研究因果关系，找出背后的“为什么”。

因果关系还是有用的，但是它将不再被看成是意义来源的基础。在大数据时代，即使很多情况下，我们依然指望用因果关系来说明我们所发现的相互联系，但是，我们知道因果关系只是一种特殊的相关关系。相反，大数据推动了相关关系分析。相关关系分析通常情况下能取代因果关系起作用，即使不可取代的情况下，它也能指导因果关系起作用。

习　题

1. 19世纪以来，当面临大量数据时，社会都依赖于采样分析，但是采样分析是(　　)时代的产物。

A. 计算机　　B. 青铜器　　C. 模拟数据　　D. 云

2. 大数据时代的第一个转变，(　　)。

A. 是要分析与某事物相关的所有数据，而不是依靠分析少量的数据样本

B. 是人们乐于接受数据的纷繁复杂，而不再一味追求其精确性

C. 是人们尝试着不再探求难以捉摸的因果关系，转而关注事物的相关关系

D. 是加强统计学应用，重视算法的复杂性

3. 长期以来，人们已经发展了一些使用尽可能少的信息的技术。例如，统计学的一个目的就是（　　）。

A. 用尽可能多的数据来验证一般的发现

B. 同尽可能少的数据来验证尽可能简单的发现

C. 用尽可能少的数据来证实尽可能重大的发现

D. 用尽可能少的数据来验证一般的发现

4. 统计学家们证明：（　　）。

A. 采样分析的精确性随着采样随机性的增加而大幅提高，但与样本数量的增加关系不大

B. 采样分析的精确性随着采样精确性的增加而大幅提高，但与样本数量的增加关系不大

C. 采样分析的精确性随着采样精确性的增加而大幅提高，但与样本数量的增加密切相关

D. 采样分析的精确性随着采样随机性的增加而大幅提高，但与样本数量的增加密切相关

5. 只研究样本而不是整体，有利有弊：（　　）。

A. 能更快更容易地发现问题，但不能回答事先未考虑到的问题

B. 能更快更容易地发现问题，也能回答事先未考虑到的问题

C. 虽然发现问题比较困难，但能回答事先未考虑到的问题

D. 发现问题比较困难，也不能回答事先未考虑到的问题

6. 因为大数据是建立在（　　），所以我们就可以正确地考察细节并进行新的分析。

A. 在掌握少量精确数据的基础上，尽可能多地收集其他数据

B. 掌握少量数据，至少是尽可能精确的数据的基础上的

C. 掌握所有数据，至少是尽可能多的数据的基础上的

D. 尽可能掌握精确数据的基础上

7. 当我们测量事物的能力受限时，关注最重要的事情和获取最精确的结果是可取的。直到今天，我们的数字技术依然建立在精准的基础上。这种思维方式适用于掌握（　　）的情况。

A. 小数据量　　B. 大数据量　　C. 无数据　　D. 多数据

8. 当人们拥有海量即时数据时，绝对的精准不再是人们追求的主要目标。当然，（　　）。

A. 我们应该完全放弃精确度，不再沉迷于此

B. 我们不能放弃精确度，需要努力追求精确度

C. 我们也不是完全放弃了精确度，只是不再沉迷于此

D. 我们是确保精确度的前提下，适当寻求更多数据

9. 历史上很多时候，人们会把通过测量世界来征服世界视为最大的成就。然而，在

不断涌现的新情况里，(　　)。因为放松了容错的标准，人们掌握的数据也多了起来，还可以利用这些数据做更多新的事情。

A. 允许不精确的出现已经成为一个缺点，而非优点

B. 允许不精确的出现已经成为一个亮点，而非缺点

C. 允许不精确的出现已经成为一个历史

D. 允许不精确的出现已经得到控制

10. 温度是葡萄生长发育的重要因素。葡萄是温带植物，对热量要求高，但(　　)。

A. 不同发育阶段对温度的要求一致

B. 同一发育阶段对温度的要求不同

C. 有的发育阶段对温度没有要求

D. 不同发育阶段对温度的要求不同

11. 为了获得更广泛的数据而牺牲了精确性，也因此看到了很多如若不然无法被关注到的细节。(　　)。

A. 在很多情况下，与致力于避免错误相比，对错误的包容会带给我们更多问题

B. 在很多情况下，与致力于避免错误相比，对错误的包容会带给我们更多好处

C. 无论什么情况，我们都不能容忍错误的存在

D. 无论什么情况，我们都可以包容错误

12. 以前统计学家总是把他们的兴趣放在提高样本的随机性而不是数量上，这是因为(　　)。

A. 提高样本随机性可以减少对数据量的需求

B. 样本随机性优于对大数据的分析

C. 可以获取的数据少，提高样本随机性可以提高分析准确率

D. 提高样本随机性是为了减少统计分析的工作量

13. 研究表明，在少量数据情况下运行得最好的算法，当加入更多的数据时，(　　)。

A. 也会像其他的算法一样有所提高，但是却变成了在大量数据条件下运行得最不好的

B. 与其他的算法一样有所提高，仍然是在大量数据条件下运行得最好的

C. 与其他的算法一样有所提高，在大量数据条件下运行得还是比较好的

D. 虽然没有提高，还是在大量数据条件下运行得最好的

14. “大数据基础上的简单算法比小数据基础上的复杂算法更加有效。”谷歌公司人工智能专家的研究指出，其中(　　)。

A. 精确是关键　　　　B. 混杂是关键

C. 并没有特别之处　　D. 精确和混杂同样重要

15. 如今，要想获得大规模数据带来的好处，混乱应该是一种(　　)。

A. 不正确途径，需要竭力避免的

B. 非标准途径，应该尽量避免的

C. 非标准途径，但可以勉强接受的

D. 标准途径，而不应该是竭力避免的

16. 传统的关系数据库能够也需要仔细策划。在小数据时代，（ ）。

A. 人们遇到的问题无比清晰，数据库被设计用来有效地回答这些问题

B. 人们遇到的问题很模糊，数据库被设计用来尽力回答这些问题

C. 人们遇到的问题很模糊，数据库无须有效地回答这些问题

D. 人们遇到的问题无比清晰，但数据库设计很复杂，无法有效地回答这些问题

17. 研究表明，只有（ ）的数字数据是结构化的且能适用于传统数据库。如果不接受混乱，剩下（ ）的非结构化数据都无法被利用。

A. 95%，5%　　B. 30%，70%　　C. 5%，95%　　D. 70%，30%

18. 在传统观念下，人们总是致力于找到一切事情发生背后的原因。寻找（ ）是人类长久以来的习惯，即使确定这样的关系很困难而且用途不大，人类还是习惯性地寻找缘由。

A. 相关关系　　B. 因果关系

C. 信息关系　　D. 组织关系

19. 在大数据时代，我们无须再紧盯事物之间的（ ），而应该寻找事物之间的（ ），这会给我们提供非常新颖且有价值的观点。

A. 因果关系，相关关系　　B. 相关关系，因果关系

C. 复杂关系，简单关系　　D. 简单关系，复杂关系

20. 所谓相关关系，其核心是指量化两个数据值之间的数理关系。相关关系强是指当一个数据值增加时，另一个数据值很有可能会随之（ ）。

A. 减少　　B. 显现　　C. 增加　　D. 隐藏

21. 通过找到一个现象的（ ），相关关系可以帮助我们捕捉现在和预测未来。

A. 出现原因　　B. 隐藏原因　　C. 一般的关联物　　D. 良好的关联物

22. 相关关系背后的（ ）是直接而又有活力的，这是相关关系的本质特征，也是让相关关系成为最广泛应用的统计计量方法的原因。

A. 逻辑计算　　B. 符号计算　　C. 数学计算　　D. 字符计算

23. 在大数据时代之前，相关关系的应用很少。（ ），所以统计学家们喜欢找到一个关联物，然后收集与之相关的数据进行相关关系分析来评测这个关联物的优劣。

A. 因为数据太多而使数据处理很困难

B. 因为数据很少而且收集数据很费时费力

C. 因为数据很少但收集数据很方便

D. 因为数据太多但收集数据很方便

24. 建立在相关关系分析法基础上的（ ）是大数据的核心。这种活动发生的频率非常高，以至于我们经常忽略了它的创新性。当然，它的应用会越来越多。

A. 预测　　B. 规划　　C. 决策　　D. 处理

25. 在小数据时代，相关关系分析和因果分析（ ）。

A. 都很容易　　B. 都不容易

C. 前者容易后者不容易　　D. 前者不容易后者容易

【实训与思考】深入理解大数据思维

1. 实训目的

（1）熟悉大数据狭义与广义的定义与基本概念。

（2）熟悉大数据的结构类型。

（3）分析大数据时代人们思维变革的三大转变。

2. 工具/准备工作

在开始本实训之前，请认真阅读本章的相关内容。

需要准备一台带有浏览器，能够访问因特网的计算机。

3. 实训内容与步骤

（1）请查阅相关文献资料，为“大数据”给出一个权威性的定义。

答：______

这个定义的来源是：______

（2）请具体描述大数据的3V。

答：

① Volume（数量）：______

② Variety（多样性）：______

③ Velocity（速度）：______

（3）大数据时代，人们分析信息、理解世界的三大转变是指什么？

答：

① ______

② ______

③ ______

（4）请简述，在大数据时代，为什么要“分析与某事物相关的所有数据，而不是依靠分析少量的数据样本”？

答：______

（5）请简述，在大数据时代，为什么“我们乐于接受数据的纷繁复杂，而不再一味追求其精确性”？

答：______

（6）什么是数据的因果关系？什么是数据的相关关系？

答：______

（7）请简述，在大数据时代，为什么“我们不再探求难以捉摸的因果关系，转而关注事物的相关关系”？

答：______

4. 实训总结

______

5. 实训评价（教师）

______

第4章 传统创新方法

【创新引领】长征五号运载火箭的首次发射

2016 年 11 月 3 日，一个值得中国航天界永久纪念的日子。这一天，在文昌发射场、距发射塔架 3 km 处，我亲历了长征五号运载火箭首次发射的全过程（见图 4-1）。曾经看过多少次发射，连我自己都记不清了，唯有这一次，最是撼人心魄——这是长征五号运载火箭的首次发射。据统计，各国运载火箭首飞成功的概率是 50%。这次发射会属于概率的哪一半呢？

图 4-1　长征五号运载火箭首发

01 指挥员胡旭东的位置在大厅的中心。他下着口令，十几个系统指挥员跟着重复口令，自信而又浑厚的声音在大厅里回荡。1980 年出生的胡旭东，显得比实际年龄老成许多。10 天前，我和他匆匆见过一面，当时他只说了一句话："这次首发一定要成功，它的意义非同一般……如果不成功，对中国航天的打击，那就太大了。"他的话让我马上生出一个祈祷：长征五号啊，你可千万别掉链子，让另一半的概率见鬼去吧！

瞭望 3 km 外的塔架，像一座华丽的宫殿，"胖五"则像等待出嫁的美丽公主，充满魔幻般的魅力。我在心里道了一声：亲爱的，一路平安。转回指挥大厅时，第一个"惊心动魄"便扑面而来，时钟刚好走到 10:30。胡旭东的口令洪亮有力又略带低沉："各号保持状态，暂不进入-7 小时程序。"大厅里一波小震荡。"保持状态，暂不进入……"谁都明白这意味着什么。

发射塔架 1、3 助推火箭上疑似液氧泄漏。听见“泄漏”两字，就是一个纯粹的外行，心头也会猛然一颤。加注过程最让人担心的就是燃料泄漏。我听过太多这方面的事故。液氢液氧是极低温的易燃易爆的燃料，它们充填到火箭肚子里，极易汽化，加上发射场地域三高（高盐雾、高温、高湿），就更难伺候，一旦泄漏出来，想想就知道有多可怕。

指挥部里有一半的人纷纷走出大厅，去小会议室参加紧急会议。他们要根据航天人特有的“双五条”归零标准，逐一开展故障排查。两位副总师赶往 101 阵地现场勘察、摸排故障情况时，小会议室里早已争论得面红耳赤了。这个会开得像甲乙两方谈判，当大家还在为“故障”归不归零争论不休时，发射站站长唐功建却点出了眼下最紧迫的问题：程序是停还是继续？当专家们一致同意归零时，一个小时已经过去了。发射窗口变更，01 指挥员胡旭东下达口令：“重置点火时间为——19:01:00。”

程序可以往下走了，大厅的气氛又轻快起来。我再次暗暗祈求别再有什么意外了。15:48:20，液氢大流量加注完毕。指挥部成员好像松了一口气，轻松站起，转移战场，到 10 层指挥大厅就座。17:00 时，我去了加注现场。巨大的排气声和呼啸的风声，让我突然感受到一丝冷意。这是我早已熟悉的那种“冷”。一个月前，我到过这里，是加注系统的“管家”李建军带我来的，他把低温燃料系统给我介绍了一遍。与他的声音一起留在我脑海的还有一个面容清瘦的江南女子，她叫陈虹，浙江大学热物理系低温工程专业的高材生。这个看上去秀秀气气的杭州女子身上有种超乎常人的定力。为研发低温燃料系统与贮罐，她带领的团队付出了 10 年多的时间。可谓“十年磨一剑”。

回到 508 室时，见走道上站满了人。我心里一激灵：又发生了什么？小会议室的门紧紧关闭。我的双腿突然变沉，绕到指挥大厅才听说：一级循环预冷失败。光是“失败”两字，你就能预知事态的严重性。“暂停液氧排放，暂停煤油充填。各系统保持状态，暂不进入-1 小时程序。”专家们紧急商讨对策：“这次温度降不下来，我们就终止。”“你们先做，最后一分钟都来得及。”“只有半个小时了。这半个小时做完，还不成，只好放弃。”所谓窗口，就是运载火箭发射比较合适的一个时间宽度。整个窗口只有 2 小时 40 分，前面耽搁了 1 小时，只剩下 1 小时 40 分了。现在进入了-1 小时，又停下来，窗口还撑得上吗？若失去窗口，小心翼翼喂进火箭肚子里的东西，得让它吐出来，整个程序得逆着走。凡是逆向的，难度都很大，就像逆流而上的船。

17:36，氢循环泵增压预冷和排放预冷效果仍不佳……01 指挥员下达了“各号保持状态，暂不进入-1 小时程序”的口令。“若到 19:30，一级液氢发动机预冷仍不正常，考虑进入终止发射程序。这是指挥部的决策。”陈虹记录本上这段话，事后我读了 3 遍，读第 2 遍时，眼睛发潮了：终止发射程序，意味着 400 多方的液氢，500 多方的液氧需要泄回，发射场将接受异常严峻的考验，中国航天将面临前所未有的技术挑战。

19:33，传来好消息：一级氢泵轴温度终于下降。01 指挥员下达令人欢欣鼓舞的口令：“设定点火时间为：20:40:00。”当听到这一消息时，指挥大厅凝固的空气忽然像注入一股清流，似乎能听到冰河化开时悦耳的“叮咚”声。稍显混乱的秩序恢复了正常。我大大地呼出一口气，感觉紧张皱巴成一团乱麻的心，瞬间像花儿一样绽放。

而陈虹他们减压了吗？再看看陈虹当时的记录：又是一个新要求。这可是液氢回流系统从20世纪80年代长征3号开始，几十年来第一次采用该加注方式!!! 请从陈虹3个大大的“!!!”里，体会其压力和分量吧。我不知道陈虹瘦弱的肩膀是怎么承受住这巨大压力的。作为一个比她更年长的女军人，我想向她表达深深的敬意，除了军礼，还想给她一个大大的拥抱。她的领导告诉我：“陈虹是个以工作为快乐的女人，办公室就是她的家。”按世俗的理解，她会不会像许多事业心强的女人一样，家庭很残缺？后来，我才知道我的担心完全多余，她有一个很爱她的丈夫，还有一个她很爱的儿子。不过，儿子嫌她厨艺不佳，宁愿去吃食堂，也不愿吃她做的饭，儿子爱吃的几个菜，都是她丈夫的手艺。但她说，她会收拾家务，会拆洗被子。作为一个女人，她是幸福的。

19:55，一级氢射前补加开始。加注流量提高到了设定流量的2.5倍，可液位没有上升。流量又增加，已经超过安全流速，可液位还是没有上升，开排气阀门泄压……这些“刀尖上的舞者”，不知道他们自身的压力如何排遣？我知道陈虹喜欢走步来减压。这会儿，她一动不动地坐在指挥的岗位上，她现在不能用走步去缓解自己的压力，只能把压力顶在头上，怎么办？我能猜到，她的大脑里此刻有一双无形的脚，在飞奔，脚尖正指向那个我们全都期待的胜利时刻。直到射前5分30秒，液位稳定在终值液位。这时，听见口令：“氢加注好!”氢控制间的玻璃房里，瞬时爆发一片掌声：“真是太不容易了!”我们这些局外人，真能理解这7个字的内涵么？

离点火已经很近，我不知如何选择，是去空旷的2楼一睹“胖五”点火的雄姿，还是守在指挥大厅。正犹豫时，听见01指挥员胡旭东洪亮但略显低沉的声音又响了起来：“暂缓进入-3分钟准备程序，设定点火时间为：20:41:17。”此刻时间为20:38。这个“暂缓”，又一次让人紧张得屏住呼吸。芯一级氧加连接器没脱落。又来一个故障，需要应急处置。我紧张得不敢再听也不敢再看，感觉胸口堵得慌。胡旭东却极其冷静：“暂缓进入-2分钟准备程序，设定点火时间为20:41:56。”窗口又再次设定。

这时，我突然想起采访胡旭东时的一个细节：前不久，胡旭东和他可爱的小女儿视频通话。那是他最感幸福的时刻，但这种时刻少得可怜。在视频里，他听见宝贝儿稚嫩又甜美的声音：“爸爸，你看，我买了块新手表”，那一声“爸爸”别提多暖心了。可定睛再细瞧，女儿手背上的“手表”，原来是挂吊针留下的胶布，他心里咯噔一下。原来女儿因病住院了，他却压根不知道……现在，他脑子里还装着这件事吗？不，完全没可能。此刻，他不能有丝毫分心，他的心，全拴在每个程序的口令上。

当程序进入-90秒时，被大家称为“金手指”的120指挥员韦康，下达了“转电”的口令。他的话音刚落，又有人报告：控制主控计算机报错！还没来得及反应，韦康又再次喊报告，此时离发射点火还有不到1分钟：“01，终止发射!”韦康这一口令，事后有人调侃：这是“中国航天史上最牛的口令，没有之一。”此刻，我忍不住为胡旭东心慌，因为，他的指令变得口语化：“怎么搞的？”韦康回答说：“01，稍等。”这个“稍等”大概是世上最难等的时刻吧？事后我听说，这次发射如果不是手动操作，一切都自动化，也许便不会成功。看来，最后真正可以依赖的，还是人，不是机器。

十几秒后，120指挥员喊：“01，好了。”真的好了？不。这次首发，神奇就神奇在进入倒计时10秒，01指挥员在读“10、9、8、7、6……”时仍有3次中断。这也是中国航天史上从没发生过的，一次是：制导专业报告：“还没有数。”一次是姿控专业报告：

"姿态角偏差还没有。"韦康又再次叫喊："01，稍等。"又一个稍等。这些简略的话，猛一听，像病句，可对他们，却是精确的表达。我想告诉所有那些想观看火箭发射的人，假如你心脏不好，真要小心，请莫进入。

-6 秒姿控专业报告说："有了！"韦康也跟着报告："01，好了。"此刻，01 指挥员胡旭东又再次果断地下达口令："C31 重置当前时间为-10 秒。"听见没，程序又回到-10 秒。他们就这样在分秒里来回倒了好几次。这可是牵动人心的发射点火时刻。这次，胡旭东的口令下达与此前的每一道口令一样沉稳自信，尽管稍稍有一丝沙哑，但沙哑得很有磁性，不是吗？"5、4、3、2、1、点火！"在外面观看发射的人们，也跟着胡旭东大声地读秒，整个发射场的天地间响彻整齐划一、气势浩荡的声浪：3、2、1——点火！

20:43:13.13998 秒，长征五号运载火箭点火，巨大的雾流从火箭的底座上喷涌出来，然后是耀眼的火光，箭体徐徐地离开底座，庄严地升空，一条火龙撕开云隙怒吼着绝尘而去……大约 30 分钟后，指挥大厅传来了一个声音：长征五号运载火箭首次飞行获得圆满成功！

现在，终于可以为中国航天人狠狠地鼓掌点赞了。

资料来源：豆丁网 https://www.docin.com/2018-10-31

阅读上文，请思考、分析并简单记录。

（1）2016 年 11 月 3 日是中国的长征五号运载火箭首次发射的日子，这次发射顺利吗？有没有遇到什么麻烦？各国运载火箭的首发成功概率是多少？

答：________________________________

____

____

____

____

（2）请通过网络搜索，了解更多中国的航天事业成就，请简单记录其中给你留下最深印象的重要事件。

答：________________________________

____

____

____

____

（3）请记录，什么是中国航天事业的"载人航天精神"？这样的精神对你有什么启发？

答：________________________________

____

____

____

____

（4）请简单记述你所知道的上一周发生的国际、国内或者身边的大事。

答：____

____

____

____

____

4.1 克服思维定势

在长期的思维活动中，每个人都形成了自己惯用的思维模式，当面临某个事物或现实问题时，便会不假思索地把它们纳入已经习惯的思想框架进行思考和处理，即思维定势。

思维定势（Thinking Set），也称“惯性思维”，是指由先前的活动而造成的一种对活动的特殊的心理准备状态，或活动的倾向性。在环境不变的条件下，定势使人能够应用已掌握的方法迅速解决问题，而在情境发生变化时，它则会妨碍人采用新的方法。

思维定势有益于日常对普通问题的思考和处理，但不利于创造性思维，它阻碍新思想、新观点、新技术和新形象的产生。因此，在创造性思维过程中需要突破思维定势。

思维定势多种多样，不同的人有不同的思维定势。常见的思维定势有从众型、书本型、经验型和权威型。

（1）从众型思维定势，指没有或不敢坚持自己的主见，总是顺从多数人意志的一种广泛存在的心理现象。例如，当我们走到十字路口，看到红灯亮了本应该停下来，但看到大家都在往前冲，自己也会随着人群往前冲。

我们来看“羊群效应”。羊群是一种很散乱的组织，平时都是盲目地左冲右撞，但一旦头羊动起来，其他的羊会不假思索地一哄而上，全然不顾旁边可能有的狼和不远处更好的青草（见图 4-2）。羊群效应就是比喻人们的从众心理，容易盲从，而盲从往往会陷入骗局或遭到失败。

图 4-2　羊群效应

羊群效应是管理学上企业市场行为的一种常见现象。羊群效应也是减少研发和市场调研的一种策略，现在被广泛地应用在各个行业，也叫做“复制原则”。一个公司通过调研和开发而投放市场的产品，会被对手轻易复制而免去前期的研发成本，这是加剧竞争的原因之一。

类似于羊群效应的从众型思维定势更多带来的是盲目上马的项目和没有经过充分的市场调研而导致的模糊的前景，甚至会分散一个公司的精力。破除从众型思维定势，需要在思维过程中不盲目跟随，具备心理抗压能力；在科学研究和发明过程中，要有独立的思维意识。

（2）书本型思维定势。书本知识对人类所起的积极作用是显而易见的。现有的科学技术和文学艺术中的大部分都是通过书本传承下来的，书本知识是人类的宝贵财富。我们需要掌握书本知识的精神实质，不能当作教条死记硬背。当社会不断发展，而书本知识未得到及时和有效地更新时，书本上的知识与客观事实之间会存在一定程度的滞后性。如果一味地认为书本知识都是正确的或严格按照书本知识指导实践，将严重束缚、禁锢创造性思维的发挥，将形成书本型思维定势。

（3）经验型思维定势。经验是人类在实践中获得的主观体验和感受，是通过感官对个别事物的表面现象、外部联系的认识，是理性认识的基础，在人类的认识与实践中发挥着重要作用。经验型思维定势是指人们处理问题时按照以往的经验去办的一种思维习惯，照搬经验，忽略了经验的相对性和片面性，制约了创造性思维的发挥。经验型思维有助于人们在处理常规事物时提高办事效率。我们要把经验与经验型思维定势区分开来，破除经验型思维定势，提高思维灵活变通的能力。

（4）权威型思维定势。在思维领域，不少人习惯引证权威的观点，甚至以权威作为判定事物是非的唯一标准，一旦发现与权威相违背的观点，就唯权威是瞻，这种思维习惯或程式就是权威型思维定势。

权威型思维定势的形成来源于多个方面。一方面是由于不当的教育方式造成的，在青少年教育时期，家长和老师把固化的知识、泛化的权威观念采用灌输式教育方式传授下来，缺少对教育对象的有效启发，使教育对象形成了盲目接受知识、盲目崇拜权威的习惯；另一方面在社会中广泛存在个人崇拜现象，一些人采用各种手段建立或强化自己的权威，不断加强权威定势。

在科学研究中，要破除权威型思维定势，坚持“实践是检验真理的唯一标准”。

4.2 试 错 法

在长期的自然与社会实践中，人们已经创造和发展了很多解决发明问题的方法，例如人们习惯使用的试错法、头脑风暴法、形态分析法和和田十二法等。单独使用这些传统的创新方法曾经收到过较好的发明创新效果。这些创新方法往往要求使用者具有较高的技巧、比较丰富的经验和较大的知识积累量，因此，使用这些方法进行创新的效率普遍不高。特别是当遇到一些较难且复杂的问题时，仅仅依赖“灵机一动”就很难解决问题了。

传统的创新方法基本上都是以心理机制为基础的，它们的程序、步骤、措施大都是为人们克服发明创新的心理障碍而设计，在运用中受到使用者经验、技巧和知识积累水平的制约。

试错法是指人们通过反复尝试运用各式各样的方法或理论，使错误（或不可行的方案）逐渐减少，最终获得能够正确解决问题的方法的一种创新方法。千百年来，人们一直在使用试错法求解发明问题。在尝试利用一种方法、物质、装置或工艺来求解某一问题时，如果找不到问题的解决方案，就进行第二次尝试，如果没找到问题的解决方法，则进行第三次尝试，以此类推。这就是试错法解决问题的思路和过程。

当用尽了所有常规方法后，就会尝试去猜想是否有正确的解决方案。这样，经过一个漫长的寻找过程也可能碰巧走对路子并解决问题，但取得这种结果的概率很小。多数情况下，对所想到的可能方案均进行了尝试之后仍不能解决问题，甚至因条件限制，尝试无法继续进行，只能精疲力竭地宣告终止。

苏联的创新专家尤里•萨拉马托夫对试错法做过这样的评价：“人类在试错法中损失的时间和精力，远比在自然灾害中遭受的损失要惨重得多”。20世纪，“在发达资本主义国家中，50%的研究刚刚开展，就因为没有发展前途而被迫终止了；在苏联，有2/3的研究根本无法进入生产领域”。

例 4-1 爱迪生（Edison，见图 4-3）是位举世闻名的美国电学家和发明家，他除了在留声机、电灯、电话、电报、电影等方面有许多的发明和贡献以外，在矿业、建筑业、化工等领域也有不少著名的创造和真知灼见。相信每个人都知道爱迪生的那句名言：“天才就是百分之二的灵感加上百分之九十八的汗水。”爱迪生不仅有聪慧过人的头脑，更有不懈努力的精神，因此，他得到了巨大的成功。

图 4-3 爱迪生发明灯泡

据记载，他在发明电灯时，他和他的助手们历经 13 个月，用过的灯丝材料有 1 600 多种金属材料和 6 000 多种非金属材料，试验了 7 000 多次，终于找到了有实用价值的灯丝材料，为人类带来了光明。

爱迪生的发明，为人类的文明和进步做出了巨大的贡献。他勇于试验、不畏失败的探索精神和执着的研究态度，令人敬佩，值得我们学习。爱迪生发明电灯所采用的方法就是试错法。

对解决简单的发明问题，试错法效果明显，此时可能的解决方案的数目不超过 10 个或 20 个，找到正确的解决方案并不困难。而对于较复杂的发明问题，由于可能存在成百上千个可能的解决方案，试错法的效率就非常低，解决发明问题的周期较长，所付出的代价很高。

4.3 头脑风暴法

头脑风暴法也称为智力激励法、自由思考法或诸葛亮会议法，发明者美国的奥斯本是 BBDO 广告公司的创始人，他于 1939 年首次提出头脑风暴法，并于 1953 年在《应用想象》一书中发表了这种激发创造性思维的方法。

4.3.1 头脑风暴会议的组织

头脑风暴法是指一群人开动脑筋，进行自由地创造性地思考与联想，各抒己见，在短时间内提出解决问题的大量构想的一种方法，是最具实用性的一种集体创造性地解决问题的方法。

“头脑风暴”的原意是“突发性的精神错乱”，用来表示精神病患者处于大脑失常的状态。精神病患者最大的特征是在发病时无视他人的存在，言语与肢体行为随心所欲。这虽然不合乎社会行为礼节的规范，然而从创造思考的启导与引发的目标来看，摆脱世俗礼教与旧观念的束缚，期望构想能无拘无束地涌现，还是有必要的，这正是头脑风暴法的精义所在。

从形式上来看，头脑风暴法是将少数人召集在一起（见图 4-4），以会议的形式，对某一问题进行自由思考和联想，提出各自的设想和提案。与会者可以在没有任何约束的情况下发表个人的想法，提出自己的创意。参与的人甚至可以提出看起来异想天开的想法。

图 4-4 头脑风暴会议

现代发明创新课题涉及技术领域广泛，靠个别发明家单枪匹马式的冥思苦想变得软弱无力，收效甚微。相比之下，类似头脑风暴法这种群体式的发明战术则会取得良好效果。

4.3.2 头脑风暴法基本规则

实施头脑风暴法会议之所以会导致大量新创意的诞生，主要有以下原因：一是在轻松、融洽的气氛中，每个人都能敞开想象，自由联想，各抒己见；二是能够产生互相激励、互相启发的效果，每个人的创意都会引起他人的联想，引起连锁反应，形成有利于解决问题的多种创意；三是在会议讨论时更能激发人的热情，激活思维，开阔思路，益于突破思维定势和旧观念的束缚；四是竞争意识的使然，争强好胜的天性会使与会者积极开动脑筋，发表独到见解和新奇观念。

为了减少群体内的社交抑制因素，激励新想法的产生，提高群体的创造力，使用头脑风暴法解决问题时必须遵守以下基本规则：

（1）暂缓评价。在头脑风暴会议上，会议主持人和会议参与者对各种意见、方案的正确与否，不要当场做出评价或批评指责。对观点的批评不仅会占用宝贵时间和脑力资源，而且容易使与会者人人自危，发言谨慎保守，从而遏制了新观点的诞生。因为所有的想法都有潜力成为好观点、好方法，或者能够启发他人产生新的想法。参与者着重于对想法进行丰富和拓展。将评论放在后面的“评价阶段”进行的“延迟评判”策略，可以产生积极氛围，有助于参与者提出更多的想法。

（2）鼓励提出独特的想法。与会者在轻松的氛围下各抒己见，避免人云亦云、随波逐流，有利于提出独特的见解，这样便可能提供比常规想法更好的解决方案。可以反过来看问题，也可以换一个角度考虑问题等。

（3）追求数量。追求方案的质量，容易将时间和精力集中在对该方案的完善和补充上，从而影响其他方案的提出和思路的开拓，也不利于调动所有成员的积极性。如果头脑风暴会议结束时有大量的方案，那就极可能发现一个非常好的方案。因此，头脑风暴法强调所有的活动应该以在给定的时间内获得尽可能多的方案为原则。为此，与会者应该解放思想，独立思考，畅所欲言，而不必顾虑自己的想法或说法是否离经叛道或荒唐可笑。

（4）重视对想法的组合和改进。对好的想法进行组合、取长补短，以形成一个更好的想法。与单纯提出新想法相比，对想法进行组合和改进可以产生出更好、更完整的想法。所以，头脑风暴法能更好地体现集体智慧。

4.3.3 头脑风暴小组成员

实施头脑风暴法要组织由 5~10 个人参加的小型会议，对小组成员和主持人的要求是：

（1）头脑风暴小组人数的确定。参加人数以 5~10 人为宜，包含主持人和记录员。头脑风暴小组人数的多少取决于主持人风格、小组成员个体的情况等因素。小组人数太多或太少效果都不太理想。人数过多，会使某些人没有畅所欲言的机会；过少时，会场面冷清，影响参与者的热情。

（2）小组中不宜有过多的专家。在进行“头脑风暴”的过程中，如果专家太多，就很难做到“暂缓评价”。权威在场必定会对与会者产生“威慑”作用，给与会者的心理造成压力，难以形成自由的发言氛围。在头脑风暴的场合，无论主持人还是参加者，都应注意不要从专业角度发表评论，否则会引起争议，打破暂缓评价的和谐局面，产生不良效果。

（3）如果参加者相互认识，要从同一职位（职称或级别）的人员中选取，领导人员不应参加，否则可能会对某些参加者造成某种压力。如果参加者互不认识，可从不同职位（职称或级别）的人员中选取，与会者不论职称或职务级别的高低应同等对待。

（4）参加者的专业应力求与所论及的决策问题相一致。专家中最好包括一些学识渊博，对所论及问题有较深理解的其他领域的专家。

如果小组成员具有相同的学科背景，都是同一方面的专家，那么，很可能会沿着固有专业方向的常规思路来开发思想、产生观念。这样，同学科或相近学科的成员所产生的构想范围就会有限，而不能发挥头脑风暴的优势。相反，如果小组成员背景不同，他们就有可能从不同的层面、不同的方向、不同的角度提出千差万别的观点，从而更有利于获得“头脑风暴”效应。

（5）参与者应具备较强的联想思维能力。这是头脑风暴法获得良好效果的重要保证。在进行“头脑风暴”时，组织者应尽可能提供一个有助于把注意力高度集中于讨论问题的环境。在头脑风暴会议上，有的人提出的设想可能是其他准备发言的人已经思考过的设想。其中一些最有价值的设想，往往是在已提出设想的基础上，经过“头脑风暴”迅速发展起来的设想，或对两个或多个设想进行综合所得到的设想。因此，头脑风暴法产生的结果是成员集体创造的成果，是头脑风暴小组成员互相感染激励、互相补充完善的总体效果。

（6）头脑风暴小组主持人的确定。小组中的主持人非常重要。主持人对整个头脑风暴过程进行适度控制和协调，可以减少头脑风暴的抑制因素，激励新想法，发挥小组群体的创造力，获得预期的效果。

主持人必须能够做好以下三点：

① 能掌控会议，并使头脑风暴会议的成员严格遵循前述的头脑风暴法基本规则。

② 要使会议保持热烈而轻松的气氛。

③ 要保证让全体参与者都能畅所欲言，献计献策。

头脑风暴小组会议的主持人必须具有丰富的经验，能够充分把握讨论问题的本质。主持人应乐于接受头脑风暴法所造成的奔放而接近狂热的会议气氛，努力使参加者忘却自我，从而能变得更加自由。主持人应及时地发现参加者朝哪个方向提出设想，并巧妙地将脱离正确方向的参加者引回到既定的目标方向上来。

4.3.4　头脑风暴法的技巧

经过多年的研究和实践，人们总结了大量简便有效的经验。

（1）讨论问题的确定非常重要，问题设置不当，头脑风暴会议便难以获得成功。

（2）“停停走走”，即3分钟提出设想，然后5分钟进行考虑，接着用3分钟的时间提出设想……这样3分钟与5分钟过程反复交替，形成有行有停的节奏。

（3）“一个接一个”，与会者根据座位的顺序一个接一个提出观点，如果轮到的人没有新构想就跳到下一个人。如此循环，直至会议结束。

（4）成员构成应当考虑男女搭配比例，适当的比例会极大地提高产生构想的数目。

4.4 形态分析法

为有效解决一些复杂的发明问题，20世纪50年代末，出现了一种基于系统式查找可能解决方案的方法，即形态分析法。

形态分析法是一种从系统论的观点看待事物的创新思维方法。这种方法是由美国加州理工学院教授兹维基与矿物学家里哥尼合作创建的，它对搜索问题的解决方案所设置的限制很有用处，利用它可以对解决方案的可能前景进行系统的分析。

1943年第二次世界大战期间，兹维基参加了美国火箭研制小组，他把数学中常用的排列组合原理应用于新颖技术方案的设计中，他将火箭的各个主要部件可能具有的各种形态进行了不同的组合，得到了令人惊奇的结果：他在一周之内交出了576种不同的火箭设计方案，这些方案几乎包括了当时所有的制造火箭的可能设计方案（见图4-5）。后来才知道，就连美国情报局挖空心思都没能弄到手的德国正在研制的带脉冲发动机的F-1型和F-2型巡航导弹的设计方案也包括在其中。于是，兹维基的天才受到人们的关注。1948年，兹维基发表了他的构思技巧——形态分析法。

图4-5 巡航导弹

形态分析法首先把研究的对象或问题分为一些基本组成部分。然后，对每一个基本组成部分单独地进行处理，分别提出解决问题的办法或方案。最后通过不同的组合，形成若干个解决整个问题的总体方案。

因素和形态是运用形态分析法时要用到的两个非常重要的基本概念。所谓因素，就是指构成某种事物各种功能的特性因子；所谓形态，是指实现事物各种功能的技术手段。例如，对于一种工业产品，可将反映该产品特定用途或特定功能的性能指标作为基本因素，而将实现该产品特定用途或特定功能的技术手段作为基本形态。

形态分析法特别适用于下列几个方面的观念创新：

（1）新产品或新型服务模式。

（2）新材料应用。

（3）新的市场分割及市场用途。

（4）开发具有竞争优势的新方法。

（5）产品或服务的新颖推销技巧。

（6）新的发展机遇的定向确认。

例 4-2　确定汽车前照灯的设计方案。

汽车前照灯是汽车的重要部件之一（见图 4-6）。首先，前照灯是汽车的眼睛，是汽车漂亮时髦的外表的重要特征。其次，有了可靠且性能良好的照明方能提高汽车的夜间行驶速度，同时对确保汽车的安全行驶非常重要。最后，汽车前照灯的结构形式直接影响汽车前端的外形，对构建低空气阻力的流线型车身外廓极为重要。考虑到这些功能，要求对前照灯的外形、光源类型、散光玻璃类型、控制方式等因素的各种形态进行分析，编制形态表（见表 4-1）。

JEEP 指南者-卤素灯　　凯迪拉克 XTS-氙气灯　　奥迪 A8L-LED 灯

图 4-6　汽车前照灯

根据表 4-1，进行各种可能性组合，得到 4×3×2×2=48 种设计方案。然后，考虑生产成本、重量、可靠性与耐久性、消费者的认可度等，对这些方案分别进行分析对比，从中可选出最优的方案。

表 4-1　汽车前照灯形态表

因素 / 形态	前照灯外形	前照灯光源	散光玻璃材质	控制方式
1	方形	卤素灯泡	玻璃	手控开关
2	圆形	气体放电灯	树脂	光感应
3	椭圆形	LED		
4	柳叶形			

4.5 和田十二法

和田十二法是由形态分析法演变而来的，就是用一张一览表对需要解决的问题逐项进行核对，从各个角度诱发多种创造性设想，以实现创造、发明、革新，或解决工作的某一问题的开发创意的方法。使用和田十二法时，为了获得解决问题所需的数据，需要构造问题列表。表中所提出的问题，可以是最意想不到的，这样有利于削弱思维定势。通过和田十二法，可以获得对问题的详述和查找规定问题解决方案的附加数据。早期最有影响的稽核表是奥斯本于 1964 年设计的，其提纲达 75 条之多，后来经过简化归纳为 9 个方面（用途、类比、增加、减少、改变、代替、变换、颠倒、组合）。

利用和田十二法进行构思创意，应从以下几个方面（角度）进行思考：

（1）现有发明的用途是什么？是否可以扩充？

（2）现有发明能否吸收其他技术，引入其他创造构思？

（3）现有发明的造型、颜色、制造方法等能否改变？

（4）现有发明的体积、尺寸和重量能否改变？改变后的结果怎样？

（5）现有发明的使用范围能否扩大？寿命能否延长？

（6）现有发明的功能是否可以重新组合？

（7）现有发明能否改变型号或改变顺序？

（8）现有的发明可否颠倒过来？

我国学者许立言、张福奎在奥斯本稽核表基础上，借用其基本原理，加以创造而提出了和田十二法，这些技法更通俗易懂，简便易行，便于推广。和田十二法指人们在观察、认识一个事物时，考虑是否可以：

（1）加一加：加高、加厚、加多、组合等。

（2）减一减：减轻、减少、省略等。

（3）扩一扩：放大、扩大、提高功效等。

（4）变一变：变形状、颜色、气味、音响、次序等。

（5）改一改：改缺点、改不便、改不足之处。

（6）缩一缩：压缩、缩小、微型化。

（7）联一联：原因和结果有何联系，把某些东西联系起来。

（8）学一学：模仿形状、结构、方法，学习先进。

（9）代一代：用别的材料代替，用别的方法代替。

（10）搬一搬：移作他用。

（11）反一反：能否颠倒一下。

（12）定一定：定个界限、标准，能提高工作效率。

习　　题

1. 4 张扑克牌如图 4-7 所示放在桌子上，小明把其中一张旋转 180°后得到如图 4-8 所示的图案，那么他旋转的牌从左起数是（　　）。

A. 第一张　　B. 第二张

C. 第三张　　D. 第四张

图 4-7

图 4-8

2. 如图 4-9 所示，点 O 是正六边形 $ABCDEF$ 的中心，下列三角形中，可由 $\triangle OBC$ 平移得到的是（　　）。

A. $\triangle OCD$　　B. $\triangle OAB$

C. $\triangle OAF$　　D. $\triangle OEF$

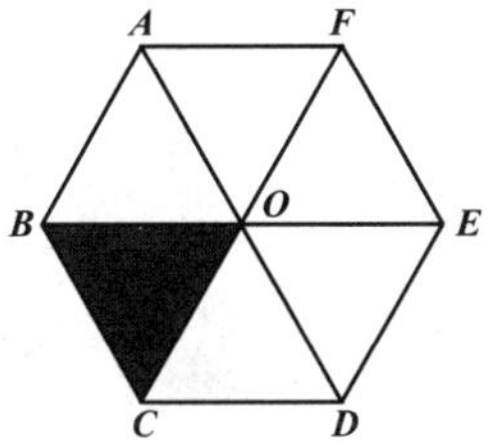

图 4-9

3. 如图 4-10 所示，要求画出猫向右平移 8 格后的图案。正确的是（　　）。

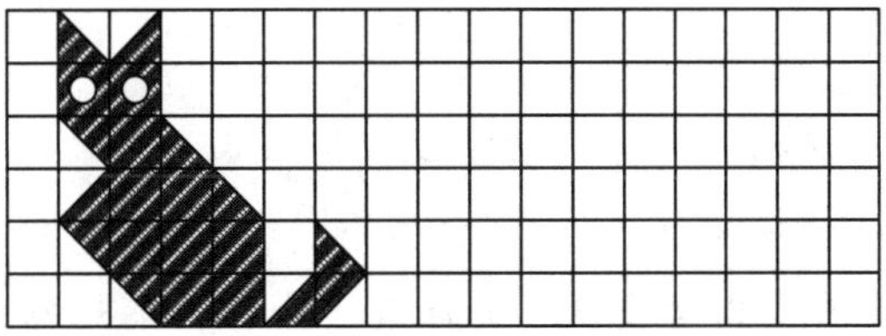

图 4-10

A. 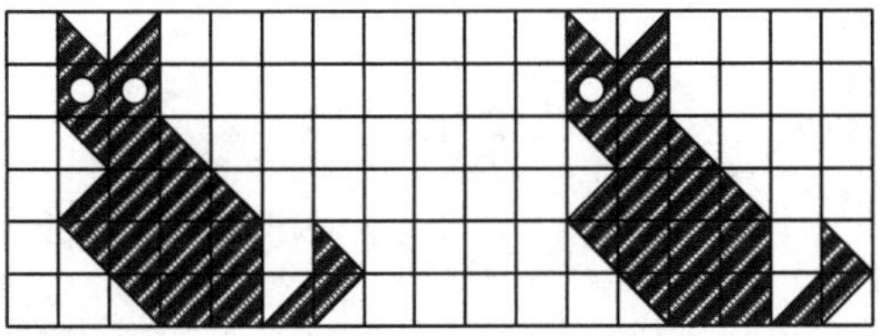

B. 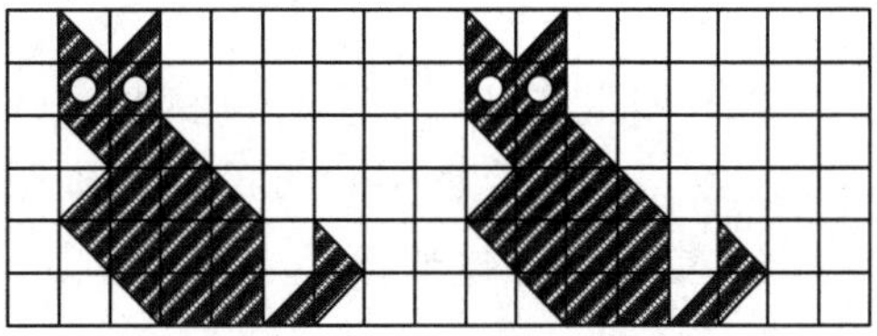

4. 思维定势（　　）日常对普通问题的思考和处理，（　　）创造性思维。

A. 有益于，不利于　　B. 不利于，有益于

C. 有益于，有益于　　D. 不利于，不利于

5. （　　）是指人们通过反复尝试运用各式各样的方法或理论，使错误（或不可行的方案）逐渐减少，最终获得能够正确解决问题的方法的一种创新方法。

A. 和田十二法　　B. 形态分析法

C. 头脑风暴法　　D. 试错法

6. （　　）是指一群人开动脑筋，进行自由地创造性地思考与联想，各抒己见，在短时间内提出解决问题的大量构想的一种集体创造性地解决问题的方法。

A. 和田十二法　　B. 形态分析法

C. 头脑风暴法　　D. 试错法

7. 头脑风暴方法的会议主持人必须能够做好三点，但以下（　　）不属于其中。

A. 能掌控会议，并使头脑风暴会议的成员严格遵循前述的头脑风暴法基本规则

B. 组织与会者通过反复讨论，使不可行的方案逐渐减少，最终获得正确方案

C. 要使会议保持热烈而轻松的气氛

D. 要保证让全体参与者都能畅所欲言，献计献策

8. （　　）是一种从系统论的观点看待事物的创新思维方法，利用它可以对解决方案的可能前景进行系统的分析。

A. 和田十二法　　B. 形态分析法

C. 头脑风暴法　　D. 试错法

9. （　　）是用一张一览表对需要解决的问题逐项进行核对，从各个角度诱发多种创造性设想，以实现创造、发明、革新，或解决工作的某一问题的开发创意的方法。

A. 和田十二法　　B. 形态分析法

C. 头脑风暴法　　D. 试错法

【实训与思考】头脑风暴法实践

1. 实训目的

（1）了解什么是思维定势，熟悉思维定势的优点与缺点。

（2）理解和熟悉发明问题的传统方法。

（3）理解和熟悉头脑风暴创新方法，了解该方法的基本规则和组织方法。通过实践，体会和掌握头脑风暴法的运用，尝试依靠传统创新方法提升自己的创新思维和实践能力。

2. 工具/准备工作

在开始本实训之前，请回顾本章的相关内容。

需要准备一台能够访问因特网的计算机。

3. 实训内容与步骤

（1）请简述，思维定势对人的影响是什么？

答：____

（2）什么是试错法？

答：

（3）头脑风暴法有哪些基本规则？

答：

（4）选定一个创新动议，来组织一次小型的头脑风暴会议。

头脑风暴会议的讨论议题：

（例如，议题可以是：厉害了，我的大学！）

头脑风暴会议的与会者分别是：

① ____________，专业背景：____________

② ____________，专业背景：____________

③ ____________，专业背景：____________

④ ____________，专业背景：____________

⑤ ____________，专业背景：____________

⑥ ____________，专业背景：____________

⑦ ____________，专业背景：____________

其中，主持人是：____________

头脑风暴会上，收集的创意数量是：____________个。

请具体描述本次头脑风暴会的情况：

请评价，你认为此次头脑风暴会成功吗？

☐ 很成功　　☐ 成功　　☐ 一般　　☐ 不成功

4. 实训总结

5. 实训评价（教师）

第5章 创新思维与技法

【创新引领】斯坦福最火的一门课

斯坦福最火的一门课，竟是教学生像设计 iPhone 一样设计自己的人生。

“你什么时候看起来最有活力？最投入？”

“……研究数学的时候。”

这是斯坦福大学设计学院一个天井（见图 5-1）里最常见的对话，别以为它只是同学间的闲聊，其实它是斯坦福《设计人生》课程中讨论最多的话题。

图 5-1　斯坦福大学设计学院的天井

美国杂志 Fast Company 报道称这是斯坦福大学“最热门的课程”，脱胎于这门课的《设计人生：如何打造美好快乐生活》一书的出版社也这样说。

上面回答称“研究数学时最有活力”的学生，其实来自斯坦福艺术史专业，她是校内有名的学霸，已经完成了超过 230 个学分，但始终不知道自己毕业后要做什么，在上这门课之前，她从来没意识到——自己原来非常讨厌艺术。她的这种迷茫是斯坦福无数学生共同的烦恼，他们擅长考高分，多才多艺，但对自己的未来却始终说不出个所以然。6 年前，这门《设计人生》课一经推出选修人数就迅速爆满，一直到今天，它依然是斯坦福最热门的课程之一。

其实中国孩子在挖掘自身潜能上的“坑”更多更大。多数人受制于应试教育的压力，从小不知道自己的兴趣究竟是什么，于是到大学选专业、毕业找工作的时候，非常迷茫。他们更可能要用十年时间，去弥补自己小时候三年就可以填补的沟壑。

非常有意思的是，斯坦福《设计人生》课程两位主讲教授都是苹果公司前员工，他们希望通过这门课，将设计苹果手机的方法，运用在教会学生“设计自己的人生”上。

像设计师一样思考，任何时候都可以开始

这门课的萌芽要追溯到 9 年前，当时还是苹果公司员工的比尔·伯内特和戴维·埃文斯两人（见图 5-2）经常受邀为谷歌公司的产品经理和硅谷创业天才等传授“设计”的秘诀，但他们渐渐发现，精通设计理念可以让他们做出世界上最有创意的产品，但他们的生活却依然索然无趣。

图 5-2　左为伯内特教授，右为埃文斯教授

而纵观自己的人生，他们所做的每一个决定——去哪个学校、去哪个公司……看上去都是“最好”的选择，但如果冷静反问自己，他们也不知道自己到底为什么要这么做。他们开始意识到——为什么不把设计的理念应用到生活上？并拿自己做起了“实验”。

设计讲究“定义问题”，即在众多需求中只关注最核心的痛点。每天有各种琐事缠身，但自己到底想要怎样的未来？那样的未来又需要从现在开始做什么准备呢？

设计讲究“原型设计”，即有了想法就要做出来接受检验——他们用来检验计划的可行度。有了计划，不求完美但求完成，先做出个简单成果，找专业人士提建议会比一个人在角落钻牛角尖强 100 倍……

实验的效果立竿见影，他们开始意识到，自己其实不喜欢计算机，只是擅长计算机，并离开了苹果公司，回到母校，把这些人生经验整理成了这门课，让学生们能在 20 岁左右就解决困扰了他们多年的人生难题。

但两位教授也强调，这门课不专属于设计师，更不专属于大学生，像设计师一样思考，任何时候都可以。他们课上就有一位特殊的学生，是刚从斯坦福大学工学系退休的一位教授，他上课的初衷是“我就快退休了，但我完全不知道我该去做些什么。”

这个课程上更有一些年轻人以及一些 K12 阶段的中小学老师，它们觉得应该让孩子从小就能找到自己真正的兴趣，充分发挥自己主动支配而非被动接受自己人生的潜能。

设计人生最重要的五个小步骤

这两位教授分享了很多经验、案例和方法，我们从《设计人生：如何打造美好快乐生活》中总结出最基础也最重要的 5 个步骤。其实我们在日常生活中也能运用，整理如下，建议您与您家孩子分享：

（1）保持好奇心：问“什么”不如问“为什么”（见图 5-3）。

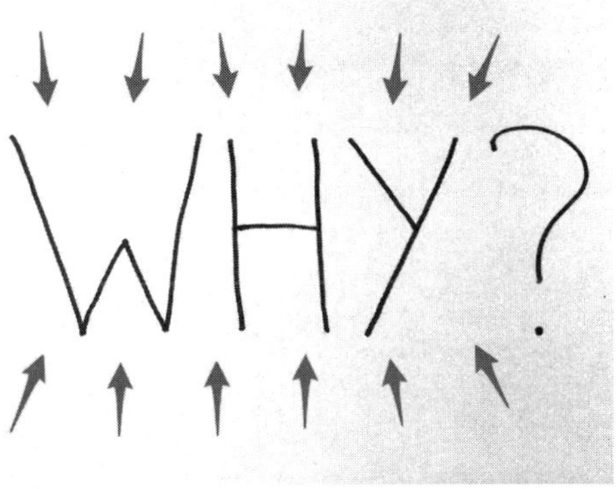

图 5-3　问“什么”不如问“为什么”

我们习惯于接受摆在我们面前的问题——最近要完成的作业、下个商业项目……不过设计师更习惯在这个问题上笨一点，他们甚至会问：为什么要问这个问题？因为他们深知，把自己的创造力倾注到错误问题的回答上非常“二”。

爱因斯坦曾说，他除了充满激情的好奇心外，再无其他真正的才能。在运用创造力解决问题之前，多花点时间找到正确的问题，才能事半功倍。

（2）不断尝试：不求完美但求完成，然后不断修正。

其实，设计的经典模式就是建造一大堆东西，尝试一大堆东西……但都还不是最后的产品。但这并不能说明“失败了”，只是说，我们的想法正在不断趋近于最完美的方向。

所以，当你对未来事业感到迷茫，或者工作后考虑改变自己的职业，有了具体想法后，可以去拜访某些正在做你想做的工作的人。更好的办法是跟着他们工作一天，或者周末去实地做这项工作。如果感觉很好，那就继续向前一步；如果感觉不好，那就忘了这回事吧。在进行任何重大决策时都可以做这一步，它可以避免你一头冲进诱人的未知，从而毁掉你的生活，还可以避免更糟的情况——年复一年不采取任何行动，同时又闷闷不乐。

（3）重构问题：思考陷入停滞，就换个问法。

还记得文章最前面的那个问题吗——“你什么时候看起来最充满活力？”这就是教授重新定义“你将来要做什么”后的结果，比起原来的版本，具象了不只一点两点。

曾有研究证明，我们如何理解一件事情，会直接影响我们处理它的效率。“将来做什么”是一个一辈子都不会停止的追问，是最基本的哲学问题，但我们可以跳出来，换一个角度看待它，就能很快走出死胡同，想到更多更好的解决方法。

（4）记录整个过程：随时反思人生。

设计人生并没有真正的终点，去寻求答案的过程，比结果更重要，这将会使你最终必有收获。而设计最让人满意的地方就在于，它的结果是可以看得见摸得着的，如果你把这种思维方式应用到生活中去，记得把整个过程记录下来。它将是无价之宝，不仅可以用在枯燥的绩效考核和工作面试中，也可以用来反思人生。

（5）主动寻找导师。

设计和发明是一个日益协同的过程，设计你的人生也一样。两位教授就建议，要随时采取开放的态度，从别人的建议和自己的想法中获取新的思路，同时积极对这些回应做出反馈。

对学生来说，自组互助读书会来讨论某些主题，写信给某些领域学有专精的人，向其请教学习上遭遇的难题，在网络上分享自己的学习成果，或向网络上的达人请教学习上遭遇到的难处……都是不错的方法（见图 5-4）。

图 5-4　分享学习成果

每个孩子都应该懂点设计思维

“你可以犯错，失败是好事，”一位参加这门课程的麦肯锡公司顾问说，这门课的理念应该让更多青少年懂得，以及运用。如何面对压力，如何探索式学习等。

“尽管我还没有找到自己到底想做什么，”另一位同学这样说，“但是我对尝试其他事物变得更加开放，愿意看到它如何发展。勇敢行动起来太重要了，你无法只靠思考走进未来。”

实际上，《设计人生》这门课所倡导的理念——像设计师一样思考，永不嫌早，与斯坦福大学 d.school 最拿手的杀手锏——Design Thinking（设计思维）殊途同归。设计思维是由 d.school 创办人 David Kelley 教授提出，非常巧合的是，他当年帮乔布斯设计出了苹果公司第一款鼠标。

设计思维现在已是风靡全球。最早在世界 500 强中流行，用于新产品迭代和创新突破，后来开始在教育界流行，现在从斯坦福到哈佛，非常多的美国名校和中小学，也开始开设设计思维课，并将之视为激发孩子创造力的法宝。

设计思维课程上，孩子们首先通过采访调研获得同理心，然后聚焦、头脑风暴，发现核心问题，之后动手制作原型、测试，最终呈现自己的“产品”。显然，这并不是大众认为的“设计”本身，而是一门实践课。它强调的是，比创意本身更重要的，是发现根本问题并真正解决问题的能力。

阅读上文，请思考、分析并简单记录。

（1）请认真思考后回答：“你什么时候看起来最有活力？最投入？”

答：____

____

____

（2）阅读本文，请回顾并记录：设计人生最重要的 5 个步骤。

答：

①

②

③

④

⑤

（3）仔细阅读本文，请简述你对此课程的看法。

答：

（4）请简单记述你所知道的上一周发生的国际、国内或者身边的大事。

答：

5.1　创造性思维方式

创新思维是指以新颖独创的方法解决问题的思维过程，以求突破常规思维的界限，以超常规甚至反常规的方法、视角去思考问题，提出与众不同的解决方案，从而产生新颖的、独到的、有意义的思维成果。创新思维的本质在于将创新意识的感性愿望提升到理性的探索上，实现创新活动由感性认识到理性思考的飞跃。

创新思维的运用目的，就是让我们具有“新的眼光”，克服思维定势，打破技术系统旧有的阻碍模式。一些看似很困难的问题，如果我们投以“新的眼光”，站到更高的位置，采用不同的角度来看待，就会得出新的答案。

在客观需要的推动下，创新思维以新获得的信息和已储存的知识为基础，综合运用各种思维形态或思维方式，经过对各种信息、知识的匹配、组合，或者从中选出解决问题的最优方案，或者系统地加以综合，或者借助于类比、直觉等创造出新办法、新概念、新形象、新观点，从而使认识或实践取得突破性进展的思维活动。创新思维具有新颖性、灵活性、探索性、能动性和综合性等特点，是创新过程中最基本的手段。创造性思维方式就是从创新思维活动中总结、提炼、概括出来的具有方向性、程序性的思维模式。

5.1.1 发散思维与收敛思维

思想家托马斯•库恩认为，科学革命时期发散思维占优势，常规科学时期收敛思维占优势，一个好的探索者要在发散思维和收敛思维之间保持必要的张力。

（1）发散思维。它由美国心理学家 J. P.吉尔福特提出，是对同一问题从不同层次、不同角度、不同方向进行探索，从而提供新结构、新点子、新思路或新发现的思维过程。

发散思维具有流畅性、灵活性和独特性的特点。

流畅性是思想的自由发挥，指在尽可能短的时间内生成并表达出尽可能多的思维观念以及较快地适应、消化新的思想概念，是发散思维量的指标。例如，在思考“取暖”有哪些方法时，可以从取暖方法的各个方向发散，有晒太阳、烤火、开空调、电暖气、电热毯、剧烈运动、多穿衣等，这些都是同一方向上数量的扩大，方向较为单一。

灵活性是指克服人们头脑中僵化的思维框架，按照某一新的方向来思索问题的特点。常常借助横向类比、跨域转化、触类旁通等方法，使发散思维沿着不同的方面和方向扩散，以呈现多样性和多面性。

独特性表现为发散的“新异”、“奇特”和“独到”，即从前所未有的新角度认识事物，提出超乎寻常的新想法，使人们获得创造性成果。

例 5-1 发散思维的应用——“孔”。

“孔”结构在工程实例中广泛应用（见图 5-5），利用发散思维，可用“孔”结构解决很多问题，例如：

图 5-5 桥孔

① 钢笔尖上有一条导墨水的缝，缝的一端是笔尖，另一端是一个小孔，最早生产的笔尖是没有这个小孔的，既不利于存储墨水，也不利于在生产过程中开缝隙。

② 钢笔、圆珠笔之类的商品常常是成打（12 支）平放在纸盒里的，批发时不便一盒一盒拆封点数和查看笔杆颜色，有人想出在每盒盒底对应每一支笔的下面开一个较大的孔，查验时只要翻过来一看，就可知道够不够数，是什么颜色，省时又省力。

③ 弹子锁最怕钥匙断在里面或被人塞纸屑、火柴梗进去，很难钩取出来。如果在制造锁时，在钥匙口对面预留一个小孔，再出现上述情况，用细铁丝一捅就出来了。

④ 防盗门上有小孔，装上“猫眼”能观察门外来人。

发散思维的具体形式包括用途发散、功能发散、结构发散和因果发散等。采用发散思维，可以尽可能多地提出解决问题的办法，最后再收敛，通过论证各种方案的可行性，最终得出理想方案。

（2）收敛思维，是将各种信息从不同的角度和层面聚集在一起，尽可能利用已有的知识和经验，将各种信息重新进行组织、整合，实现从开放的自由状态向封闭的点进行思考，从不同的角度和层面，把众多的信息和解题的可能性逐步引导到条理化的逻辑序列中，以产生新的想法，寻求相同目标和结果的思维方法，形成一个合理的方案。

在收敛思维过程中，要想准确地发现最佳的方法或方案，必须综合考察各种发散思维成果，并对其进行归纳、分析、比较。收敛式综合并不是简单的排列组合，而是具有创新性的整合，即以目标为核心，对原有的知识从内容到结构上进行有目的地评价、选择和重组。

发散思维所产生的设想或方案，通常多数都是不成熟或者不切实际的。因此，必须借助收敛思维对发散思维的结果进行筛选，得出最终合理可行的方案或结果。

例 5-2　隐形飞机。

隐形飞机（见图 5-6）的制造是一种多目标聚焦的结果。要制造一种使敌方的雷达探测不到，红外及热辐射仪等追踪不到的飞机，需要分别实现雷达隐身、红外隐身、可见光隐身、声波隐身四个目标，每个目标中还有许多具体的小目标，通过具体地解决一个个小目标，最终制造出了隐形飞机。

图 5-6　隐形飞机

5.1.2　横向思维与纵向思维

横向思维是截取历史的某一横断面，研究同一事物在不同环境中的发展状况，并通过同周围事物的相互联系和相互比较中，找出该事物在不同环境中的异同。纵向思维是从事物自身的过去、现在和未来的分析对比中，发现事物在不同时期的特点及前后联系而把握事物本质的思维过程。横向思维与纵向思维的综合应用能够对事物有更全面的了解和判断，是重要的创造性思维技巧之一。

（1）横向思维，是由爱德华•德•波诺于 1967 年在其《水平思维的运用》中提出的。

横向思维从多个角度入手，改变解决问题的常规思路，拓宽解决问题的视野，从而使难题得到解决，在创造活动中发挥着巨大作用。

在横向思维的过程中，首先把时间概念上的范围确定下来，然后在这个范围内研究各方面的相互关系，使横向比较和研究具有更强的针对性。横向思维对事物进行横向比较，即把研究的客体放到事物的相互联系中去考察，可以充分考虑事物各方面的相互关系，从而揭示出不易觉察的问题。

横向思维突破问题的结构范围，是一种开放性思维，思维过程中将事物置于很多的事物、关系中进行比较，从其他领域的事物获得启示从而得到最终的结果。

例 5-3 彼特•尤伯罗斯组织 1984 年洛杉矶奥运会。

彼特•尤伯罗斯（Peter Ueberroth，1937~）因成功组织了 1984 年的洛杉矶奥运会，被世界著名的《时代周刊》评选为 1984 年度的“世界名人”。在尤伯罗斯之前，举办现代奥运会简直是一场经济灾难，1976 年蒙特利尔奥运会亏损 10 亿美元，1980 年莫斯科奥运会用去资金 90 亿美元，第 23 届奥运会洛杉矶政府没有提供任何资金，居然获利 2.25 亿美元，令全世界为之惊叹。这个创举要归功于尤伯罗斯在奥运经费问题上采用了横向思维（见图 5-7）。

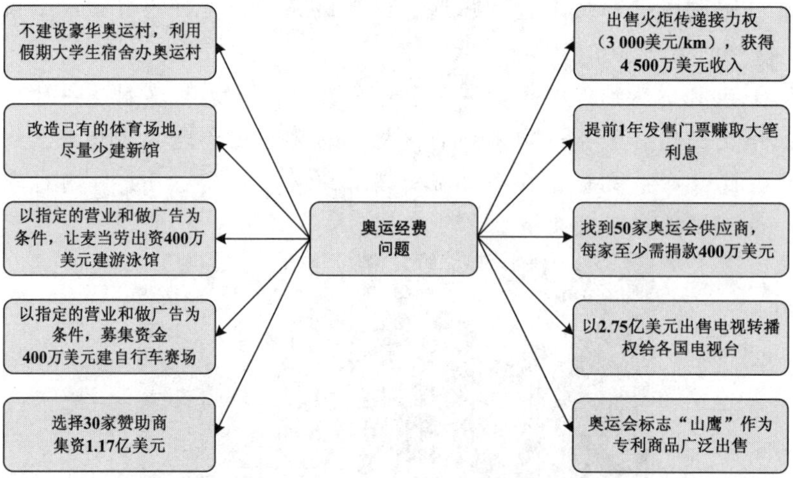

图 5-7　奥运会经费的横向思维

尤伯罗斯运用横向思维，通过拍卖奥运会的电视转播权、出售火炬传递接力权、引入新的赞助营销机制等方式，扩大了收入来源。在开源的同时，尤伯罗斯全力压缩开支，充分利用已有设施，不盖新的奥林匹克村，招募志愿人员为大会义务工作。凭借着天才的商业头脑和运作手段，尤伯罗斯使不依赖政府拨款的洛杉矶奥运会盈利 2.25 亿美元，成为近代奥运会恢复以来真正盈利的第一届奥运会，尤伯罗斯也因此被誉为奥运会的“商业之父”。

（2）纵向思维。它被广泛应用于科学和实践之中。事物发展的过程性是纵向思维得以形成的客观基础，任何一个事物都要经历一个萌芽、成长、壮大、发展、衰老和死亡的过程，并且在这个发展过程中可捕捉到事物发展的规律性，纵向思维就是对事物发展过程的反映。纵向思维按照由过去到现在，由现在到将来的时间先后顺序来考察事物。

纵向思维对未来的推断具有预测性，纵向思维的预测结果可能符合事物发展的趋势。在现实社会中，通过对事物现有规律的分析预测未知的情况相当普遍，纵向思维方法在气象预测、地质灾害预测等领域广泛应用，对于指导人们的行为、决策和规划起着较大作用。

5.1.3 正向思维与逆向思维

正向思维是按常规思路，以时间发展的自然过程、事物的常见特征、一般趋势为标准的思维方式，是一种从已知到未知来揭示事物本质的思维方法。与正向思维相反，逆向思维在思考问题时，为了实现创造过程中设定的目标，跳出常规，改变思考对象的空间排列顺序，从反方向寻找解决办法的一种思维方法。正向思维与逆向思维相互补充、相互转化。

（1）正向思维，是人们最常用到的思维方式。正向思维法是在对事物的过去、现在充分分析的基础上，推知事物的未知部分，提出解决方案。

正向思维具有如下特点：在时间维度上是与时间的方向一致的，随着时间的推进进行，符合事物的自然发展过程和人类认识的过程；认识具有统计规律的现象，能够发现和认识符合正态分布规律的新事物及其本质；面对生产生活中的常规问题时，正向思维具有较高的处理效率，能取得很好的效果。

（2）逆向思维，利用事物的可逆性，从反方向进行推断，寻找常规的岔道，并沿着岔道继续思考，运用逻辑推理去寻找新的方法和方案。

逆向思维在各种领域、活动中都有适用性。不论哪种方式，只要从一个方面想到与之对立的另一方面，都是逆向思维。

5.1.4 求同思维与求异思维

求同思维是指在创造活动中，把两个或两个以上的事物，根据实际的需要，联系在一起进行“求同”思考，寻求它们的结合点，然后从这些结合点中产生新创意的思维活动。

求异思维是指对某一现象或问题，进行多起点、多方向、多角度、多原则、多层次、多结果的分析和思考，捕捉事物内部的矛盾，揭示表象下的事物本质，从而选择富有创造性的观点、看法或思想的一种思维方法。

（1）求同思维，是从已知的事实或者已知的命题出发，通过沿着单一的方向一步步推导，来获得满意的答案。已获得客观事物共同本质和规律的基本方法是归纳法，把归纳出的共同本质和规律进行推广的方法是演绎法。这些过程中，肯定性的推断是正面求同，否定性的推断是反面求同。

求同思维是沿着单一的思维方向，追求秩序和思维缜密性，能够以严谨的逻辑性环环相扣，以实事求是的态度，从客观实际出发，来揭示事物内部存在的规律和联系，并且要通过大量的实验或实践来对结论进行验证和检验。

求同思维进行的是异中求同，只要能在事物间找出它们的结合点，基本就能产生意想不到的结果。组合后的事物所产生的功能和效益，并不等于原先几种事物的简单相加，而是整个事物出现了新的性质和功能。

例 5-4 活版印刷机。

在欧洲中世纪，古登堡（Johann Gutenberg，1397—1468 年）发明了活版印刷机（见图 5-8），据说，古登堡首先研究了硬币打印机，它能在金币上压出印痕，可惜印出的面积太小，没办法用来印书。接着，古登堡又看到了葡萄压榨机，那是两块很大的平板组成，成串的葡萄放在两块板之间便能压出葡萄汁。古登堡仔细比较了两种机械，从“求同思维”出发，把二者的长处结合起来，经过多次试验，终于发明了欧洲第一台活版印刷机，为使长期被僧侣和贵族阶层垄断的文化和知识迅速传播开来，为欧洲科学技术的繁荣和整个社会的进步做出了巨大贡献。

图 5-8 古登堡发明活版印刷机

（2）求异思维。在遇到重大难题时，采用求异思维，常常能突破思维定势，打破传统规则，寻找到与原来不同的方法和途径。求异思维在经济、军事、创造发明、生产生活等领域广泛应用。求异思维的客观依据是任何事物都有的特殊本质和规律，即特殊矛盾表现出的差异性。要进行求异思维，必须积极思考和调动长期积累的社会感受，给人们带来新颖的、独创的、具有社会价值的思维成果。

例 5-5 松下无线电熨斗。

在日本，松下电器的熨斗事业部很有权威性，因为它在 20 世纪 40 年代发明了日本第一台电熨斗。虽然该部门不断创新，但到了 80 年代，电熨斗进入了滞销行列，如何开发新品，使电熨斗再现生机，是当时该部门很头痛的一件事。

一天，被称为“熨斗博士”的事业部部长召集了几十名年龄不同的家庭主妇，请他们从使用者的角度来提要求。一位家庭主妇说：“熨斗要是没有电线就方便多了。”“妙，无线熨斗！”部长兴奋地叫起来，马上成立了攻关小组研究该项目。

攻关小组首先想到用蓄电池，但研制出来的熨斗很笨重，不方便使用，于是研发人员又观察、研究妇女的熨衣过程，发现妇女熨衣并非总拿着熨斗一直熨，整理衣物时，就把熨斗竖立一边。经过统计发现，一次熨烫最长时间为 23.7 s，平均为 15 s，竖立的时间为 8 秒。于是根据实际操作情况对蓄电熨斗进行了改进，设计了一个充电槽，每次熨后将熨斗放进充电槽充电，8 s 即可充足，这样使得熨斗重量大大减轻。新型无线熨斗终于诞生了（见图 5-9），成为当年最畅销的产品。这个简单的例子告诉我们，求异思维经常会产生意想不到的收获。

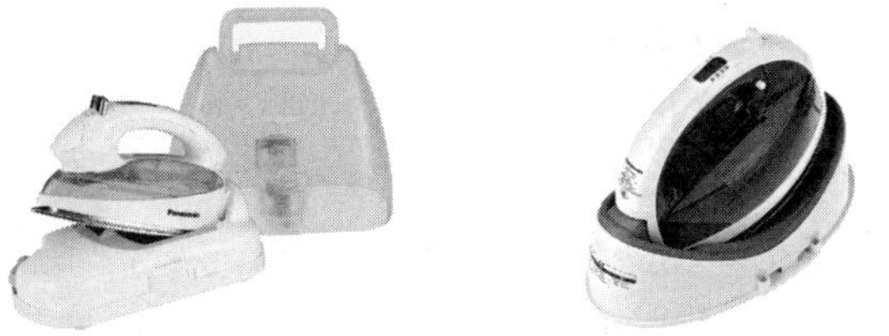

图 5-9　无线电熨斗

5.2　创造性思维技法

对创新思维的内在规律加以总结归纳，形成有助于方案产生或问题解决的策略，即为创造性思维技法。在具体的问题解决和方案生成中，对创造性思维技法的系统化应用以及辅助工具的支持也是非常关键的。创造性思维技法是有效、成熟的思维的规律化总结与结构化表达。

5.2.1　整体思考法

整体思考法是由德•彼诺开发的一个全面思考问题的模型，它提供了“横向思考”的工具，避免把时间浪费在相互争执上。这种方法将思维方式分为六类，而每次思考时思考者只能用一种方式思考，这样可有效避免思维混杂，为在需要一种确定类型的思维时提供形式上的方便。同时，可将一般争辩型思维向制图型思维转化，从而形象地展示出思考的路线，这有利于思维的展开和整理（见图 5-10）。

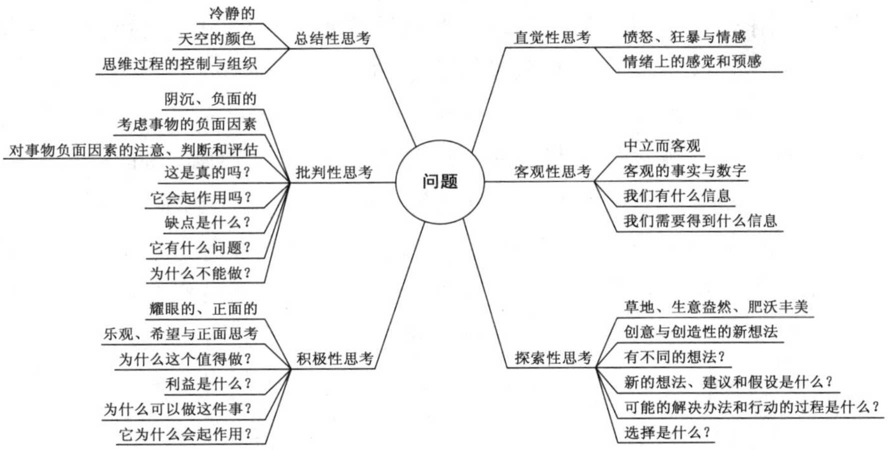

图 5-10　整体思考法的不同思维角度

客观性思考：思考者撇开所有建议与辩论，而仅对事实、数字和信息进行思考。通过提问和回答，罗列出已有信息和需求信息：已得到什么信息？缺少什么信息？想得到什么信息？怎样得到这些信息？

探索性思考：尽可能多地提出各类建议，创造出新观念、新选择。探索性思考在创造性思维中是极其重要且最有价值的思考方式，其中所包含的价值通过其他思考方式加工处理后，可逐步变成切实可行的方案。

积极性思考：是以一种积极的态度和看法思考事物，基于逻辑寻找事物发展的可能性。例如：它为什么有利？为什么它是一件要努力做好的事情？其中包含的潜在价值是什么？有时一些概念所包含的优势需要刻意地去寻找。

批判性思考：在事实基础上对问题提出质疑、检验，甚至逻辑否定，批判性地找到方案不可行的原因。例如：它安全吗？同事实相吻合吗？批判性思考可以纠正事物中存在的错误和问题本身，是非常有价值的思考。

总结性思考：是思考过程中对思考方案的及时总结，对下一步进行安排。在进行总结性思考时，要控制思维的进程，时刻保持冷静，以决定下一个思考步骤所使用的思考模式，或者评价所运用的思维并及时对思考结果进行总结。

直觉性思考：表达出对项目、方法的感觉、预感或其他情绪，但并不要求给出原因。直觉与感情可能是思考者在某一领域多年的经验，在潜意识中进行的综合判断等。尽管有时候没办法将直觉背后的原因说清楚，但它在思考过程中可能非常有用。在直觉思维之后，通常还应用一些其他的思考方法对其结果加以验证。

整体思考法的一般性思考顺序是：客观性思考→探索性思考→积极性思考→批判性思考→探索性思考→总结性思考→批判性思考→直觉性思考。在实际运用时，应针对不同的问题性质，结合思考方式自身的思维特点来安排其顺序。

5.2.2 多屏幕法

多屏幕法（又称九屏幕法）是典型的 TRIZ“系统思维”方法，即对情境进行整体考虑，不仅考虑目前的情境和探讨的问题，而且还有它们在层次和时间上的位置和角色。多屏幕法具有可操作性、实用性强的特点，可以更好地帮助使用者质疑和超越常规，克服思维定势，为解决实践中的疑难问题提供清晰的思维路径。

根据系统论的观点，系统由多个子系统组成，并通过子系统间的相互作用实现一定的功能，简称为系统。系统之外的高层次系统称为超系统，系统之内的低层次系统称为子系统。我们所要研究的、正在发生问题的系统，通常也称作“当前系统”（简称系统）。例如，如果把汽车作为一个当前系统，那么轮胎、发动机和方向盘都是汽车的子系统。因为每辆汽车都是整个交通系统的一个组成部分，交通系统就是汽车的一个超系统。当然，大气、车库等也是汽车的超系统（见图 5-11）。

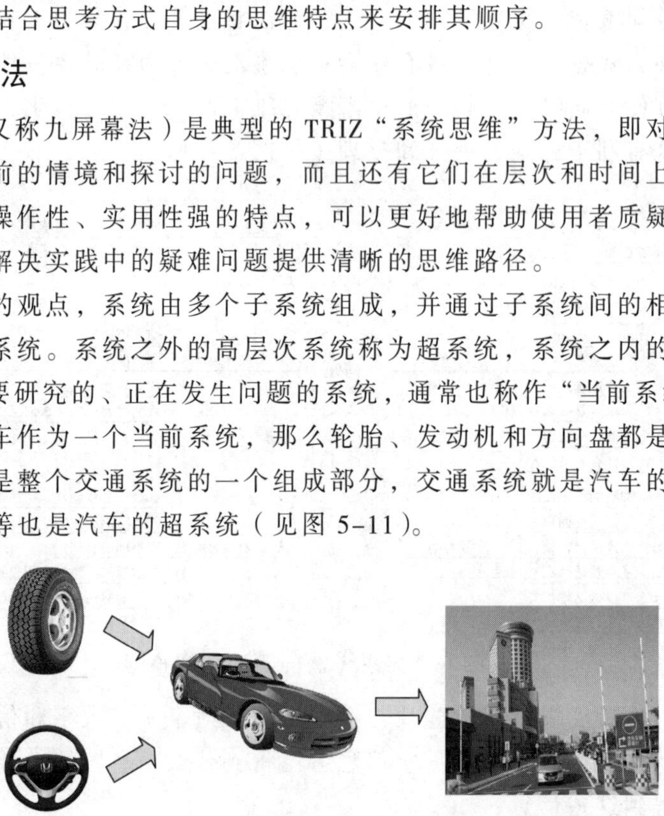

图 5-11 当前系统、子系统和超系统

当前系统是一个相对的概念。如果以轮胎作为“当前系统”来研究的话，那么轮胎中的橡胶、子午线等就是轮胎的子系统，而汽车、车库等都是轮胎的超系统。

在分析和解决问题的时候，多屏幕法要考虑当前系统及其超系统和子系统；要考虑当前系统的过去和将来，还要考虑超系统和子系统的过去和将来（见图 5-12）。

为了便于理解，我们以汽车为例来进行多屏幕法分析（见图 5-13）。

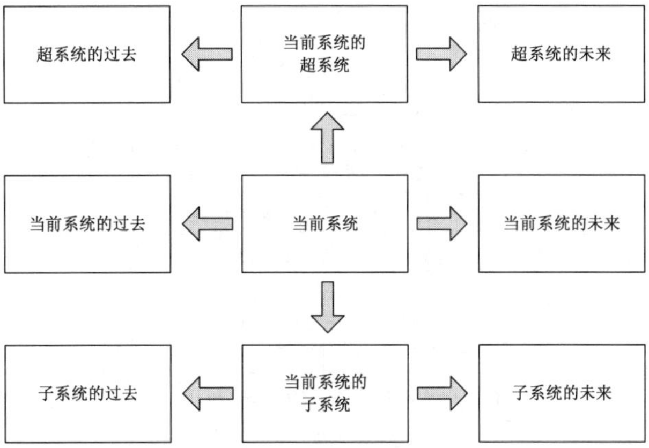

图 5-12　系统思维的多屏幕法

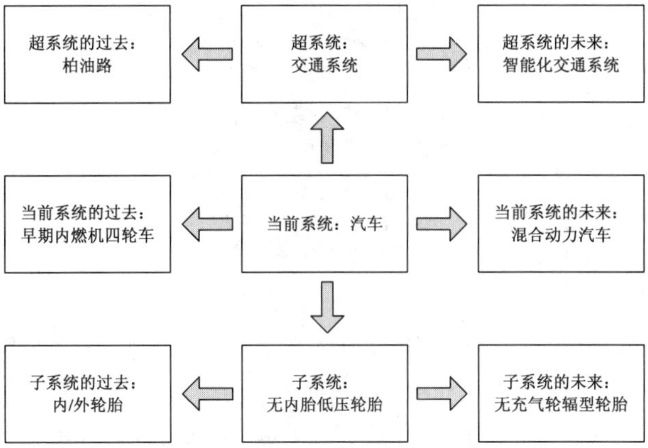

图 5-13　系统思维的多屏幕法的例子——汽车

在理解问题时，多屏幕法可以帮助我们重新定义任务或矛盾，找出解决问题的新途径。它多层次、多方位地从一切与当前问题所在系统（如汽车）相关的系统去分析问题，以更好地理解当前的问题及找到解决方案。

进行这些分析后，再来寻找这个问题的解决方案，我们就会发现一系列完全不同的观点：新的任务定义取代了原有任务定义，产生了一个或若干个考虑问题的新视角，发现了系统内没有被注意到的资源等。

多屏幕思维方式中，各个屏幕显示的信息并不一定都能引出解决问题的新方法。如果实在找不出好的办法，可以暂时先空着它。练习多屏幕思维方式，可以锻炼人们的创造力，也可以提高人们在系统水平上解决任何问题的能力。

5.2.3 金鱼法

在创新过程中，有时候产生的想法看起来并不可行，甚至不现实，但是，此种想法的实现却绝对令人称奇。如何才能克服对“虚幻”想法的自然排斥心理呢？金鱼法（见图 5-14）可帮助我们解决此问题。

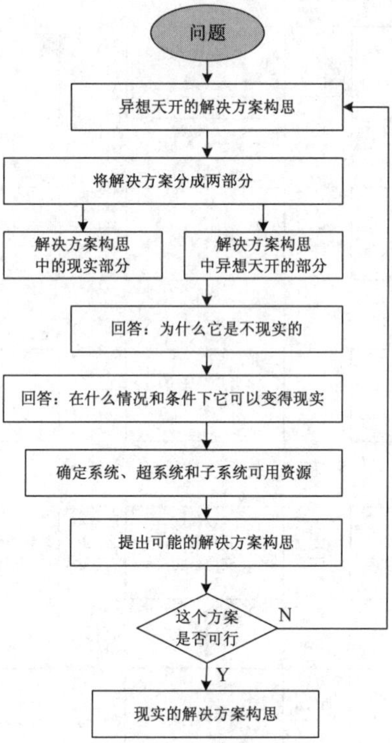

图 5-14 金鱼法流程

金鱼法的基础，是将一个异想天开的想法分为两个部分：现实部分及非现实（幻想）部分。接着，把非现实部分再分为两部分：现实部分及非现实部分，继续划分，直到余下的非现实部分有时会变得微不足道，而想法看起来却愈加可行为止。

金鱼法的具体做法是：

（1）将不现实的想法分为两个部分：现实部分与非现实部分。精确界定什么样的想法是现实的，什么样的想法看起来是不现实的。

（2）解释为什么非现实部分是不可行的。尽力对此进行严密而准确的解释，否则最后可能又得到一个不可行的想法。

（3）找出在哪些条件下想法的非现实部分可变为现实的。

（4）检查系统、超系统或子系统中的资源能否提供此类条件。

（5）如果能，则可定义相关想法，即应怎样对情境加以改变，才能实现想法的看似不可行的部分。将这一新想法与初始想法的可行部分组合为可行的解决方案构想。

（6）如果无法通过可行途径来利用现有资源，为看起来不现实的部分提供实现条件，则可将这一“看起来不现实的部分”再次分解为现实与非现实部分。然后，重复步骤（1）~（5），直到得出可行的解决方案构想。

金鱼法是一个反复迭代的分解过程，其本质是将幻想的、不现实的问题求解构想变为可行的解决方案。

例 5-7 让毛毯飞起来。

步骤 1：将问题分为现实和幻想两部分。

现实部分：毯子是存在的；幻想部分：毯子能飞起来。

步骤 2：幻想部分为什么不现实？

毯子比空气重，而且它没有克服地球重力的作用力。

步骤 3：在什么情况下，幻想部分可变为现实？

施加到毯子上向上的力超过毯子自身重力。毯子的重量小于空气的重量。

步骤 4：列出所有可利用资源。

① 超系统资源：空气；风（高能粒子流）；地球引力；阳光和重力。

② 系统资源：毯子的形状和重量。

③ 子系统资源：毯子中交织的纤维。

步骤 5：利用已有资源，基于之前的构想（步骤 3）考虑可能的方案。

① 毯子的纤维与太阳释放的粒子流相互作用可使毯子飞翔。

② 毯子比空气轻。

③ 毯子在不受地球引力的宇宙空间。

④ 毯子上安装了提供反向作用力的发动机。

⑤ 毯子由于下面的压力增加而悬在空中（气垫毯）。

⑥ 磁悬浮，等等。

步骤 6：构想中的不现实方案，再次回到第一步。

选择不现实的构想之一：毯子比空气轻，回到第一步。

步骤 1：分为现实和幻想两部分。

现实部分：存在着重量轻的毯子，但它们比空气重。

幻想部分：毯子比空气轻。

步骤 2：为什么毯子比空气轻是不现实的？

制作毯子的材料比空气重。

步骤 3：在什么条件下，毯子会比空气轻？

制作毯子的材料比空气轻；毯子像尘埃微粒一样大小；作用于毯子的重力被抵消。

步骤 4：考虑可利用资源。

① 超系统资源：空气；风（高能粒子流）；地球引力；阳光和重力。

② 系统资源：毯子的形状和重量。

③ 子系统资源：毯子中交织的纤维。

步骤 5：结合可利用资源，考虑可行的方案。

① 采用比空气轻的材料制作毯子。

② 使毯子与尘埃微粒的大小一样，其密度等于空气密度。

③ 毯子由于空气分子的布朗运动而移动；在飞行器内使毯子飞翔，飞行器以相当

于自由落体的加速度向上运动，以抵消重力。

步骤 6：构想中的不现实方案，再次回到第一步。

5.3 因果分析法

通常一个技术问题牵涉的因素会很多，这时，分析的关键是理顺问题产生的原因，并充分挖掘技术系统内外部资源，以找到有效的问题解决方案。常见的因果分析方法有五个“为什么”、故障树、鱼骨图分析、因果矩阵分析、失效模式与后果分析等。

5.3.1 五个“为什么”

要解决问题必须找出问题的根本原因，根本原因隐藏在问题的背后。举例来说，你可能会发现一个问题的源头是某个供应商或某个机械中心，即问题发生在哪里；但是，造成问题的根本原因是什么呢？答案必须靠更深入的挖掘，并询问问题何以发生才能得到。

在丰田公司的改善流程中，有一个著名的五个“为什么”分析法。先问第一个“为什么”，获得答案后，再问为何会发生，依此类推，问五次“为什么”。丰田的成功秘诀之一，就是把每次错误视为学习的机会，不断反思和持续改善，精益求精。通过识别因果关系链，来进行诊断。这个方法的使用前提要求是对问题的信息充分了解，下面这个例子可以生动地理解这种方法的特点。

例 5-8 丰田汽车。

丰田汽车公司前副社长大野耐一先生，曾举了一个例子来找出停机的真正原因。有一次，大野耐一发现一条生产线（见图 5-15）上的机器总是停转，虽然修过多次但仍不见好转。

图 5-15 汽车生产线

于是，大野耐一与工人进行了以下的问答：

一问：“为什么机器停了？”

答：“因为超过负荷，保险丝就断了。”

二问：“为什么超负荷呢？”

答:“因为轴承的润滑不够。”

三问:“为什么润滑不够?”

答:“因为润滑泵吸不上油来。”

四问:“为什么吸不上油来?”

答:“因为油泵轴磨损、松动了。”

五问:“为什么磨损了呢?”

再答:“因为没有安装过滤器,混进了铁屑等杂质。”

经过连续五次不停地问“为什么”,才找到问题的真正原因和解决的方法,在油泵轴上安装过滤器。如果没有这样刨根问底地来发掘问题,很可能只是换根保险丝草草了事,真正的问题还是没有解决。

例 5-9　杰斐逊纪念堂的外墙。

杰斐逊纪念堂(见图 5-16)坐落于美国华盛顿,是为纪念美国第三任总统托马斯•杰斐逊而建的。1938 年在罗斯福主持下开工,至 1943 年杰斐逊诞生 200 周年时,杰斐逊纪念堂落成并向公众开放。杰斐逊纪念堂的外墙采用花岗岩,近年来脱落和破损严重,再继续下去就需要推倒重建,这要花纳税人一大笔钱,这需要市议会的商讨决议。在议员们投票之前需要请专家分析一下根本原因,并找出一些可行的解决方案。

杰斐逊纪念馆的外墙采用花岗岩,花岗岩经常脱落和破损,专家发现:

图 5-16　美国杰斐逊纪念堂

(1)脱落和破损的直接原因是经常清洗,而清洗液中含有酸性成分。为什么需要用酸性清洗液?

(2)花岗岩表面特别脏,因此,使用去污性能强的酸性清洗液。究其原因主要是由于鸟粪造成的。为什么这个大楼的鸟粪特别多?

(3)楼顶常有很多鸟。为什么鸟愿意在这个大厦上聚集?

(4)大厦上有一种鸟喜欢吃的蜘蛛。为什么大厦的蜘蛛特别多?

(5)楼里有一种蜘蛛喜欢吃的虫。为什么这个大厦会滋生这种虫?因为大厦采用了整面的玻璃幕墙,阳光充足,温度适宜。

至此,解决方案就明显而简单了:拉上窗帘。

五个“为什么”分析方法通过一再追问为什么,可以避免表面现象,而深入分析根本原因，也可避免其他问题。所以若能解决问题的根本原因，许多相关的问题就会迎刃而解。

5.3.2 鱼骨图分析

鱼骨图是由日本管理大师石川馨先生创建的，故又名石川图，这是一种发现问题“根本原因”的方法，也可以称之为“因果图”。鱼骨图分析法把问题以及原因，采用类似鱼骨的图样串联起来，鱼头是问题点，鱼骨则是原因，而鱼骨又可分为大鱼骨、小鱼骨、细鱼骨，小鱼骨是大鱼骨的支骨，细鱼骨又是小鱼骨的支骨，必要时，还可以再细分下去。大鱼骨是大方向，小鱼骨是大方向的子因，而细鱼骨则是子因的子因。鱼骨图分析法与头脑风暴法结合是比较有效的寻找问题原因的方法之一。

根据不同类型，可以有不同的鱼骨图模板（见图 5-17）。

对于列举出来的所有可能的原因，还要进一步评价这些原因发生的可能性，用 V（非常可能）、S（有些可能）和 N（不太可能）三种类型来标志。对标有 V 和 S 的原因，评价其解决的可能性，用 V（非常容易解决）、S（比较容易解决）和 N（不太容易解决）三种类型来标志。对标有 VV、VS、SV、SS 的原因，进一步评价其实施纠正措施的难易度，用 V（非常容易验证）、S（比较容易验证）和 N（不太容易验证）三种类型来标志。

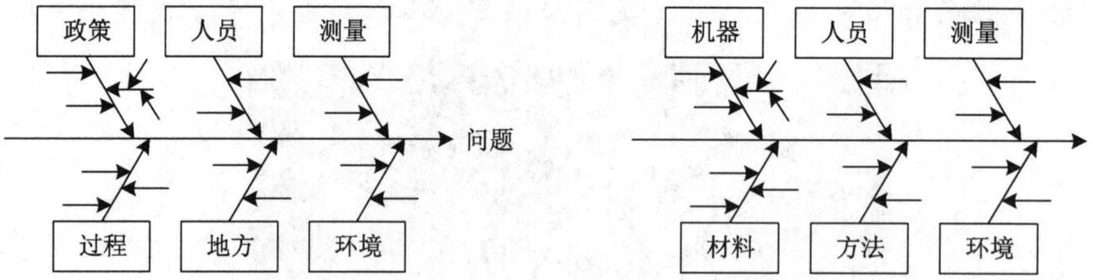

（a）服务与流程类　　（b）制造类

图 5-17　两种类型的鱼骨图模板

通过评价，将 VVV、VVS 等原因在鱼骨图中标识出来。图 5-18 是“X 研究所项目管理水平低下”所绘制的鱼骨分析图，其中将比较容易解决的方面直接在图中标识出来。

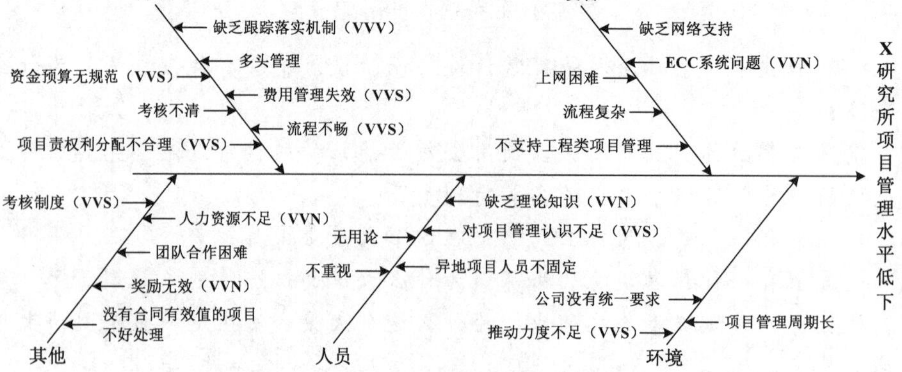

图 5-18　完整鱼骨图样式

5.4　资源分析法

“资源”最初是指自然资源。人们不断地发现、利用和开发新能源，并创造出很多新的设计和技术。例如，太阳能蓄电池、风力发电机、超级杂交水稻、基因技术等。这些新技术、新成果，大多都来源于人们对现有资源的创造性应用。

技术创新方法 TRIZ 在其不断发展的过程中，提出了对技术系统中“资源”的系统化认识，并将其结合到对问题应用求解的过程中。TRIZ 认为，对技术系统中可用资源的创造性应用能够增加技术系统的理想度，这是解决发明问题的基石。

资源有很多不同的分类方式。从资源的存在形态角度出发可将资源分为宏观资源和微观资源；从资源使用的角度出发可将资源分为直接资源和派生资源；从分析资源角度出发可将资源分为显性资源和隐性资源。从资源与 TRIZ 中其他概念结合的角度出发可将资源分为发明资源、进化资源和效应资源。

TRIZ 认为，任何技术都是超系统或自然的一部分，都有自己的空间和时间，通过对物质、场的组织和应用来实现功能。因此，资源通常按照物质、能量、时间、空间、功能、信息等角度来划分。

（1）物质资源：用于实现有用功能的一切物质。系统或环境中任何种类的材料或物质都可看作是可用物质资源。例如，废弃物、原材料、产品、系统组件、功能单元、廉价物质、水。TRIZ 理论认为：应该使用系统中已有的物质资源解决系统中的问题。

（2）能量资源：系统中存在或能产生的场或能量流。一般能够提供某种形式能量的物质或物质的转换运动过程都可以称为能源。能源主要可分为三类：一是来自太阳的能量，除辐射能外，还经其转化为很多形式的能源；二是来自地球本身的能量，如热能和原子能；三是来自地球与其他天体相互作用所引起的能量，如潮汐能。

系统中或系统周围的任何可用能量都可看作是一种资源，例如，机械资源（旋转、压强、气压、水压等）、热力资源（蒸汽能、加热、冷却等）、化学资源（化学反应）、电力资源、磁力资源、电磁资源。

（3）信息资源：系统中存在或能产生的信息。信息作为反映客观世界各种事物的特征和变化结合的新知识已成为一种重要的资源，在人类自身的划时代改造中产生重要的作用。其信息流将成为决定生产发展规模、速度和方向的重要力量。

（4）时间资源：系统启动之前、工作中以及工作之后的一切可利用时间。

（5）空间资源：系统本身及超系统的可利用空间。为了节省空间或者当空间有限时，任何系统中或周围的空闲空间都可用于放置额外的作用对象，特别是某个表面的反面、未占据空间、表面上的未占用部分、其他作用对象之间的空间、作用对象的背面、作用对象外面的空间、作用对象初始位置附近的空间、活动盖下面的空间、其他对象各组成部分之间的空间、另一个作用对象上的空间、另一个作用对象内的空间、另一个作用对象占用的空间、环境中的空间等。

（6）功能资源：利用系统的已有组件，挖掘系统的隐性功能。例如将飞机机舱门用作舷梯。

此外，相对于系统资源而言，还有很多容易被我们忽视，或者没有意识到的资源，这些资源通常都是由系统资源派生而来。能充分挖掘出所有的资源，是解决问题的良好保证，TRIZ 中称之为潜在资源或隐藏资源。

资源分析就是从系统的高度来研究和分析资源，挖掘系统的隐性资源，实现系统中隐性资源显性化，显性资源系统化，强调资源的联系与配置，合理地组合、配置、优化资源结构，提升系统资源的应用价值或理想度（或资源价值）。资源分析可以帮助我们找到解决问题所需要的资源，帮助我们在这些可能的方案中找到理想度相对比较高的解决方案。

资源分析的步骤分为：

第一步：发现及寻找资源。可以使用的工具如多屏幕法。

按照时间和系统层次两个维度对情境进行系统地思考。它强调系统地、动态地、相关联地看待事物，将寻找到的资源填入表 5-1 中。

表 5-1 多屏幕方法资源列表

项目	物质资源	能量资源	信息资源	时间资源	空间资源	功能资源
系统						
子系统						
超系统						
系统过去						
系统未来						
子系统过去						
子系统未来						
超系统过去						
超系统未来						

第二步：挖掘资源。向纵深获取更多有效的、新颖的、潜在的、有用的资源。针对资源进行分类，以问题为中心寻找更深层级的资源及派生资源。

派生资源可以通过改变物质资源的形态而得到，主要有物理方法和化学方法两种：

（1）改变物质的物理状态（相态之间的变化）。包括物理参数的变化，如形状、大小、温度、密度、质量等；机械结构的变化，如直接相关（材料、形状、精度）、间接相关（位置、运动）。

（2）改变物质的化学状态。包括物质分解的产物，燃烧或合成物质的产物。

第三步：整理及组合资源。资源整合是指工程师对不同来源、不同层次、不同结构、不同内容的资源进行识别与选择、汲取与配置、激活并有机融合，使其具有较强的系统性、适应性、条理性和应用性，并创造出新的资源的一个复杂的动态过程。

资源整合是通过组织和协调，把系统内部彼此相关又彼此分离的资源，及系统外部既参与共同的使命又拥有独立功能的相关资源整合成一个大系统，取得 1 + 1 > 2 的效果。

第四步：评价及配置资源。在解决方案的过程中，最佳利用资源的理念与理想度的概念紧密相关。

事实上，某一解决方案中采用的资源越少，求解问题的成本就越小，理想度的指数就越高。这里所说的成本应理解为广义的成本，而并非只采购价格这一具体可见的成本。

对于资源的遴选，资源评估从数量上有不足、充分和无限，从质量上有有用的、中性和有害的；资源的可用度从应用准备情况看，有现成的、派生的和特定的，从范围看有操作区域内、操作时段内、技术系统内、子系统中和超系统中，从价格看有昂贵、便宜和免费等。最理想的资源是取之不尽，用之不竭，不用付费的资源。

资源配置是指经济中的各种资源（包括人力、物力、财力）在各种不同的使用方向之间的分配。资源配置的三要素：时间、空间和数量。资源利用的核心思想：挖掘隐性资源，优化资源结构，体现资源价值。

习　　题

1. 运用创新思维的目的，是让人们具有“新的眼光”，(　　)，打破技术系统旧有的阻碍模式。

A. 克服思维定势　　B. 弃用传统思维

C. 只用全新方法　　D. 跟着感觉努力

2. 创新思维具有新颖性、灵活性等特点，但下列（　　）不属于其中。

A. 探索性　　B. 能动性　　C. 稳定性　　D. 综合性

3. 发散思维是对同一问题从不同层次、不同角度、不同方向进行探索，从而提供新结构、(　　) 等的思维过程。但下列（　　）不属于其中。

A. 新点子　　B. 新思路　　C. 新发现　　D. 新资源

4. 收敛思维是将各种信息从不同的角度和层面（　　），尽可能利用已有的知识和经验，以产生新的想法，寻求相同目标和结果的思维方法，形成一个合理的方案。

A. 提炼　　B. 聚集　　C. 发散　　D. 推广

5. 横向思维突破问题的结构范围，是一种（　　）思维，将事物置于很多的事物、关系中进行比较，从其他领域的事物获得启示从而得到最终的结果。

A. 开放性　　B. 收敛性　　C. 独特性　　D. 聚合性

6. 任何一个事物都要经历一个生命周期过程，在这个过程中捕捉事物发展的规律。(　　) 就是对事物发展过程的反映。

A. 横向思维　　B. 深度思维　　C. 纵向思维　　D. 广度思维

7. 正向思维是按（　　），以时间发展的自然过程、事物的常见特征、一般趋势为标准的思维方式，是一种从已知到未知来揭示事物本质的思维方法。

A. 重要节点　　B. 常规思路　　C. 创新方法　　D. 特殊状态

8.（　　）是指在创造活动中，把多个事物根据实际需要，联系在一起进行思考，寻求它们的结合点，然后从这些结合点中产生新创意的思维活动。

A. 求异思维　　B. 常规思维　　C. 独特思维　　D. 求同思维

9.（　　）是指对某一现象或问题，进行多起点、多方向、多角度、多原则、多层次、多结果的分析和思考，捕捉事物内部的矛盾，揭示表象下事物本质的一种思维方法。

A. 求异思维　　B. 常规思维　　C. 独特思维　　D. 求同思维

10. 根据系统论的观点，系统由多个子系统组成，系统之外的高层次系统称为超系统，其中，(　　) 是一个相对的概念。

A. 独立系统　　B. 核心系统　　C. 当前系统　　D. 实际系统

11. 在创新过程中，(　　) 可以帮助人们克服对"虚幻"想法的自然排斥心理。

A. 金鱼法　　B. 青鱼法　　C. 青蛙法　　D. 孔雀法

12. 要解决问题必须找出隐藏在问题背后的根本原因，在丰田公司的改善流程中，有一个著名的"(　　) 为什么"分析法，帮助人们通过识别因果关系链来进行诊断。

A. 三个　　B. 六个　　C. 七个　　D. 五个

13. 鱼骨图是一种发现问题"(　　)"的方法，也可以称之为"因果图"。

A. 发生发展　　B. 根本原因　　C. 解决问题　　D. 缓解问题

14. TRIZ 认为，任何技术都是超系统或自然的一部分，通过对资源的组织和应用来实现功能。资源通常按照物质、(　　)、功能、信息等角度来划分。

A. 能量　　B. 时间　　C. 空间　　D. A、B 和 C

【实训与思考】创造性思维技法的实践

1. 实训目的

（1）熟悉四组 8 种创造性思维方式。通过实践，掌握创造性思维技法的应用方法。

（2）熟悉整体思考法、多屏幕法和金鱼法等创造性思维技法。

（3）掌握"五个为什么"和鱼骨图等因果分析方法。

（4）了解 TRIZ 理论的资源概念，熟悉资源分析方法。

2. 工具/准备工作

在开始本实训之前，请回顾本章的相关内容。

需要准备一台能够访问因特网的计算机。

3. 实训内容与步骤

（1）请简述，创造性思维方式主要有哪些？

答：______________________________

____

____

____

____

（2）请使用多屏幕法，分析如何安全地测量一条毒蛇的长度？条件是既不能被蛇咬伤，也不能将毒蛇弄死。

我们把放在透明玻璃容器中的毒蛇作为当前系统。

屏幕“过去”：毒蛇之前会爬行、吃东西、休息，利用毒蛇的这个特点，可以有如下想法：

① ____________________

② ____________________

③ ____________________

④ ____________________

屏幕“未来”：毒蛇以后还会爬行、吃东西、休息，并且还会冬眠，利用毒蛇的这个特点，可以有如下想法：

① ____________________

② ____________________

③ ____________________

④ ____________________

屏幕“超系统”：超系统可以是玻璃容器甚至房间，因此可以利用玻璃容器、树枝、空气等，可以有如下想法：

① ____________________

② ____________________

③ ____________________

屏幕“子系统”：蛇的子系统包含蛇皮、蛇头，可以有如下想法：

① ____________________

② ____________________

通过上述分析，请填空完成图 5-19。

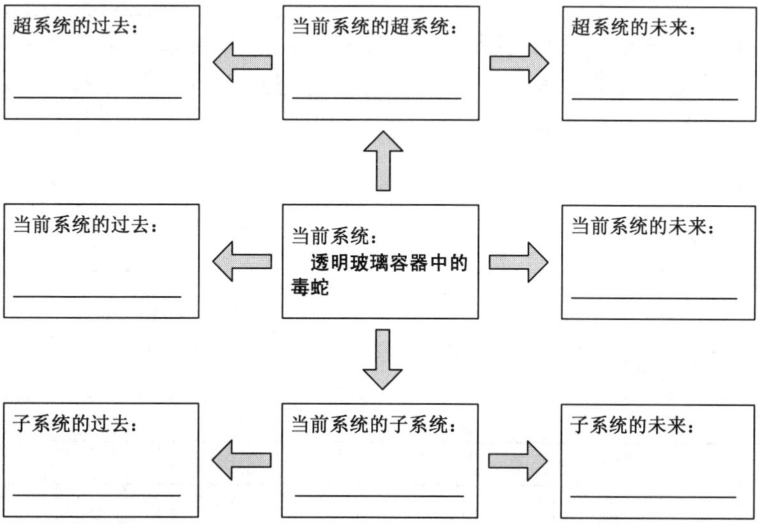

图 5-19　多屏幕法分析测量毒蛇的长度

（3）请使用金鱼法，分析用空气赚钱。

步骤 1：将不现实的想法分为两个部分：

现实部分：________________

不现实部分：________________

步骤 2：解释为什么非现实部分是不可行的。

答：________________

____

____

____

步骤 3：找出在哪些条件下想法的非现实部分可变为现实的。

答：________________

____

____

____

步骤 4：检查系统、超系统或子系统中的资源能否提供此类条件。

答：________________

____

____

____

步骤 5：如果能，则可定义相关想法，即应怎样对情境加以改变，才能实现想法的看似不可行的部分。将这一新想法与初始想法的可行部分，组合为可行的解决方案构想。

答：________________

____

____

____

步骤 6：如果无法通过可行途径来利用现有资源为看起来不现实的部分提供实现条件，则可将这一“看起来不现实的部分”再次分解为现实与非现实部分。然后，重复步骤 1~步骤 5，直到得出可行的解决方案构想。

答：________________

____

____

____

请记录：对于这个例子，还可以继续进行考虑（如果有的话）：

答：________________

____

____

____

通过上述分析，请在图 5-20 中完成填空。

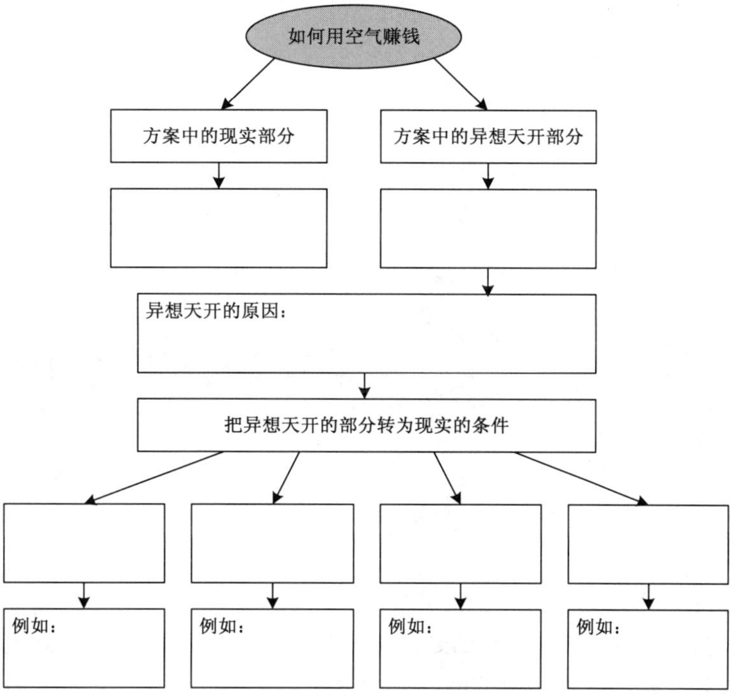

图 5-20 金鱼法：用空气赚钱

4. 实训总结

____

____

____

____

5. 实训评价（教师）

____

____

第6章

TRIZ创新方法基础

【创新引领】"火箭号"蒸汽机车

在伦敦南肯辛顿区附近的科学博物馆底层，有一条被称作"现代世界的形成"的走廊，在其中心位置的一个低矮平台上展示着世界最有名的机车，那就是遗留下来供展示的"火箭号"机车，车身被煤烟熏得发黑。它于1829年由乔治·斯蒂芬森和罗伯特·斯蒂芬森这对父子工程师设计、建造。与开创了蒸汽机车时代的那种机器大不相同，它的回水管遗失了，附着在两个驱动轮上的活塞也不再保持初始的角度。两个世纪之前令它如太阳一般闪耀光芒的黄漆现在已经无法辨识。尽管如此，机车上6英尺(1英尺≈0.3048米）长的锅炉、联动装置、凸轮乃至机车行驶的轨道等相关部件基本上还和1829年的状态一样。实际上，它们和那些使用了一个多世纪的铁路技术并无二致（见图6-1)。"火箭号"机车的重要性不止于此，它实际上还标志着某些意义重大的事情的开端，即跨越了两个世纪的公共交通运输。

图6-1　火箭号机车

站在"火箭号"机车面前，一个博物馆的参观者带着些许的想象，就能发现由蒸汽机车而来的无数线索，可以追溯到现代工业世界最初的起点。其中第一条线索可以倒退到第一批冶金工人，他们想出办法，可以铸造驱动"火箭号"机车车轮的铁制气缸；第二条线索导向人们发现的燃料，这样的燃料可以使铁制锅炉内的水产生蒸汽；第三条线索最短，但也可能是影响最深远的，它导引我们回到一项重大发现：沸腾的水能够被以某种方式转变为运动力量；第四条线索实际上就是运输线：制造“火箭号”机车就是为了从曼彻斯特向利物浦运输棉质产品，它是工业化第一阶段的标志性工业制造品。

从“火箭号”机车得来的大多数线索都是非常直接的，但有一个（也是最有意思的一个）却是个谜团。“火箭号”机车令人迷惑不解的地方是，为什么人们制造它来从曼彻斯特向利物浦运输货物，而不是从巴黎到图卢兹，或者从孟买到贝拿勒斯，或者从北京到杭州。就此而言，自从世界上第一台汽轮机的工作模型在公元 1 世纪的亚历山大港被制造出以来，就存在一个疑问：为什么“火箭号”机车是在 19 世纪初期而不是之后才开始它的定期往返行程呢？更直接地说，为什么被称作历史断面的工业革命——有时也称作第一次工业革命——发生在当时那样的时间和地点呢？

那条特别线索的重要性似乎是不言而喻的。大约就在那个时期，“火箭号”机车被制造出来，世界正在经历的不仅是一场深刻的产业变革——《牛津英文词典》中称为“因使用机器而带来了产业的快速发展”——而且是从农业向工业（或工业经济）的重大转变。把这两者结合在一起，不仅是革命性的，而且是独一无二的。

“革命性”和“独一无二”这两个夺人眼球的词已被过度使用。在某种意义上讲，人类历史中的每一个世纪都是独一无二的。每一年，世界某个地方都会发生一些看似具有革命性的事件。但是风流韵事、流行病、艺术活动以及战争都是完全不同的事件，它们的影响几乎总是遵循着一类或另一类人们熟悉的模式。不管上述事件在个人、家庭乃至国家的生活中具有多么大的变革作用，在过去的一万年里，仅有两次事件实实在在地改变了整个人类。

第一次发生在大约公元前 10 000 年，当时的全球人口低于 500 万，标志事件是当时的人类发现了他们可以种植自己所需的食物，这是一个毋庸置疑的世界性转变。一旦人类被拴在了生长食物的土地上，定居的社会就发展起来了，而在这样的社会中，等级制度随之出现。等级体系中最弱的成员依赖于最强者的友善，而最强者学着去操控世界上持续时间最长的收保护费的组织。定居点变为城镇，城镇发展成王国，王国又变为帝国。

然而，经过各种量化指标的测量，包括寿命、热量消耗或儿童死亡率，实际上整个人类的生活经验，在农业革命（或称“新石器时代”）扩散至全球之后的 1 000 年里，并没有多大改变。阿兹特克农民、巴比伦牧羊人、雅典石匠，以及加洛林王朝商人，说着不同的语言，穿着相异的衣服，祈祷的神明也大不一样，但是他们都吃同样数量的食物，有着同样年数的寿命，不会到远离家乡的地方去，同样都埋葬过自己夭折的孩子。因为他们只是生了很多孩子——世界人口从公元前 5000 年到公元 1600 年间，由 500 万增长到 5 亿，翻了 100 倍——并没有做其他任何影响久远的事。根据 1990 年美元的不变价值计算，对人类生产力（必然是个概数）做出的最佳估算认为，7 000 年间每年的人均国内生产总值在 400~550 美元间波动。公元前 800 年的全世界人均国内生产总值为 543 美元，几乎与 1 600 年的数据完全一样。莎士比亚时代的普通人并不比生活在荷马时代的人过得更好。

17 世纪的普通人的生活与 7 世纪的人们一样贫困，而第一个解释这一现象的人是英国人口学家托马斯·马尔萨斯。他在《人口论》中论证，纵贯整个人类历史，人口的增长速度总是快于食物的供给速度。为了找到数学表达式的可靠支持（这在社会科学史上是个常用的修辞），他认为，除非未受到战争、饥荒、流行疾病或少量无人关注的新闻的影响，否则人口总是会呈几何级数增长，而增长的人口所需的资源，主要是食物，总是以算术级数增长（“几何”和“算术”对应于现代的用词是“指数”和“线性”）。

“马尔萨斯陷阱”这个学术术语已经通用了好几个世纪，它明确指出，虽然人类在饲养、制衣、运输或（更为频繁）相互征伐方面，时常发现或发明一些更有效率的方法，结果是人口的快速增长消耗了生产盈余，让每个人完全回到了以前的生活状态（水平）。更常见的情形是，人口先是暴增，然后在食物耗尽后暴跌。路易斯·卡罗尔的“红色皇后”理论可能在一只火柴盒背后写下了整个人类历史：“嘿！听着，你能跑多快就跑多快，这样你才能停在原地。如果你想去其他地方，你至少要以两倍的速度奔跑。”

这就是“火箭号”机车诞生的历史时刻如此独一无二的原因。这台被煤烟熏黑的蒸汽机车恰恰处在一个历史拐点上。这条描绘了人类生产能力的直线，千年以来平直得如同堪萨斯州的州界线，而如今像曲棍球球杆的发力端一样，转了个弯。“火箭号”机车诞生的时刻就是人类最终学会如何以两倍的速度快速奔跑的时刻。

阅读上文，请思考、分析并简单记录。

（1）阅读上文，你透过“火箭号蒸汽机车”，了解到哪些重要线索？

答：

① ____________________

____

② ____________________

____

③ ____________________

____

④ ____________________

____

其他：____________________

____

____

____

（2）阅读上文，请简单阐述“什么是‘马尔萨斯陷阱’”？

答：____________________

____

____

____

（3）思考一下，你认为本文实际上要告诉我们什么？请说说你的看法。

答：____________________

____

（4）请简单记述你所知道的上一周发生的国际、国内或者身边的大事。
答：

6.1　TRIZ 起源与发展

TRIZ 是“发明问题解决理论”俄文单词的首字母缩写，按照国际标准“ISO/R9-1968E”的规定，把俄文转换成拉丁字母以后，就成为“TRIZ”。“发明问题解决理论”有两个基本含义，表面的意思是强调解决实际问题，特别是发明问题；隐含的意思是由解决发明问题而最终实现（技术和管理）创新，因为解决问题就是要实现发明的实用化，这符合创新的基本定义。

1946 年，苏联军方技术人员、发明家根里奇·阿奇舒勒（见图 6-2）和他的同事们，在研究了来自于世界各国的上百万个专利（其中包含二十多万个高水平发明专利）的基础上，提出了的一套体系相对完整的“发明问题解决理论”，为 TRIZ 的问世和发展奠定了基础。

图 6-2　发明家阿奇舒勒

6.1.1　理论体系

阿奇舒勒从不同角度，利用不同的分析方法对专利进行分析，总结出了多种规律。如果按照抽象程度由高到低进行划分，可以将经典 TRIZ 中的这些规律表示为一个金字塔结构（见图 6-3）。随着 TRIZ 的不断发展和完善，TRIZ 不仅增加了很多新发现的规律和方法，还从其他学科和领域中引入了很多新的内容，从而极大地丰富和完善了 TRIZ 的理论体系（见图 6-4）。

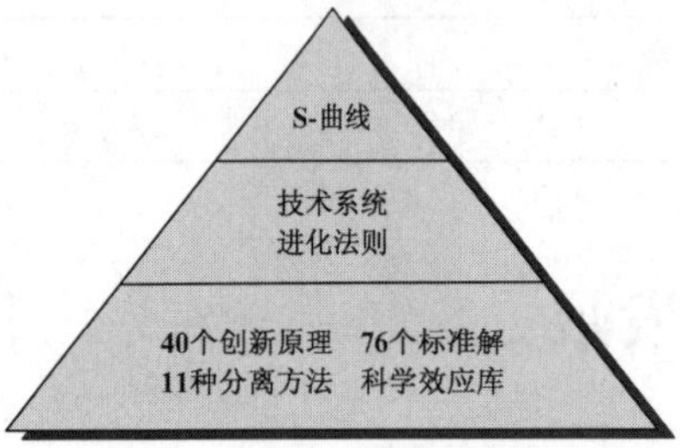

图 6-3 经典 TRIZ 中的规律

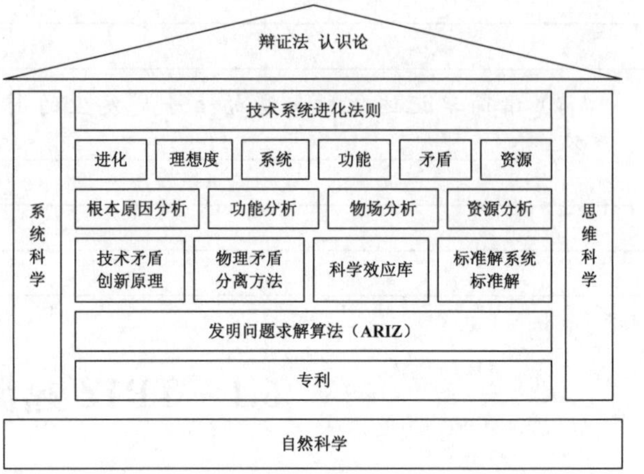

图 6-4 经典 TRIZ 的理论体系结构

（1）TRIZ 的理论基础是自然科学、系统科学和思维科学。

（2）TRIZ 的哲学范畴是辩证法和认识论。

（3）TRIZ 来源于对海量专利的分析和总结。

（4）TRIZ 的理论核心是技术系统进化法则。

（5）TRIZ 的基本概念——进化、理想度、系统、功能、矛盾和资源。

（6）TRIZ 的创新问题分析工具包括：根本原因分析、功能分析、物场分析、资源分析和创新思维方法。

（7）TRIZ 的创新问题求解工具包括：创新思维方法、发明原理、分离方法、科学效应库和标准解系统。

（8）TRIZ 的创新问题通用求解算法是发明问题求解算法（ARIZ）。

6.1.2 发展历程

1946 年，作为苏联里海舰队专利部的一名专利审查员，阿奇舒勒有机会接触并对大量的专利进行分析研究。在研究中阿奇舒勒发现，发明是有一定规律的，掌握这种规律有助于做出更多、更高级别的发明。从此，阿奇舒勒花了将近 50 年的时间，揭示出隐藏在专利背后的规律，构建了 TRIZ 的理论基础，创立并完善了 TRIZ。

在阿奇舒勒看来，人们在解决发明问题过程中，所遵循的科学原理和技术进化法则是一种客观存在。大量发明所面临的基本问题是相同的，其所需要解决的矛盾（在 TRIZ 中称为技术矛盾和物理矛盾），从本质上说也是相同的。同样的技术创新原理和相应的解决问题的方案，会在后来的一次次发明中被反复应用，只是被使用的技术领域不同而已。因此，将那些已有的知识进行整理和重组，形成一套系统化的理论，就可以用来指导后来者的发明和创造。正是基于这一思想，阿奇舒勒与苏联的科学家们一起，对数以百万计的专利文献和自然科学知识进行研究、整理和归纳，最终建立起一整套系统化的、实用的、解决发明问题的理论和方法体系（见图 6-5）。

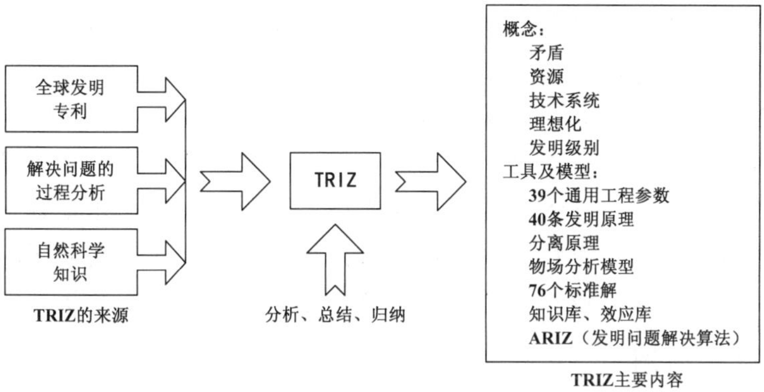

图 6-5　TRIZ 的来源与内容

苏联解体后，在 20 世纪 90 年代初、中期，随着部分 TRIZ 研究人员移居到欧、美等西方国家，TRIZ 才系统地传到了西方并引起学术界和企业界的关注。特别是在 TRIZ 传入美国后，在密歇根州等地成立了 TRIZ 研究咨询机构，继续对 TRIZ 进行深入的研究，使 TRIZ 得到了更加广泛的应用和发展。

2008 年，国家科技部、发展改革委、教育部、中国科协联合发布了《关于加强创新方法工作的若干意见》，明确了创新方法工作的指导思想、工作思路、重点任务及其保障措施等。截至目前，全国分批在几乎所有省（区、市）开展了多轮以 TRIZ 理论体系为主的创新方法的推广应用工作，已经持续了十多年。

6.2　发明的五个级别

在人类进化发展的历史长河中，无数的先贤们创造性地推动了人类社会的发展。今天，当回顾历史的时候，我们往往只注意到那些给人类社会发展带来巨大影响的发明创造，例如：制陶技术为人类提供了最早的人造容器；冶炼技术为人类提供了最早的金属制品——青铜器；十进位计数法为科学的发展奠定了基础；造纸术对人类文化传播产生了广泛、久远的影响；指南针对航海产生了深远的影响；火药改变了整个世界事物的面貌和状态等。但是，很少有人会注意到那些对已有事物进行的修修补补式的小发明、小创造。而正是由于有了这些小发明、小创造，才有了现在的各种各样功能相对完善、结构相对简单的生产工具和生活用品。

6.2.1　发明的创新水平

在 18 世纪，为了鼓励、保护、利用发明与创新成果，以促进产业发展，各个国家纷纷制定了专利法。在阿奇舒勒开始对大量专利进行分析、研究之初，他就遇到了一个无法回避的问题：如何评价一个专利的创新水平？

一项技术成果之所以能通过专利审查，获得专利证书，必定有其独到之处。但是，在众多的专利当中，有的专利只是在现有技术系统的基础上进行了很小的改变，改善了现有技术系统的某个性能指标；而有的专利则是提出了一种以前根本不存在的技术系统。

显然。这两种专利在创新水平上是有差别的，但是如何制定一个相对客观的标准来评价它们在创新水平上的差异呢？

从法律的角度来看，专利的定义会随着时间的变化而改变。即使在同一历史时期，不同国家对专利的定义也有所差异。专利的作用就是准确地确定一个边界，只有在这个范围之内，用法律的形式对技术领域的创新进行经济利益的保护才是有意义的。但是，从技术的角度来看，判断一个产品或一项技术是否具有创新性，其创新的程度有多高，更重要的是要识别出该产品或技术的创新的核心是什么，这个本质从来没有变过。

6.2.2 发明级别的划分

发明的独特之处就在于解决矛盾，解决现有技术系统中存在的问题。如何从众多的专利中将那些具有价值的专利找出来呢？阿奇舒勒在研究中提出了一种评价专利创新性的标准，即将专利分为五个级别（见表 6-1）。

表 6-1 发明的五个级别

发明级别	创新程度	知识来源	试错法尝试	比例（%）
第一级	对系统中个别零件进行简单改进 常规设计	利用本行业中本专业的知识	< 10	32
第二级	对系统的局部进行改进 小发明	利用本行业中不同专业的知识	10~100	45
第三级	对系统进行本质性的改进，大大提升了系统的性能 中级发明	利用其他行业中本专业的知识	100~1000	18
第四级	系统被完全改变，全面升级了现有技术系统 大发明	利用其他科学领域中的知识	1000~10000	4
第五级	催生了全新的技术系统，推动了全球的科技进步 重大发明	所用知识不在已知的科学范围内，是通过发现新的科学现象或新物质来建立全新的技术系统	>100000	<1

1. 第一级发明

这种发明是指在本技术领域内的正常设计，或仅对已有系统做简单改进与仿制所做的工作。这一类问题的解决，主要依靠设计人员自身掌握的常识和一般经验就可以完成，可以算不是发明的发明。利用试错法解决这样的问题通常需要进行 10 次以下的尝试。

例如，增加隔热材料，以减少建筑物的热量损失；将单层玻璃改为双层玻璃，增加窗户的保温和隔音效果；用大型拖车代替普通卡车，以实现运输成本的降低。

该类发明大约占人类发明总数的 32%。

2. 第二级发明

这种发明是指在解决一个技术问题时，对现有系统的某一个组件进行改进，是解决了技术矛盾的发明。这一类问题的解决，主要利用本专业内已有的理论、知识和经验，设计人员需要具备系统所在行业中不同专业的知识。解决这类问题的传统方法是折中法。这种发明能小幅度地提高现有技术系统的性能，属于小发明。利用试错法解决这样的问题通常需要进行 10~100 次尝试。

例如，把自行车设计成可折叠（见图 6-6）等。

图 6-6　折叠自行车

该类发明约占所有发明的 45%。

3. 第三级发明

这种发明是指对已有系统的若干个组件进行改进。这一类问题的解决，需要运用本专业以外但是一个学科以内的现有方法和知识（如用机械知识解决机械问题，用化学知识解决化学问题）。在发明过程中，人们必须解决系统中存在的技术矛盾，设计人员需要来自于其他行业的知识。

如果系统中的一个组件被彻底改变，就是很好的发明（如改变某物质状态，由固态变成液态等）。可以用一些人们熟知的物理效应的组合（可能是不为人们所熟知的）来解决这类问题。例如，利用电动控制系统代替机械控制系统；汽车上用自动换挡系统代替机械换挡系统；在冰箱中用单片机控制温度等。

这种发明能从根本上提升现有技术系统的性能，属于中级发明。利用试错法解决这样的问题通常需要进行 100~1 000 次尝试。

该类发明约占所有发明的 18%。

4. 第四级发明

这种发明一般是在保持原有功能不变的前提下，用组合的方法构建新的技术系统，属于大发明，通常是采用全新的原理来实现系统的主要功能，属于突破性的解决方案，能够全面升级现有的技术系统。利用试错法解决这样的问题通常需要进行 1 000~10 000 次尝试。

在解决第四级发明问题时所找到的原理通常可以用来解决属于第二级发明和第三级发明的问题。例如，数码相机代替胶卷相机、内燃机替代蒸汽机、核磁共振技术代替B超和 X 光技术、第一台内燃机的出现、集成电路的发明、充气轮胎等。

该类发明在所有发明中所占比例小于 4%。

5. 第五级发明

对于这类发明来说，首先是要发现问题，然后再探索新的科学原理来解决发明任务。问题的解决方法往往不在人们已知的科学范围内，是通过发现新的科学现象或新物质来建立全新的技术系统。本级发明中的低端发明为现代科学中许多物理问题的解决带来了希望。

支撑这种发明的新知识为开发新技术提供了保证，使我们可以用更好的方法来解决现有的矛盾。这种发明催生了全新的技术系统，推动了全球的科技进步，属于重大发明。利用试错法解决这样的问题通常需要进行 10 万次以上的尝试。设计人员通常没有能力解决这类问题。例如，计算机（见图 6-7）、蒸汽机、激光、晶体管等的首次发明。

图 6-7 世界上第一台电子计算机 ENIAC

该类发明大约占人类发明总数的 1%或者更少。

在发明的五个级别中，第一级发明谈不上创新，它只是对现有系统的改善，并没有解决技术系统中的任何矛盾；第二级和第三级发明解决了矛盾，可以看作是创新；第四级发明也改善了一个技术系统，但并不是解决现有的技术问题，而是用某种新技术代替原有技术来解决问题；第五级发明是利用科学领域发现的新原理、新现象推动现有技术系统达到一个更高的水平。

阿奇舒勒认为，第一级发明过于简单，第五级发明对于工程技术人员来说又过于困难，都不具有参考价值。于是，他从海量专利中将属于第二级、第三级和第四级的专利挑出来，进行整理、研究、分析、归纳、提炼，最终发现了蕴藏在这些专利背后的规律。

6.2.3 发明级别的意义

TRIZ 源于专利，服务于生成专利（应用 TRIZ 产生的发明结果多数可以申请专利），TRIZ 与专利有着密不可分的渊源。从来源上来看，TRIZ 是在分析第二级、第三级和第四级发明专利的基础上，归纳、总结出来的规律。因此，利用 TRIZ 只能帮助工程技术人员解决第一级到第四级的发明问题，而无法利用 TRIZ 来解决第五级的发明问题。阿奇舒勒曾明确表示：利用 TRIZ 方法可以帮助发明家将其发明水平从一、二级提高到第三级和第四级水平。

“发明级别”对发明的水平、获得发明所需要的知识以及发明创造的难易程度等有了一个量化的概念。总体上，我们对“发明级别”有以下几方面的认识：

（1）发明的级别越高，完成该发明所需的知识和资源就越多，这些知识和资源所涉及的领域就越宽，搜索所用知识和资源的时间就越多，因此就要投入更多、更大的研发力量。

（2）随着社会的发展、人类的进步、科技水平的提高，已有“发明级别”也会随时间的变化而不断降低。因此，原来级别较高的发明，逐渐变成人们熟悉和容易掌握的东西。而新的社会需求又不断促使人们去做更多的发明，生成更多的专利。

（3）统计表明，一、二、三级发明占了人类发明总量的 95%，这些发明仅仅是利用了人类已有的、跨专业的知识体系。由此，也可以得出一个推论，即人们所面临的 95% 的问题，都可以利用已有的某学科内的知识体系来解决。

（4）四、五级发明只占人类发明总量的 5%，却利用了整个社会的、跨学科领域的新知识。跨学科领域的知识获取非常有意义。当人们遇到技术难题时，不仅要在本专业内寻找答案，也应当向专业外拓展，寻找其他行业和学科领域已有的、更为理想的解决方案，以求获得事半功倍的效果。人们从事创新，尤其是进行重大的发明时，就要充分挖掘和利用专业外的资源。

6.3 TRIZ 重要概念

学习 TRIZ，首先要了解许多基本概念，包括 TRIZ 中的一些通用表述名词及其含义，例如，技术系统、功能、矛盾、理想度等，以便于进一步深入学习 TRIZ 中的工具和方法。

6.3.1 技术系统

“系统”一词源于古希腊语，是由部分构成整体的意思。亚里士多德①说：“整体大于部分之和。”由此可见，对系统的研究从古代就已经开始了。“宇宙、自然、人类，一切都在一个统一的运转系统之中！世界是关系的集合体，而非实物的集合体。”这是人们早期对系统最朴素的认知。随着人们对自然系统认知的加深，形成了系统的原始概念。

---

① 亚里士多德（公元前 384 年—公元前 322 年），古希腊斯吉塔拉人，世界古代史上最伟大的哲学家、科学家和教育家之一。是柏拉图的学生，亚历山大的老师。

再由自然系统到人造系统和复合系统，逐渐深入，形成了系统的概念。

对自然科学学科和工程技术的研究表明：任何系统（生物学系统、技术系统、信息系统、社会系统等）的发展，在本质上都是相同的。人类通过研究，已经建立了关于生物学系统和经济系统的进化理论，而对技术系统的类似研究才刚刚开始。作为一类特殊的系统，与自然系统（如自然生态系统、天体系统等）相比，技术系统具有如下两个鲜明的特征：

（1）技术系统是一种“人造”系统。不同于自然系统，技术系统是人类为了实现某种目的而创造出来的。因此，技术系统与自然系统的最大差别就是明显的“人为”特征。

（2）技术系统能够为人类提供某种功能。人类之所以创造某种技术系统，就是为了实现某种功能。因此，技术系统具有明显的“功能”特征。在对技术系统进行设计、分析的时候，应该牢牢地把握住“功能”这个概念。

于是，我们对技术系统的定义如下：技术系统是指人类为了实现某种功能而设计、制造出来的一种人造系统。作为一种特殊的系统，技术系统符合系统的定义，具有系统的五个基本要素（输入、处理、输出、反馈和控制），也具有系统应该拥有的所有特性。

技术系统是相互关联组成成分的集合。同时，各组成成分有其各自的特性，而它们的组合具有与其组成成分不同的特性，用于完成特定的功能。技术系统是由要素组成的，若组成系统的要素本身也是一个技术系统，即这些要素是由更小的要素组成，称之为子系统。反之，若一个技术系统是较大技术系统的一个要素，则称较大系统为超系统。这是技术系统的层次性。技术系统进化是指实现技术系统功能的各项内容，从低级向高级变化的过程。

例如：汽车是一个技术系统，它的子系统有汽车发动机、汽车轮胎、外壳等，同时我们还可以把整个交通系统看作是它的超系统。而如果汽车发动机是一个技术系统，它的子系统就有变速齿轮、引擎、传动轴等，汽车则是它的超系统。

6.3.2 功能

19 世纪 40 年代，美国通用电气公司的工程师迈尔斯首先提出**功能**的概念，并把它作为价值工程研究的核心问题。

功能的由来有两种：一种是人们的需求，另外一种是人们从实体结构中抽象出来的。人们的需求是主动地提出功能，结构中抽象是被动地挖掘出功能，如汽车、飞机的出现，最初不是人们想要利用其运载人或物，而是随着时代的发展，人们逐渐发掘出其功能。因此，广义的功能定义为：研究对象能够满足人们某种需要的一种属性。例如：冰箱具有满足人们“冷藏食品”的属性；起重机具有帮助人们“移动物体”的属性。企业生产的实际上是产品的功能，用户购买的实际上也是产品的功能。

在 TRIZ 中，功能是产品或技术系统特定工作能力抽象化的描述，它与产品的用途、能力、性能等概念不尽相同。例如：钢笔，它的用途是写字，而功能是存送墨水；铅笔，它的用途是写字，而功能是摩擦铅芯；毛笔，它的用途是写字，而功能是浸含墨汁。

任何产品都具有特定的功能，功能是产品存在的理由，产品是功能的载体；功能附属于产品，又不等同于产品。

6.3.3 矛盾与冲突

现实生活中，人们用“矛盾”来比喻相互抵触，互不相容的关系。工程中同样存在矛盾。如在飞机制造中，为了增加飞机外壳的强度，很容易想到的方法是增加外壳的厚度，但是厚度的增加势必会造成重量的增加，而重量增加却是飞机设计师们最不想见到的。在很多其他行业中，这样的矛盾也十分常见。

TRIZ 中的技术问题可以定义为技术矛盾和物理矛盾。

技术矛盾描述的是两个参数的矛盾，是指为了改善系统的一个参数，而导致了另一个参数的恶化。例如，改善汽车的速度，导致了安全性发生恶化，这个例子中涉及的两个参数是速度和安全性。

所谓物理矛盾就是针对系统的某个参数提出两种不同的要求。当对一个系统的某个参数具有相反的要求时就出现了物理矛盾。例如，飞机的机翼应该尽量大，以便在起飞时获得更大的升力；飞机的机翼应该尽量小，以便减少在高速飞行时的阻力。可见，物理矛盾是对技术系统的同一参数提出相互排斥的需求时出现的一种物理状态。

通过对大量发明专利的研究，阿奇舒勒发现，真正的“发明”（指发明级别为第二、第三和第四级的专利）往往都需要解决隐藏在问题当中的矛盾。于是，阿奇舒勒规定：是否出现矛盾（又称“冲突”，冲突可以理解为是必须解决的矛盾），是区分常规问题与发明问题的一个主要特征。如果问题中不包含矛盾，那么这个问题就不是一个发明问题（或 TRIZ 问题）。与一般性的设计不同，只有在不影响系统现有功能的前提下成功地消除矛盾，才能认为是发明性地解决了问题。也就是说，矛盾应该是这样解决的：在完善技术系统的某一部分或是优化某一参数的同时,其他部分的功能或其他参数不会被影响。

6.3.4 理想度、理想系统与最终理想解

对于**理想度**的定义，阿奇舒勒是这样描述的，即系统中有益功能的总和与系统有害功能和成本的比率。阿奇舒勒在研究中发现，所有的技术系统都在沿着增加其理想度的方向发展和进化。

1. 理想度

技术系统的理想度越高，产品的竞争能力越强。可以说，创新的过程，就是提高系统理想度的过程。因此，在发明创新中，应以提高理想度的方向作为设计的目标。人类不断地改进技术系统使其速度更快、更好和更廉价的本质就是提高系统的理想度。以理想度的概念为基础，引出了理想系统和最终理想解的概念。

每个技术系统之所以被设计、制造，就是为了提供一个或多个有用功能。一个技术系统可以执行多种功能，在这些有用功能中，有且只有一个最有意义的功能，这个功能是技术系统存在的目的，称为主要功能，也被称为基本功能。另外，为了使主要功能得以实现，或提高主要功能的性能，技术系统往往还会具有多个辅助性的有用功能，称为辅助功能或称伴生性功能。同时，每个技术系统也会有一个或多个我们所不希望出现的效应或现象，称为有害功能。

例如，坦克的主要功能是消灭敌人。同时，为了使这个主要功能得以实现，且能够更好地实现，坦克还需要防护、机动、瞄准、自动装弹等有用功能的辅助。在实现有用功能的同时，坦克在运行过程中也会引起空气污染，放出大量的热，产生振动，发出噪声，这些在 TRIZ 中都被看作是有害功能。

对于一个技术系统来说，从它诞生的那一刻起，就开始了其进化的过程。在进化过程中具体表现为：在数量上，技术系统能够提供的有用功能越来越多，所伴生的有害功能越来越少；在质量上，有用功能越来越强，有害功能越来越弱。

下面的公式就是理想度的定义，它表示了技术系统的进化趋势：

$$I=\frac{\sum_{i=1}^{\infty}有用功能_i}{\left(\sum_{j=1}^{0}有害功能_j+\sum_{k=1}^{0}成本_k\right)}\Rightarrow\infty$$

其中，I为理想度，i、j、k为变量的数量。从上式可以看出，随着技术系统的进化，系统的理想度不断增大，最终趋向于无穷大。将上式中的有用功能用技术系统的效益来表示，将系统的成本细化，如时间、空间、能量、重量，公式明确指出了在技术系统的进化过程中，其效益不断增加，有害作用不断降低，成本不断减小（系统实现其功能所需要的时间、空间、能量等不断减少，同时，系统的体积和重量也不断减小），系统的理想度不断增大，最终趋向于无穷大。

根据定义，可以用以下三种方法来提高系统的理想度：

（1）增加有用功能。

（2）降低有害功能或成本。

（3）将上述（1）与（2）结合起来。

2. 理想系统

随着技术系统的不断进化，其理想度会不断提高。当技术系统的有用功能趋向于无穷大，有害功能为零，成本为零的时候，就是技术系统进化的终点。此时，由于成本为零，所以技术系统已经不再具有真实的物质实体，也不消耗任何的资源。同时，由于有用功能趋向于无穷大，有害功能为零，表示技术系统不再具有任何有害功能，且能够实现其应该实现的一切有用功能。这样的技术系统就是理想系统。

在 TRIZ 中，理想系统是指作为物理实体它并不存在，也不消耗任何的资源，但是却能够实现所有必要的功能。即系统的质量、尺寸、能量消耗无限趋近于零；系统实现的功能趋近于无穷大。因此，也可以说，理想技术系统没有物质形态（即体积为零，重量为零），也不消耗任何资源（消耗的能量为零、成本为零），却能实现所有必要的功能。

理想系统只是一个理论上的、理想化的概念，是技术系统进化的极限状态，是一个在现实世界中永远也无法达到的终极状态。但是，理想系统就像北极星一样，为设计人员和发明家指出了技术系统进化的终极目标，是寻找问题解决方案和评价问题解决方案的最终标准。

3. 最终理想解

产品创新的过程，就是产品设计不断迭代，理想化的水平不断由低级向高级演化的过程，无限逼近理想状态。当设计人员不需要额外的花费就实现了产品的创新设计时，这种状况就称为最终理想结果（Ideal Final Result, IFR），或者，基于理想系统的概念而得到的针对一个特定技术问题的理想解决方案，称为最终理想解。

IFR 的实现可以这样来表述：系统自己能够实现需要的动作，并且同时没有有害作用的参数。通常 IFR 的表述中需包含以下两个基本点：系统自己实现这个功能；没有利用额外的资源，并且实现了所需的功能。

IFR 是从理想度和理想系统延伸出来的一个概念，是用于问题定义阶段的一种心理学工具，是一种用于确定系统发展方向的方法。它描述了一种超越了原有问题的机制或约束的解决方案，指出了在使用 TRIZ 工具解决实际技术问题时应该努力的方向。这种解决方案可以看作是与当前所面临的问题没有任何关联的、理想的最终状态。

例如：高层建筑物玻璃窗的外表面需要定期清洗。目前，清洁工作需要在高层建筑物的外面进行，是一种高危险、高成本的工作，只有那些经过特殊培训和认证的“蜘蛛人”才能够胜任。能不能在高层建筑物的内部对玻璃进行清洁呢？针对该问题，其 IFR 可以定义为：在不增加玻璃窗设计复杂度的情况下，在实现玻璃现有功能且不引入新的有害功能的前提下，玻璃窗能够自己清洁外表面。

通过这个例子可以看出，IFR 是针对一个已经被明确定义出来的问题，所给出的一种最理想的解决方案。通过将问题的求解方向聚焦于一个清晰可见的理想结果，IFR 为后续使用其他 TRIZ 工具来解决问题创造了条件。

IFR 的确定和实现可以按下面提出的问题，分作 6 个步骤来进行：

（1）设计的最终目的是什么？

（2）IFR 是什么？

（3）达到 IFR 的障碍是什么？

（4）出现这种障碍的结果是什么？

（5）不出现这种障碍的条件是什么？

（6）创造这些条件时可用的资源是什么？

上述问题一旦被正确地理解并描述出来，问题也就得到了解决。当确定了创新产品或技术系统的 IFR 后，检查其是否符合 IFR 的特点，并进行系统优化，以确认达到或接近 IFR 为止。IFR 同时具有以下 4 个特点：

（1）保持了原系统的优点。

（2）消除了原系统的不足。

（3）没有使系统变得更复杂。

（4）没有引入新的不足。

因此，设定了 IFR，就设定了技术系统改进的方向。以定义 IFR 作为解决问题的开端，有以下好处：

（1）有助于产生突破性的概念解决方案。

（2）避免选择妥协性的解决方案。

（3）有助于通过讨论来清晰地设立项目的边界。

6.3.5 理想化方法的应用

理想化方法是科学研究中创造性思维的基本方法之一，它主要是在大脑中设立理想的模型，把对象简化、钝化，使其升华到理想状态，通过思想实验的方法来研究客体运动的规律。一般的操作程序为：首先对经验事实进行抽象，形成一个理想客体，然后通过思维的想象，在观念中模拟其实验过程，把客体的现实运动过程简化，并上升为一种理想化状态，使其更接近理想指标。在一定条件下把物质看作质点，把实际位置看作数学上的点，忽略摩擦力的存在，都是理想化的结果。科学历史上，很多科学家正是通过理想化获得划时代的科学发现，如伽利略的惯性原理、牛顿的抛体运动实验等。

事实上，真正的理想系统是不存在的。但是，我们通过创新方法的巧妙应用，可以让现实中的系统无限趋近理想化的系统，即一步步提高现实系统的理想化程度（即理想度）。

就提高某种产品或者某个技术系统的理想度而言，我们可以从以下 6 个方向来做努力：

（1）通过增加新的、有用的功能，或从外部环境（最理想的就是自然环境）获得功能。

（2）提高有用功能的级别，把尽可能多的功能高效传输到工作元件上。

（3）降低成本，充分利用内部或外部已存在、可利用的资源，尤其是理想资源。

（4）减少有害功能的数量，尽量剔除那些无效、低效、产生副作用的功能。

（5）降低有害功能的级别，预防和抑制有害功能产生，或者将有害功能转化为中性功能。

（6）将有害功能移到外部环境中去，不再成为系统的有害功能。

例 6-4 运送矿渣。

炼铁时在高炉里生成矿渣以及融化的镁、钙等氧化物的混合物（见图 6-8）。炽热的矿渣达到 1 000℃，倒进大的钢水包里，并在铁路平板车上运去加工。目前在开口的料斗里运送矿渣，表面冷却产生硬的外壳。这样不仅损失原料部分，还很难倒出矿渣。在工厂，为了捣碎这部分矿渣，要用专门的设备敲击外壳。但有窟窿的硬壳同样阻挡矿渣，以至于移动起来特别费力。在传统的产品改进思路中，设计者首先想到的就是要为料斗做隔热的盖子，这将使料斗特别沉重。盖上和打开盖子时不得不使用吊车，这不仅增加子系统的复杂性，而且增加的子系统也降低了系统的可靠性。显然，这不符合 IFR 的 4 个特点中的后 2 个。那么理想的盖子是什么样的呢？应该是不存在盖子，却实现了盖子的功能，即将矿渣和空气隔绝。

如果用 IFR 来分析，会得到截然不同的创新设计方案。

（1）设计的最终目的是什么？

图 6-8　炼钢高炉

答：矿渣不会冷却，能够很好地保温。

（2）IFR 是什么？

答：矿渣自己保温。

（3）达到 IFR 的障碍是什么？

答：料斗周围有冷空气。

（4）出现这种障碍的结果是什么？

答：矿渣变硬，不容易倒出。

（5）不出现这种障碍的条件是什么？

答：矿渣上面有隔绝冷空气的物质。

（6）创造这些条件可用的资源是什么？

答：矿渣、空气。

解决方案：在液体矿渣上洒冷水，泼上的水和热矿渣相互作用产生了矿渣泡沫，泡沫是很好的保温体和很好的盖子，而且很容易将液体矿渣倒出来。这里，解决问题的资源是矿渣本身，矿渣和冷水结合可以产生新的特性。

6.4　TRIZ 核心思想

阿奇舒勒发现：技术系统进化过程不是随机的，而是有客观规律可以遵循，这种规律在不同领域反复出现。TRIZ 的核心思想是：

（1）在解决发明问题的实践中，人们遇到的各种矛盾以及相应的解决方案总是重复出现。

（2）用来彻底而不是折中解决技术矛盾的创新原理与方法，其数量并不多，一般科技人员都可以学习、掌握。

（3）解决本领域技术问题的最有效的原理与方法，往往来自其他领域的科学知识。

由于 TRIZ 的来源是对高水平发明专利的分析，因此，人们通常认为，TRIZ 更适用于解决技术领域里的发明问题。目前，TRIZ 已逐渐由原来擅长的工程技术领域，向自然科学、社会科学、管理科学、生物科学等多种领域逐渐渗透，尝试解决这些领域遇到的问题。

6.5 发明原理及其应用

从1946年开始，阿奇舒勒研究阅读了20多万份发明专利文献，从中挑选出4万份发明级别为二级、三级和四级的发明专利。通过对这4万份发明专利进行深入的统计和分析，阿奇舒勒发现：虽然各种专利解决的是不同领域内的问题，但是它们所使用的方法（技巧）有很多却是相同的，即一种方法可以解决来自于不同工程技术领域的类似问题。于是，通过归纳和总结，从1946年到1971年，阿奇舒勒从这4万份专利中提取出了40种最常用的解决发明问题的方法，这就是TRIZ理论的所谓40个发明原理(Inventive Principle，IP)。后来，苏联的TRIZ研究者经过进一步的研究，又陆续总结出新的10个发明原理。1973年，这10个发明原理被以补充原理的形式发布。

TRIZ的40个发明原理及其所阐明的统一规则如表6-2所示。

表6-2　40个发明原理及其阐明的统一规则

编号及发明原理	实现属性转换的规则
1. 分割原理	产生新的属性（包含空间、时间、物质的分割）
2. 抽取原理	抽取出有用的属性，去除有害的属性
3. 局部质量原理	局部具有特殊的属性，确保相互作用中产生所需功能
4. 不对称原理	形状属性最佳化
5. 合并（组合）原理	运用多种效应、属性组合成创新产品
6. 多用性（多功能性、广泛性）原理	一物具有多种属性，运用不同的属性产生组合的功能
7. 嵌套原理	协调运用空间属性资源
8. 重量补偿原理	施加反向属性力，抵消重力
9. 预先反作用原理	产生需要的反向属性
10. 预操作原理	形成方便操作的属性
11. 预补偿（事先防范）原理	预防产生不需要的属性
12. 等势原理	在重力属性场中稳定高度不变
13. 反向作用原理	运用反向属性实现需要的功能
14. 曲面化（曲率增加）原理	运用曲面形状的各种属性
15. 动态化原理	利用刚性→单铰接→多铰接→柔性→液→粉→气→场等的特有属性实现功能，提高灵活性
16. 未达到或过度作用原理	属性量值的选择性最佳化
17. 维数变化（一维变多维）原理	空间属性的协调转换
18. 振动原理	振动属性的运用
19. 周期性作用原理	时间属性的协调转换
20. 有效（益）作用的连续性原理	属性在时间维度上的稳定协调作用

续表

编号及发明原理	实现属性转换的规则
21. 减少作用的时间（快速通过）原理	属性在时间维度上的急剧协调作用
22. 变害为利原理	运用有害的属性实现有用的功能
23. 反馈原理	信息属性作用的利用，时间属性和时间流的作用
24. 中介物原理	运用中介物的特有属性作用实现功能
25. 自服务原理	运用物质自身的属性完成补充、修复的功能
26. 复制原理	运用廉价的复制属性资源替代各种资源
27. 廉价替代品原理	运用物质特有的廉价的属性，确保一次性执行所需的功能
28. 机械系统替代原理	运用光、声、电、磁、人的感官等新的替代属性，高效率的执行所需的功能
29. 气动与液压结构原理	运用液压、气动属性实现力的传递
30. 柔性壳体或薄膜原理	运用柔性壳体和薄膜的特有属性作用实现功能
31. 多孔材料原理	运用多孔材料具有比重轻、绝热性等特有属性
32. 改变颜色（颜色改变、拟态）原理	提高物质颜色属性的运用
33. 同质性（均质性）原理	运用相同的某个特定的属性
34. 抛弃与再生原理	使物质随着某一功能完成而消失，或是获得再生
35. 参数变化原理	运用变、增、减、稳、测改变物质的各种属性，高效率的执行所需的功能
36. 状态变化原理	运用物质相变时形成的某些特征属性的作用实现功能
37. 热膨胀原理	运用物质的热膨胀属性实现功能
38. 加速氧化（使用强氧化剂、强氧化剂）原理	运用强氧化的化学属性作用实现功能
39. 惰性环境原理	运用化学惰性气体的特有属性改变环境
40. 复合材料原理	组合不同属性的物质，形成具有优良属性物质实现功能

在实践中人们进一步发现，实际上，这 40 个发明原理的使用率也有很大不同。上述发明原理的效能（指使用目的和手段方面的正确性与效果）可以归结为：

（1）提高系统协调性：1、3、4、5、6、7、8、30、31。

（2）消除有害作用：2、9、11、21、22、32、33、34、38、39。

（3）改进操作和控制：12、13、16、23、24、25、26、27。

（4）提高系统效率：10、14、15、17、18、19、20、28、29、35、36、37、40。

习　　题

1. 1946 年起，苏联军方技术人员、发明家根里奇•阿奇舒勒和他的同事们，在研究来自世界各国上百万个专利的基础上，提出了一套体系相对完整的“发明问题解决理论”(　　)。

A. Python　　B. Java　　C. TRIZ　　D. DIY

2. 下列描述经典 TRIZ 理论体系结构的句子中，不正确的是(　　)。

A. TRIZ 的理论基础是工业工程、心理学和唯心主义

B. TRIZ 来源于对海量专利的分析和总结

C. TRIZ 的理论核心是技术系统进化法则

D. TRIZ 的基本概念包括进化、理想度、系统、功能、矛盾和资源

3. 一项技术成果之所以能通过专利审查，获得专利证书，必定有其(　　)。

A. 可爱之处　　B. 独到之处　　C. 盈利亮点　　D. 工作能力

4. 专利的作用就是准确地确定一个边界，在这个范围之内，用法律的形式对技术领域的(　　)进行经济利益的保护。

A. 产量　　B. 质量　　C. 创新　　D. 利润

5. 从技术的角度看，判断是否具有创新性，其创新的程度有多高，重要的是要识别出该(　　)的创新的核心是什么。

A. 产品或技术　　B. 规章制度　　C. 文学作品　　D. 思想方法

6. 发明的独特之处就在于(　　)，解决现有技术系统中存在的问题。

A. 实现利润　　B. 实现理想　　C. 获得表扬　　D. 解决矛盾

7. 阿奇舒勒在研究中提出了一种评价专利创新性的标准，即将专利分为(　　)级别。

A. 四个　　B. 七个　　C. 五个　　D. 三个

8. 第一级发明是指在本技术领域内的正常设计，主要利用(　　)。

A. 本专业内已有的理论、知识和经验，设计人员需要具备所在行业中不同专业的知识

B. 设计人员自身掌握的常识和一般经验

C. 全新的原理来实现系统的主要功能，能够全面升级现有的技术系统

D. 本专业以外但是一个学科以内的现有方法和知识

E. 所发现新的科学现象或新物质来建立全新的技术系统

9. 第二级发明是对现有系统的某一个组件进行改进，主要利用(　　)。

A. 本专业内已有的理论、知识和经验，设计人员需要具备所在行业中不同专业的知识

B. 设计人员自身掌握的常识和一般经验

C. 全新的原理来实现系统的主要功能，能够全面升级现有的技术系统

D. 本专业以外但是一个学科以内的现有方法和知识

E. 所发现新的科学现象或新物质来建立全新的技术系统

10. 第三级发明是指对已有系统的若干个组件进行改进，主要利用(　　)。

A. 本专业内已有的理论、知识和经验，设计人员需要具备所在行业中不同专业的知识

B. 设计人员自身掌握的常识和一般经验

C. 全新的原理来实现系统的主要功能，能够全面升级现有的技术系统

D. 本专业以外但是一个学科以内的现有方法和知识

E. 所发现新的科学现象或新物质来建立全新的技术系统

11. 第四级发明一般是在保持原有功能不变的前提下，用组合的方法构建新的技术系统，主要利用（　　）。

A. 本专业内已有的理论、知识和经验，设计人员需要具备所在行业中不同专业的知识

B. 设计人员自身掌握的常识和一般经验

C. 全新的原理来实现系统的主要功能，能够全面升级现有的技术系统

D. 本专业以外但是一个学科以内的现有方法和知识

E. 所发现新的科学现象或新物质来建立全新的技术系统

12. 第五级发明首先要发现问题，然后再探索新的科学原理来解决发明任务，主要利用（　　）。

A. 本专业内已有的理论、知识和经验，设计人员需要具备所在行业中不同专业的知识

B. 设计人员自身掌握的常识和一般经验

C. 全新的原理来实现系统的主要功能，能够全面升级现有的技术系统

D. 本专业以外但是一个学科以内的现有方法和知识

E. 所发现新的科学现象或新物质来建立全新的技术系统

13. 与自然系统相比，作为一类特殊的系统，技术系统具有鲜明的特征。下列（　　）不是对技术系统的正确描述。

A. 以天然物为要素，由自然力所形成的系统

B. 是一种“人造”系统，有明显的“人为”特征

C. 不同于自然系统，技术系统是人类为了实现某种目的而创造出来的

D. 人类之所以创造它，是为了实现某种功能

14. （　　）的由来有两种：一种是人们的需求，另外一种是人们从实体结构中抽象出来的。

A. 能力　　B. 力量　　C. 功能　　D. 智慧

15. 现实生活中，人们常用“（　　）”来比喻相互抵触，互不相容的关系。

A. 和谐　　B. 竞争　　C. 斗争　　D. 矛盾

16. 技术矛盾描述的是两个参数的矛盾，是指为了（　　）系统的一个参数，而导致了另一个参数的（　　）。

A. 改善，恶化　　B. 恶化，改善　　C. 扩大，缩小　　D. 提高，降低

17. 当对一个系统的某个参数具有（　　）的要求时就出现了物理矛盾。

A. 很高　　B. 相反　　C. 相同　　D. 一致

18. 阿奇舒勒在研究中发现，所有的技术系统都在沿着增加其（　　）的方向发展和进化。

A. 理想度　　B. 利润率　　C. 功能性　　D. 高质量

19. 根据定义，可以用三种方法来提高系统的理想度，但下列（　　）不属于其中之一。

A. 增加有用功能　　B. 改善无用功能

C. 降低有害功能或成本　　D. 将 A 与 C 结合起来

20. 基于理想系统的概念而得到的针对一个特定技术问题的理想解决方案，称为（　　）。

A. 最佳状态　　B. 做好结果　　C. 成功　　D. 最终理想解

21. 以下描述 TRIZ 核心思想的句子中，不正确的是（　　）。

A. 在解决发明问题的实践中，人们遇到的各种矛盾以及相应的解决方案总是重复出现

B. “和谐”是解决问题的理想办法，且方法很多

C. 用来彻底而不是折中解决技术矛盾的创新原理与方法，其数量并不多

D. 解决本领域技术问题的最有效的原理与方法，往往来自其他领域的科学知识

22. 从 1946 年到 1971 年，阿奇舒勒从专利中提取出最常用的解决发明问题的方法，这就是 TRIZ 理论的（　　）。

A. 40 个发明原理　　B. 76 个标准解

C. 39 个通用工程参数　　D. 科学效应

【实训与思考】熟悉 TRIZ 以及 5 个发明级别

1. 实训目的

（1）了解 TRIZ 理论的发展历程，熟悉 TRIZ 理论体系。

（2）熟悉 TRIZ 的五个发明级别，了解 TRIZ 的适用范围。

（3）理解 TRIZ 的重要概念，熟悉技术系统、矛盾和理想化方法等重要内容。

（4）熟悉 TRIZ 核心思想。

2. 工具/准备工作

在开始本实训之前，请回顾本章的相关内容。

需要准备一台能够访问因特网的计算机。

3. 实训内容与步骤

（1）发明的级别。

请简述：划分发明级别的意义是什么？

答：____

____

____

____

____

在浩如烟海的技术系统中，有些技术系统对人类有着重大的影响。请根据发明级别

的定义，分析下列发明属于哪个发明级别：

① 晶体管的发明，使制造体积更小、结构更为紧凑的计算机成为可能，成就了今天所有关于"信息化"的技术基础：属于（　　　　）级发明。你的理由是：________

____

② 数百年前，人们就使用锉刀作为金属加工的工具：属于（　　　　）级发明。你的理由是：________

____

③ 杯子对于人们的日常生活很重要：属于（　　　　）级发明。你的理由是：________

____

④ 冰箱作为制冷设备可以为食物保鲜：属于（　　　　）级发明。你的理由是：________

____

⑤ 因特网连接着全世界千百万台计算机，实现了全球用户间信息的交换：属于（　　　　）级发明。你的理由是：________

____

⑥ 书本作为传播媒体，将知识与文化代代相传：属于（　　　　）级发明。你的理由是：________

____

⑦ 收音机借助电磁波，可以实现远距离广播节目的传送，属于（　　　　）级发明。你的理由是：________

____

（2）请根据各级别发明的特点，举出一些发明实例。

一级发明：________

____

二级发明：________

____

三级发明：________

____

四级发明：________

____

五级发明：________

____

（3）请简述：什么是理想度？什么是理想系统？什么是最终理想解？

答：________

____

____

____

（4）请简述，为什么要学习和研究 TRIZ？

答：________

____

（5）请分析，以杯子为例，什么样的杯子可以算作四级发明，为什么？

答：

4. 实训总结

5. 实训评价（教师）

第7章 技术系统进化法则

【创新引领】从山寨到创新，中国用了 15 年时间

看创业项目可以看出中美的明显差别，美国人确实更倾向于做新的东西，我们则倾向于做已有的东西，这不是坏事，在特定的背景下 C2C（消费者之间）就是很好的模式，但接下来如果还一直延续这种模式，那就可能吃力不讨好。现在大家其实都处在不知道路在哪里的状态，那显然跟着不知道路在哪里的人跑是没价值的，也是不自信的。换个角度看，我们也可以说国内的企业和创业者们站在了一个创新的十字路口上。

C2C 的好日子到头了

熊彼特是这么定义创新的：把一种从来没有的关于生产要素和生产条件的“新组合”引进生产体系中去。

这定义稍微一推理，你就会发现创新其实是有前提的，那就是你要有重排生产要素和生产条件的能力，这要求对大的环境背景有深刻理解和掌控的某种资源。所以万众创新是很难的，因为一般人即不理解环境的背景，手里也没有可以调配的资源。

当对环境的理解和掌握的资源跌到一定程度之下的时候，C2C 就变成最安全的模式。这并不只在互联网行业里。例如，在医疗器械行业，如果一款器械国外要 50 万，国内 10 万，那当然这是非常稳健的模式，为什么不做。

现在的问题是这种好日子到头了。

前一阵极客公园翻译了一篇连线杂志的文章，里面详细介绍了 Facebook 会如何打造自己的 Messenger，看下来你就会发现这显然受到了微信的影响，走的就是微信的路数，以 IM（即时通讯）为入口，里面绑定各种服务，在操作系统上面重建一个平台。我们有理由相信 Facebook 最终成品会和微信有差异，但这确实是一种标志，标志着在互联网上中国企业和美国企业跑到了同一起跑线上，不再只是单向的 Copy。当然同一起跑线也意味着没人知道方向在哪儿，也就意味着必须做点创新的事情了。

摆脱历史惯性的尝试

创新不是研发，但研发通常是创新的重要源泉，而科技行业的历史事实暗示在研发上做投入推动创新很可能是不划算的。回看商业发展史，一个很好玩的事就是研发不划

算现象反复出现。

贝尔实验室研发出了晶体管，但晶体管先是成就了索尼（见图 7-1），接下来又启动了 IT 行业，可就是和贝尔实验室没什么关系。

图 7-1　1960 年 5 月索尼推出了世界上第一台晶体管电视机

施乐的实验室研究出了图形用户界面，这启发了乔布斯和比尔·盖茨，成就了两大 IT 巨头，但施乐自己则基本上差不多快被人忘记了。

微软在研发上投入极大，我们熟悉的亚洲研究院当年也一样吸引了大批精英，但微软不管是在互联网还是移动产品上都基本没有太大建树，最赚钱的始终是没研究院时候弄出来的 Windows 和 Office。

Google 是互联网巨头，现在有 800 多研究人员，但即使到现在主要收入仍然是广告，接下来能否在它那些非常吸引眼球的项目中构建出新的商业模式，我们还需要拭目以待。如果按照历史的惯性，那 Google 其实是会悲剧的。

这里面最有趣的事情就是苹果这家当下最赚钱的公司，公司的研发投入历来小于微软，也不及三星，但基本上是这家公司启动了移动时代。

在国内就更不用说，国内互联网公司基本没有技术驱动的企业，即使如此，做到全球 10 大互联网企业里有 4 席，一样可以做到最大的未上市公司在中国。

这类现象看下来，最直接的理解就是模式和产品的创新也许更有价值，研发上的创新不划算。如果仔细想想，那可能就会发现波音、Intel、高通这样的公司正是因为有足够的技术壁垒，才没被中国制造打得一败涂地，所以会稍微更新自己的结论，那就是在除非技术能在产品上产生用户可感知体验，否则研发会变成高级的娱乐。

不管怎么样，科技行业的发展历史至少在暗示大家要做产品和模式的创新，而不是技术的创新。

这是一种来自历史的惯性，要想摆脱这种惯性，那就需要跳出来做点思考。

关于创新的几点思考

创新在很多教授那里会是一门专门的课程，但寻找创新的点却并没那么复杂，要么自顶向下，要么自底向上。

大部分人更习惯使用自底向上的视角，这时候往往要根据个人的经历，考察周围人用得到的场景，接下来定位自己的点，然后做产品切进去。这在软件、互联网、移动互联网时代都是适合的，但越往后就可能越不适合。纯的自底向上类方法非常适合搭配 MVP，在小步快跑不断试错中完善自己，但这么做的显然前提是试错本身的成本不能太高，迭代成本也不能太高。所以这方法特别适合软件产品，而前几波浪潮恰恰是软件主导的，所以这类方法开始占据主流。

但接下来很多可见的机会包括 AR/VR（虚拟现实/增强现实）、IoT（物联网）、3D 打印、机器人等都是偏硬件的产品，这时候启动成本偏高，启动周期偏长，技术密集，迭代成本也高，所以就会越来越需要一种自顶向下的视角，谋定而后动，否则更可能会半途而废。

抽象来看这事并不复杂，假设说在现有人员的基础上，预先调研规划某产品需要耗费的成本为 X，而直接迭代，事到临头再处理，其耗费的成本为 Y，那么无疑会导致 Y>X 的问题都应该是尽可能预先处理的问题，而不能以迭代为借口堂而皇之地进行忽视。

上面的观点如果总结起来可以归纳为两点：

第一，产品有自己的先天属性（我此前写过产品的性与命来说明这点），先天属性相当于一个行业或者产品的不变量，只有认清它才知道大致的方向是对是错。比如现在经常被提到的传统企业互联网转型，当我们认清某个行业的本质属性后，我们会发现所谓的转型其实更可能是错的，企业所需要的不是转向互联网，而是舍弃掉某些东西，让自己强的东西更强。再比如说，如果家电就需要大规模生产来降低价格，提高品质来形成品牌和口碑，个性化和多样化并不具备核心价值，那媒体报道的海尔的尝试，在方向上就是错误的。

不考察产品或者行业的先天属性，后果是可怕的，这会导致一个人在游戏规则已经被重置的时候仍然按照原来的游戏规则来玩。

第二，打造产品的方法、人员组织结构等是产品先天属性的变量（其实也是人的变量）。我们知道有的小孩天生擅长算数，如果非要让他学钢琴，那可能事半功倍。落在产品上也是同样的道理，方法和组织必须努力适应产品的先天属性与人的特性（不是个性，而是文化孕育出来的价值观这类东西）。

认清产品的先天属性，理解上述两点，打破历史的惯性正需要自顶向下的视角。

阅读上文，请思考、分析并简单记录。

（1）什么是“C2C”，请举例说明。

答：____

____

____

____

____

（2）你怎么理解文中所说的“研发不划算”现象？

答：____

____

____

____

____

（3）你怎么看待 AR/VR（虚拟现实/增强现实）、IoT（物联网）或者机器人这样的行业的发展前景？请简述你的看法。

答：＿＿＿＿＿＿＿＿＿＿＿＿＿＿＿＿＿＿＿＿＿＿＿＿＿＿＿＿＿＿＿＿＿

（4）请简单记述你所知道的上一周发生的国际、国内或者身边的大事。

答：＿＿＿＿＿＿＿＿＿＿＿＿＿＿＿＿＿＿＿＿＿＿＿＿＿＿＿＿＿＿＿＿＿

7.1 技术系统进化规律的由来

阿奇舒勒等人于 20 世纪 70 年代和 80 年代开始在 TRIZ 的框架中研究技术系统的进化。在研究过程中，他们广泛使用了辩证唯物主义哲学体系中的一些著名规律，如矛盾的对立统一、量变到质变、否定之否定等。

通过对大量专利的研究，阿奇舒勒发现，作为一个有机的整体，技术系统本身是在不断变化的。在环境变化的影响下，技术系统的这种变化就具有了一定的方向性。“好的”技术系统通过不断的自我调整来更好地适应变化着的环境，从而得以生存和发展；而对“差的”、不能适应环境变化的技术系统来说，灭亡是必然的结果。

对于生物系统来说，达尔文的自然选择理论指出了生物系统进化的根本原因——自然选择。其中，实施这种选择行为的是自然界，选择的标准是“生物对环境（即自然界）的适应能力”。阿奇舒勒认为，技术系统同样也面临“自然选择，优胜劣汰”的问题，只不过实施这种选择行为的是人类社会，选择的标准是“技术系统是否满足人类社会的需要”。由此，阿奇舒勒认为：

技术系统的进化不是随机的，而是遵循一定的客观规律的；同生物系统的进化类似，技术系统也面临着自然选择，优胜劣汰。

这一论述是对技术系统发展规律的高度概括和总结。其前半部分指出了技术系统进化的本质特征：客观规律性，是 TRIZ 理论的基石；后半部分指出了技术系统进化的原因和动力。

技术系统的进化法则既可以用于发明新的技术系统，也可以用来系统化地改善现有系统。阿奇舒勒提出的进化法则共有 8 个，可以分为两大类：生存法则和发展法则。

7.2　S 曲线及其作用

如果观察相当长的时间段内，实现相同主要功能的技术系统家族，很容易就能发现该技术系统家族中发生的许多变化。虽然技术系统的某些特性或参数被改变了，但是其主要功能却始终保持不变。其结果是，随着人类知识水平的提高，实现该功能的技术手段也提高了。例如，飞行设备、机动车辆、计算设备、录音设备等。

7.2.1　S 曲线

在对海量专利进行分析的基础上，通过对大量技术系统的跟踪研究，阿奇舒勒发现，技术系统的进化规律可以用 S 曲线（见图 7-2）来表示。对于当前的技术系统来说，如果没有设计者引入新的技术，它将停留在当前的水平上。只有向系统中引入新的技术，技术系统才能进化。因此，进化过程是靠设计者的创新来推动的。

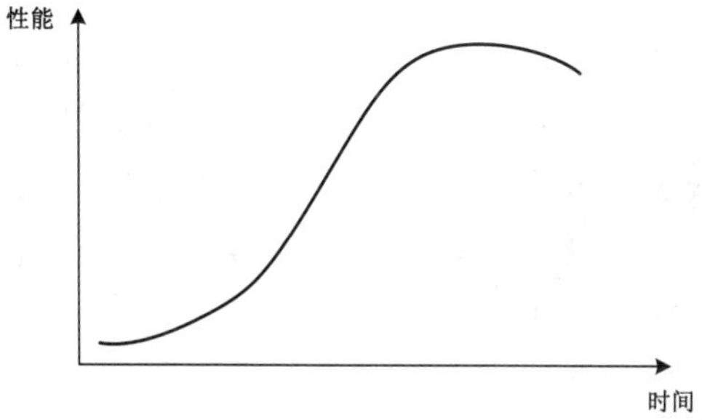

图 7-2　技术系统进化的 S 曲线

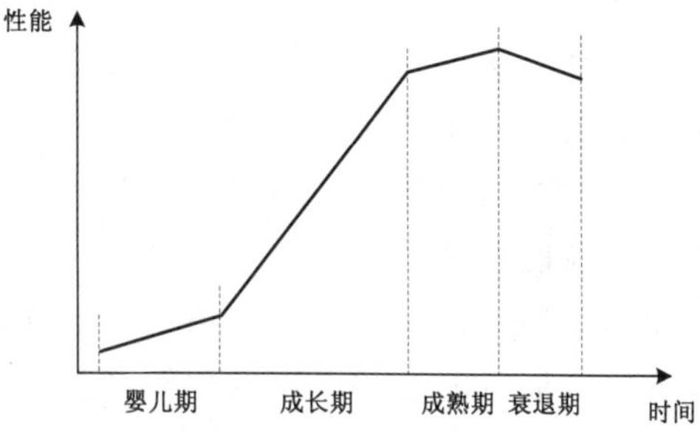

图 7-3　技术系统进化的分段 S 曲线

为了方便说明问题，常常将图 7-2 所示的 S 曲线简化为图 7-3 所示的形式，称为分段 S 曲线。其中，横轴表示时间，纵轴表示系统中某一个具体的重要性能参数。例如，在飞机这一技术系统中，飞机的速度、航程、安全性、舒适性等都是其重要的性能指标。

任何一种产品、工艺或技术都会随着时间的推移，向着更高级的方向发展，在其进化过程中，一般都要经历 S 曲线所表示的四个阶段：婴儿期、成长期、成熟期和衰退期。在每个阶段中，S 曲线都呈现出不同的特点。不仅如此，在四个不同的阶段中，专利的发明级别、专利的数量和经济收益方面也都有不同的表现（见图 7-4）。

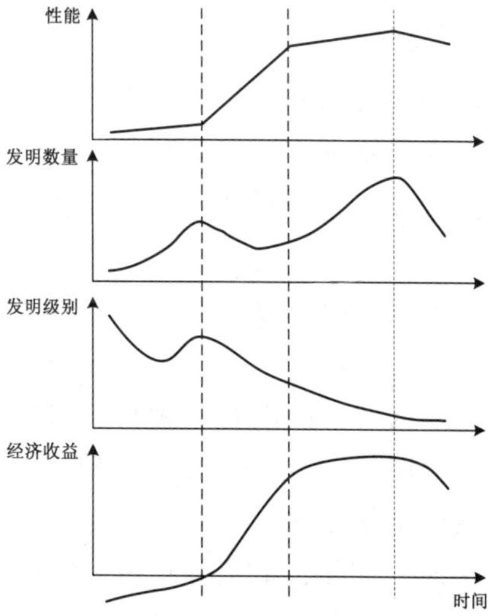

图 7-4　分段 S 曲线与发明数量、发明级别和经济收益之间的对应关系

1. 婴儿期

一个新技术系统的出现一般要满足两个条件：① 人类社会对某种功能有需求；② 存在满足这种需求的技术。

新的技术系统往往随着一个高水平的发明而出现，而这个高水平的发明正是为了满足人类社会对于某种功能的需求。在新的技术系统刚刚诞生的时候，一方面其本身的结构还不是很成熟；另一方面，为其提供辅助支持的子系统或超系统也还没有形成稳定的功能结构。所以，新系统本身往往表现出效率低、可靠性差等一系列问题，在其前进道路上还有很多技术问题需要解决。同时，由于大多数人对新系统的未来发展并没有信心，因此，新系统的发展缺乏足够的人力和物力的投入。此时，市场处于培育期，对该产品的需求并没有明显地表现出来。

在这一阶段，系统呈现出的特性是：系统发展十分缓慢，所产生专利的级别很高但数量很少，为了解决新系统中存在的技术问题，需要消耗大量资源，且经济收益为负值。

2. 成长期

当社会认识到其价值和市场潜力的时候，新系统就进入了成长期。此时，通过婴儿期的发展，新系统所面临的许多主要技术问题已经得到解决，系统的效率和性能得到了改善，其市场前景开始显现。大量的人力和金钱被投入到系统的开发过程中，使系统的效率和性能得到快速的提升，结果又吸引更多的资金投入到系统的开发过程中，形成了良性的循环，进一步推动了系统的进化过程。同时，市场对产品的需求增长很快，但供给不足，消费者愿意出高价购买产品。在这一时期，企业应对产品进行不断创新，迅速解决存在的技术问题，使其尽快成熟，为企业带来利润。

在这一阶段，系统呈现出的特性是：系统性能得到快速提升，产生的专利在级别上开始下降，专利数量大幅上升，系统经济收益迅速上升。

3. 成熟期

由于成长期投入了大量人力、物力和财力，使技术系统日趋完善。系统发展到成熟期时，性能水平达到了最高点，建立了相应的标准体系。新系统的发展潜力也基本上都被挖掘出来了（即新系统是基于某个科学技术原理而开发的，此时该原理的资源已经基本耗尽），系统发展速度开始变缓。只能通过大量低级别的发明或对系统进行优化来使系统性能得到有限的改进，再投入大量的人力、物力也很难使系统的性能产生明显的提高。此时，产品已进入大批量生产阶段，并获得了巨额的利润。在这一时期，企业应在保证质量、降低成本的同时，大量制造并销售产品，以尽可能多地赚取利润。同时，企业应该投入相应的人力、物力，着手开发基于新原理的下一代技术系统，以便在未来的市场竞争中处于领先地位。

在这一阶段，系统呈现出的特性是：系统发展速度变缓，产生的专利级别更低但数量达到最大值，所获得的经济收益达到最大但有下降的趋势。

4. 衰退期

应用于该系统的技术已经发展到极限，很难取得进一步的突破。该技术系统可能不再有需求，因而面临市场的淘汰或将被新开发的技术系统所取代。此时，先期投入的成本已经收回，相应的技术已经相当成熟。在这一时期，企业会在产品彻底退出市场之前，“榨”出最后的利润。因此，产品往往表现为价格和质量同时下降。随后，新的系统将逐步占领市场，从而进入下一个循环。

在这一阶段，系统呈现出的特性是：系统的发展基本停止；产生的专利无论在级别上还是在数量上都明显降低；经济收益下降。

5. S 曲线族

在主要功能保持不变的基础上，实现该功能的技术系统的这种持续不断的更新过程表现为多条 S 曲线（见图 7-5）。

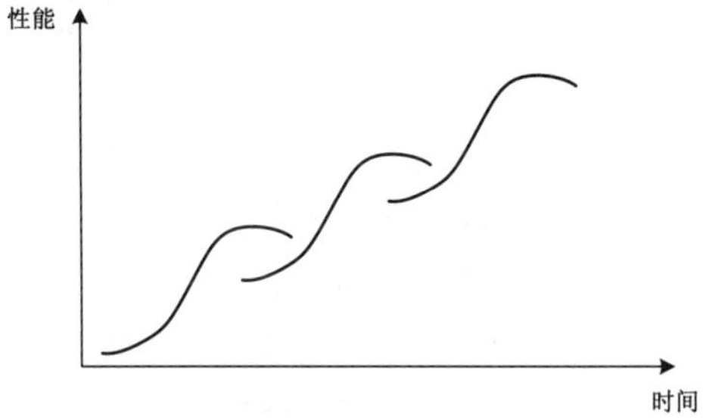

图 7-5　S 曲线族

7.2.2　技术预测

对大量历史数据的分析研究表明：技术进化过程有其自身的规律与模式，是可以预测的，这种预测的过程称为技术预测。预测未来技术进化的过程，快速开发新产品，迎接未来产品竞争的挑战，对企业竞争力的提高起着重要的作用。因此，企业在新产品的开发决策过程中，需要准确地预测当前产品的技术水平及下一代产品的进化方向。

技术预测的研究起源于半个世纪以前，最初应用于军工产品，即对武器及部件的性能进行技术预测，后来也应用于民用产品。在长期的研究过程中，理论界提出了多种技术预测的方法。其中最有效的是 TRIZ 的技术系统进化理论。阿奇舒勒等人通过对大量专利的分析和研究，发现并确认技术系统在结构上进化的趋势，即技术系统进化模式以及技术系统进化路线；他们同时还发现，在一个工程领域中总结出来的进化模式及进化路线可以在另一个工程领域实现，即技术进化模式与进化路线具有可传递性。该理论不仅能预测技术的发展，而且能展示依据预测结果所开发出来的产品可能的状态，对于产品创新具有指导作用。

7.3　技术系统生存法则

在构建新系统的时候，通过将多个元素有机地组合成一个整体，并使其产生新的系统特性时，这个整体才能称之为技术系统。所产生的系统特性是所有零件或组件按照某种确定的关系进行组合后才显现出来的。

例 7-1 作为一个技术系统，飞机具有飞行这一特性。但是，“飞行”这一特性是这个系统中任意一个单独的零件或组件都不具备的。只有在明确了系统目标的前提下，按照一定的关系将所有的零件装配起来以后，才有可能涌现出“飞行”这一特性。

构建一个哪怕是只有最基本功能的技术系统，也应该遵从某些最基本的原则。技术系统生存法则就是这样的最基本的法则，以此来确保技术系统的产生和存在。

怎样才能构建一个具有最基本功能的技术系统，是否应该遵从某些最基本的原则呢？技术系统的生存法则就是这样的最基本的法则,以此来确保技术系统的产生和存在。

所谓生存法则就是，一个技术系统必须同时满足这些法则的要求，才能“生存”，才能算是一个技术系统。生存法则共有 3 个：完备性法则、系统能量传递法则和系统各部分之间的韵律协调法则。

7.3.1 完备性法则

技术系统存在的必要条件是存在最小限度的可用性。

要实现某项功能，一个完整的技术系统必须包含动力、传动（传输）、执行和操作控制这四个相互关联的部分。如图 7-6 所示，矩形框中的四个部分构成了一个最基本的技术系统。其中，能源（动力）部分负责将能量源提供的能量转化为技术系统能够使用的能量形式，以便为整个技术系统提供能量；传动（传输）部分负责将动力部分输出的能量传递到系统的各个组成部分；执行（工具）部分负责具体完成技术系统的功能，对系统作用对象（或称产品、工作对象或作用对象）实施预定的作用；控制部分负责对整个技术系统进行控制，以协调其工作。

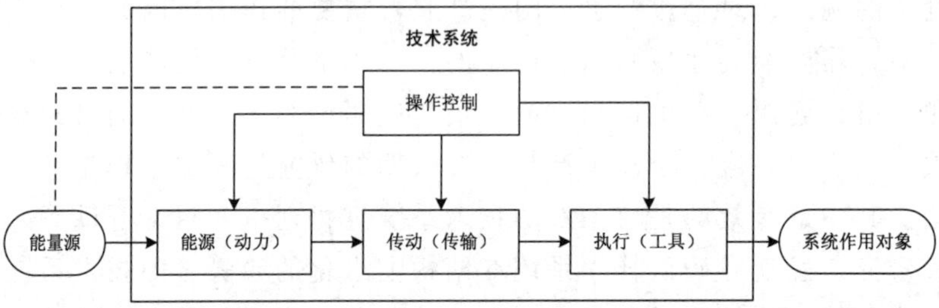

图 7-6 组成技术系统的四个基本子系统

由完备性法则可以得到如下推论：为了使技术系统可控，至少要有一个部分应该具有可控性。所谓可控性是指根据控制者的要求来改变系统特征/参数的行为。

初期的技术系统都是从劳动工具发展来的。当驱动装置代替人提供能量的时候，就出现了传动装置，利用传动装置将能量由驱动装置传向执行机构。这样劳动工具就演变成了“机器的”执行机构，而人只完成控制执行机构的工作。例如，锄头和人并不是一套技术系统。技术系统是随着在新石器时代发明了犁（见图 7-7）之后才出现的：犁（执行）翻地，犁辕（传输）架在牲畜（动力）身上，人（控制）扶着犁把。

该法则可以帮助我们准确判断现有的部件集合是否构成技术系统。只有当执行机构安装了代替人的传输部分和动力部分时才形成技术系统。动力与能量源既可以是一体的，也可以是分开的。能量（包括人力）可以从外部引入，然后在动力部分转换成技术系统所需的能量形式。

图 7-7　犁地

例 7-2　自动照相机处理的对象是（制品）光，执行装置是光路和快门，传动装置是调节光路的光圈系统和快门驱动装置，动力装置是电动机（自动调焦），控制装置是检测控制单元。

针对完备性进化法则的建议是：

（1）新的技术系统经常没有足够的能力去独立地实现主要功能，所以依赖超系统提供的资源。

（2）随着技术系统发展，系统逐渐获得需要的资源，自己提供主要的功能（见图 7-8）。

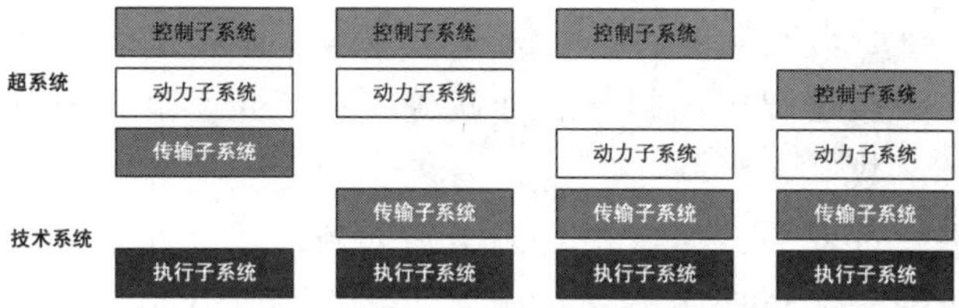

图 7-8　新的技术系统逐步发展

（3）进化路线：（减少人的介入）系统不断自我完善，减少人的参与，以提高技术。

一个新系统出现的标志是其执行装置的出现，新系统在执行功能过程中，操作者（人）执行了其余三部分的功能。出于提高生产率和降低工人劳动强度的目的，会逐步引入专门的传动系统、动力装置和控制装置，从而取代人工的参与。图 7-9 所示为缝衣技术按照该进化路线进化的过程。

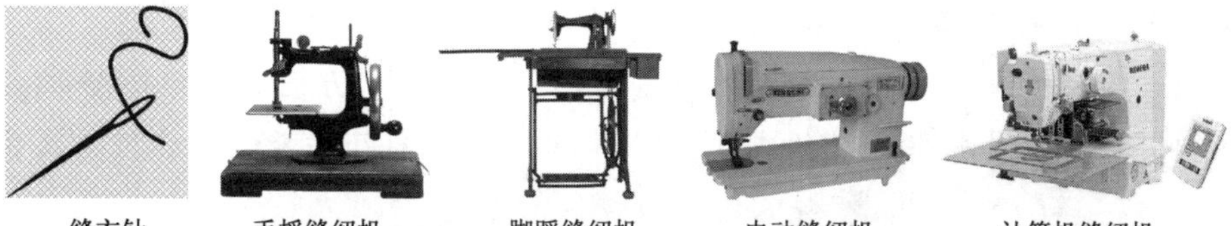

图 7-9　缝衣技术进化路线

7.3.2 能量传递法则

技术系统存在的必要条件之一是能量要传递到该技术系统的各个部分（元件）。

根据能量守恒定律，能量既不可能凭空产生，也不可能凭空消失。只要做功，就需要消耗能量。从本质上来说，技术系统就是工具。因此，只要它以某种形式做功，就需要消耗相应“数量”的能量。在技术系统内部也是如此，任何一个子系统之所以被“纳入”该技术系统，就是因为这个子系统能够实现某种技术系统所需要的功能。在实现功能的同时，就意味着能量的消耗。

因此，在任何一个技术系统内部，都需要有能量的传递和转换。所有在技术系统实现其功能的过程中需要做功的子系统，都需要得到相应“数量”的能量。如果能量不能贯穿整个系统，而是“滞留”在某处，那么技术系统的某些子系统就得不到能量，也就意味着这些子系统不能工作，从而导致整个技术系统无法正常实现其相应的功能。

外部输入的能量或动力装置内产生的能量用于维持技术系统中所有子系统的正常工作、补偿能量损失、监测或控制技术系统及其作用对象的性能参数。因此，在保证技术系统内部能量能够进行正常传递的基础上，还应该尽量将能量的损失（例如，能量转换过程中的损失、废物的产生、产品从技术系统中带出的能量）降到最低。能量从技术系统的一部分向另一部分的传递可以通过物质媒介（例如，轴、齿轮、冲击等）、场媒介（例如，磁场、电流等）或物-场媒介（例如，带电粒子流）。从进化的角度看能量流经路径的长度有缩短的趋势，技术人员所遇到的许多问题都是处理在给定条件下，如何选择能量场和有效的能量传递方式。此时，应该遵守以下规则：

（1）在技术系统的产生和综合过程中，应该力求在系统的运行和控制过程中利用同一种场，即使用同一种形式的能量。这不仅可以保持能量形式的“纯洁性”，而且可以避免不同形式的能量在转换过程中的损耗，即减少不同能量形式间的转换次数，或者减少同种能量参数的转换次数。

在技术系统的进化过程中，系统中可能会加入新的子系统。新加入的子系统应该尽量利用系统内现有的能量或免费的能量（例如，来自外部环境的能量、另一个系统多余的能量）来工作。

（2）如果技术系统中包含某种不可取代（即不可替换）的物质，就应该使用对于技术系统中的各种物质都具有良好传导性的能量形式。

（3）增加能量的可控性。系统采用可控性更好的能量形式，可以利用能源装置完全或部分替代传动装置的功能，缩短能量传递路径的长度。按照可控性由低到高的顺序，常用能量可控性从低到高依次为：重力场 → 机械场 → 声场 → 热场 → 化学场 → 电场 → 磁场 → 辐射场。

例 7-3 如图 7-10 所示，从蒸汽机车到内燃机车再到电力机车，机车能量转化效率的提高主要是因为能量转换次数的减少。内燃机代替蒸汽机还涉及热能传递路线的缩短。

蒸汽机车　　内燃机车　　电力机车　　高铁机车

图 7-10　火车机车的进化

技术系统的进化方向应该是沿着使能量流动路径缩短的方向发展，以减少能量损失。

从这个法则可以得到以下的重要推论：技术系统中的某个部分能够被控制的条件是，在该部分与控制子系统之间必须存在能量传递。

7.3.3　协调性法则

技术系统存在的必要条件是系统中各个组成部分之间的韵律（结构、性能和频率等属性）要协调。

协调性法则指出：

① 技术系统朝着使多个子系统的参数之间彼此协调的方向进化。

② 技术系统朝着使系统参数与超系统参数之间更协调的方向进化。

③ 对于高度发达的技术系统，其进化特征是：通过在多个子系统的参数间实现有目的的、动态的协调或反协调，从而使技术系统能够更加有效地发挥其功能。

从上面的论述中可以看出，协调性法则可以分为三个层次：

首先，对于初级的技术系统来说，其进化是沿着各个子系统相互之间更协调的方向发展的，即组成技术系统的各个子系统在保持协调的前提下，充分发挥各自的功能。这也是整个技术系统能发挥其功能的必要条件。早在技术系统建立之初，为了使技术系统能够实现其功能，在选择子系统时，各个子系统的参数之间协调的必要性就已经很明显了：在保证各个子系统的最小可工作性的基础上，各子系统必须以协调的方式，在参数上彼此兼容。

其次，对于中级的技术系统来说，其进化是沿着与其所处的超系统（环境）之间更协调的方向发展的，即组成技术系统的各个子系统通过有机的组合以后，所表现出来的、系统级别上的参数，要与其所在的超系统的相关参数彼此协调。只有这样，技术系统才能在其所处的环境中更好地发挥作用。

最后，对于已经成熟的、高级的技术系统来说，其进化是沿着各个子系统间、子系统与系统间、系统与超系统间的参数动态协调与反协调的方向发展的。这种动态的协调与反协调是协调性法则中的高级形式，反协调可以看作是一种更高层次上的协调。

协调性法则的进化路线可以具体表现为两种方式：

（1）形状协调进化路线。形状协调的进化路线有多个方面，包括表面属性、内部结构、几何形状等。

表面属性进化路线的目的是：

① 使组件之间的相互作用更加匹配。

② 使组件与周围环境的接触面更加匹配。

③ 使组件表面具有更多的有用属性。如：

平滑表面 → 带有凸起和凹陷的表面 → 精细的轮廓表面 → 引入场和力

例如，鞋底的进化经历了：

光滑的 → 带有条纹的 → 各种各样的突起 → 带有细孔可以让鞋底呼吸

内部结构进化路线。内部结构复杂化是元件自身资源充分开发的结果，也是元件内部结构与功能相协调的结果。该进化路线也属于向微观系统进化定律，称为内部空间分割进化路线。内部结构进化的目的是：更加合理地利用内部的空间资源，优化内部的结构质量和强度，使系统更加紧凑。如：

实心组件 → 引入空腔 → 形成几个空间 → 形成多个空间 → 引入场和力

例如，汽车保险杠的进化经历了：

实心组件 → 中空的缓冲器 → 蜂窝状结构 → 毛细结构 → 带有气囊的保险杠

几何形状的进化路线。几何形体的进化是与其功能和作用对象相协调的结果。包括：

点 → 线 → 面 → 体以及几何形状复杂化

几何形状复杂化的进化，如：

体进化：立方体 → 柱体 → 球体 → 复杂体

面进化：平面 → 曲面 → 双曲面 → 复杂面

线进化：线 → 2D 曲线 → 3D 曲线 → 复杂线

例如，轴承接触方式的进化经历了：

球形 → 圆柱 → 油墨 → 磁场

例如，鼠标外观的进化，为了适应手的复杂形状，鼠标外形从简单方形变成圆柱面、再变成球形面，最后变成复杂曲面围成的复杂形体。

平坦表面 → 向一个方向弯曲的表面 → 表面大面积变性 → 复杂的复合表面

（2）频率协调进化路线。例如，性能参数（电压、力、功率等）的协调；又如工作节奏、频率上的协调，转动速度、振动频率等。如：

因此，技术系统应该在其子系统参数协调、系数参数与超系统参数协调的方向上发展进化。高度发展的技术系统的特征是：子系统为充分发挥功能，其参数要进行有目的的动态协调或反协调。如：

连续运动 → 脉冲 → 周期性作用 → 增加频率 → 共振

7.4 技术系统发展法则

新的技术系统“诞生”以后，虽然它已经能够实现最基本的功能了，即能够“生存”了，但是，其各个方面的指标还很不理想。接下来，就会面临如何改善其可操作性、如何改善其可靠性，如何改善其效率等一系列的问题。

所谓发展法则就是，一个技术系统在其改善自身性能的发展过程中，所遵循的一些最基本的法则。与生存法则不同，技术系统在发展过程中并不需要同时遵从所有的发展法则。不同的技术系统在其发展过程中所遵从的发展法则可能是不同的。对同一个技术系统来说，在其“一生”中的不同发展阶段，所遵从的发展法则也可能是不同的。发展法则有 5 个，即提高理想度法则、动态性进化法则、子系统不均衡进化法则、向超系统进化法则、向微观级进化法则。

7.4.1　提高理想度法则

提高理想度法则指出：所有技术系统都是朝着提高其理想度的方向进化的。在技术系统的理想度不断增加，无限趋近于无穷大的过程中，技术系统也无限趋近于理想系统。提高理想化水平公式，增加系统功能、提高性能、降低成本和减少或消除有害作用是系统提高理想化水平的主要途径。

提高理想度法则是 TRIZ 重要的组成部分之一，是技术系统发展进化的主要法则，其他的进化法则为本法则提供具体的实现方法，都是描述如何从不同角度来提高技术系统的理想度。因此，本法则可以表述为以下两点：

（1）技术系统是沿着提高其理想度，向理想系统的方向进化。

（2）提高理想度法则代表着其他所有技术系统进化法则的最终方向。

提高理想度法则——简化路线，即：

完整的系统 → 移除一个组件 → 移除多个组件 → 最大限度地简化系统

例如，汽车仪表盘的进化经历了：

离散安置 → 仪表组合 → 图线现实 → 挡风玻璃显示（薄膜显示器）

例如，裁剪子系统进化路线。裁剪子系统进化路线如下：

裁剪传动装置 → 裁剪动力装置 → 裁剪控制装置 → 裁剪执行装置

首先可以裁剪的是传动装置，但裁剪的前提是传动装置的功能能被能源装置或执行装置替代执行。进一步裁剪能源装置后，改由执行装置或超系统执行能源装置和传动装置的功能，例如：E-Mail 系统替代传统的邮政系统。

7.4.2　动态性进化法则

动态性是指一个系统能够以不止一种状态与外界发生作用。一个新的技术系统通常解决一个特定的问题，只在特定的环境下运行。随着技术系统使用范围的拓展，系统运行状态需要具备随环境和超系统的变化而变化的能力，即系统需要具有动态性。技术系统（或元件）结构的柔性化往往是实现动态化的条件。系统通过元件间不同的拓扑关系以不同的形态适应性能、环境条件的变化以及功能的多样性需求。

动态性进化法则指出：技术系统的进化应该沿着柔性、可移动性、可控性增加的方向发展，提高技术系统的高度适应性，指导人们以很小的代价，获得高通用性、高适应性、高可控性的技术系统。

（1）结构柔性进化路线是：从刚性系统到基于场的系统，系统柔性（状态可变性）提高。

刚体 → 单铰接 → 多铰接 → 柔性体 → 液态/气态 → 场连接

例如，人们使用的散热工具的进化（见图 7-11）：

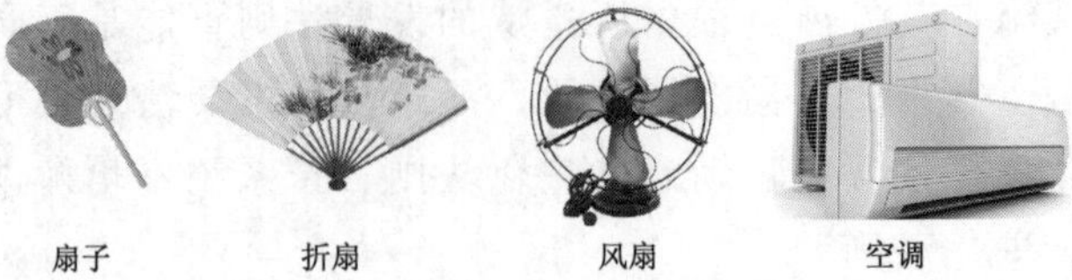

图 7-11　散热工具的进化

又例如，计算机显示器的进化：

不可移动的显示器 → 可移动的显示器 → 有圆铰接的显示器 → 有两个圆铰接的显示器 → 有球铰接的显示器 → 可以分离的显示器

（2）可移动性进化路线。系统的可移动性是指系统执行功能不受时间和地点的限制，体现了系统对超系统的依赖性降低，即系统对超系统变化的适应性增强。

不可动 → 部分可动 → 高度可动 → 整体可动

例如，座椅的进化是这样的：

四腿椅 → 摇椅 → 转椅 → 滚轮椅

例如，清扫工具的进化是这样的：

扫帚 → 吸尘器 → 地宝（扫地机器人）

图 7-12 描述了电话机按照该进化路线进化的过程。

图 7-12　增强系统可移动性进化路线

（3）可控性进化路线。这条进化路线表明了控制系统进化过程中，控制实施的效率和精度的不断提高。理想状态是自适应控制，是指假如工作条件改变，控制系统仍然使受控对象处于最佳工作状态。人参与完成系统功能的程度有减少的趋势，同样在控制系统中人的参与程度也有减少的趋势，这是实现系统自动化的基础条件。

不可控制 → 直接（手动）控制 → 间接控制（利用中介物，机械） → 反馈控制 → 自动控制（智能反馈）

自动控制系统和各种物理、化学效应的应用提供了自我可控性。反馈装置是技术系统实现自我可控性的一个必要条件。

例如，温室天窗进化的过程是：

木棍支撑 → 按钮控制 → 温度控制 → 根据温度自动调节

例如，路灯进化的过程是：

分别开闭 → 总控开闭 → 自动感应开闭 → 自动感应开闭并自动调节亮度

又例如，照相机进化的过程是：

手动调焦 → 按钮调焦 → 感应光线调焦 → 自动调焦

7.4.3　子系统不均衡进化法则

子系统不均衡进化法则指出：系统中各个部分的进化是不均衡的。越是复杂的系统，其各个组成部分的进化越是不均衡。本法则指出：

（1）技术系统中的每个子系统都有自己的S曲线。

（2）各个子系统是按照自己的进度来进化的，不同子系统的进化是不同步、不均衡的。

（3）不同的子系统在不同的时刻到达自己的极限，率先到达自身极限的子系统将“抑制”整个技术系统的进化。这种不均衡的进化通常会导致子系统之间产生矛盾，只有解决了矛盾，技术系统才能继续进化。

（4）整个技术系统的进化速度取决于技术系统中进化最慢的那个子系统的进化速度。

掌握子系统不均衡进化法则，可以帮助技术人员及时发现并改进系统中最不理想的子系统，从而使整个技术系统的性能得到大幅提升。

在技术系统的进化过程中，最先达到极限的子系统成了抑制整个技术系统进化的障碍。很明显，通过消除这种障碍，可以使技术系统的性能得到较大幅度的改善。

应用“子系统不均衡进化”法则的步骤如下：

（1）确定系统中的不同子系统及其功能。

（2）选择与改进目标相关的子系统，提出改进该子系统的初始方案。

（3）分析初始方案对其他子系统所产生的副作用或不利影响，明确冲突。

（4）解决冲突。

（5）重复（1）~（4）。

7.4.4　向微观级进化法则

技术系统是由物质组成的，物质分为宏观到微观的不同层次。宏观物质由微观物质组成，宏观系统表现出来的特性都由微观结构在起作用。技术系统由宏观向微观系统进化是一种进化趋势，产生了很多在微观尺度上执行功能的微系统。当问题在宏观层次无法解决时可转向微观，利用微观层次上宏观物质所不具有的特性和效应解决系统存在的问题。例如：石墨烯作为一种微观级超导材料，可以用于制作超级电池的电极，也可以植入人体，替代受损神经等。

在发展的早期阶段，技术系统发展的主要方向是增加子系统的数量，以丰富和完善技术系统的功能，这一阶段被称为技术系统的膨胀发展阶段。但是，这种子系统数量的增加会造成技术系统在能量消耗、尺寸和重量上的过度增加。而能量消耗、尺寸和重量的增加是与提高理想度相矛盾的，同时也是与环境要求相违背的，技术系统将很快达到其性能的极限。

膨胀发展阶段结束后，为了使技术系统的性能进一步提高，技术系统的发展必然会沿着减小重量、尺寸和能量消耗的方向发展。通过减小重量、尺寸和能量消耗，能够将技术系统中各个组成部分的成本控制在一个较低的水平上，这个过程称为向微观级进化，这标志着技术系统向密集型进化的开始。

向微观级进化是指由固体物质组成的技术系统元素逐渐分化（裂）变小的过程。通过逐渐分化变小，可以提高技术系统组成元素间相互作用的柔性。技术系统中组成元素的不断分化将使得元素在尺寸上与分子不相上下。也就是说，技术系统开始使用液体或气体作为其组成元素。

原子级的相互作用通常发生在技术系统的化学反应中。随着分化程度的提高，会导致技术系统使用基本粒子作为其组成元素。而更高级别的分化会导致量子的使用，即场的应用（场也会以某种特定方式进一步分化）。

向微观级进化法则在微电子领域表现得特别明显。该领域的发展过程完美地体现了以往数十年间技术系统的进化过程。

向微观级进化法则的进化路线是提高物质的可分性，如：

实心组件 → 两个部分 → 多个部分 → 粒状和粉末状 → 膏状和凝胶状 → 液态 → 泡沫与雾状 → 气态 → 原子和等离子体 → 场作用 → 真空态

例如，螺旋桨进化的过程是：

单叶片螺旋桨 → 双叶片螺旋桨 → 多叶片 → 双排螺旋桨 → 涡轮螺旋桨 → 喷气引擎 → 离子发动机 → 光子引擎

7.4.5 向超系统进化法则

向超系统进化法则指出：技术系统内部进化资源的有限性要求技术系统的进化应该沿着与超系统中的资源相结合的方向发展。技术系统与超系统结合后，原来的技术系统将作为超系统的一个子系统。

向超系统进化有以下两种形式：

（1）技术系统是沿着“单系统→双系统→多系统”的方向进化的。将原有的技术系统与另外的一个或多个技术系统进行组合，形成一个新的、更复杂的技术系统。原有的技术系统可以看作是新技术系统的一个子系统，而新的技术系统就是原有技术系统的超系统。“单系统→双系统→多系统”的进化过程意味着，初始的单系统可以通过两种途径成为超系统的一部分：

① 一个单系统与另一个单系统组合，形成一个双系统。例如，带橡皮头的铅笔。

② 一个单系统与几个单系统或者与一个更复杂的技术系统组合，形成一个多系统。例如，瑞士军刀。

（2）技术系统进化到极限时，它实现某项功能的子系统会从系统中剥离出来，转移至超系统，成为超系统的一部分。在该子系统的功能得到增强的同时，也简化了原有的技术系统。

向超系统进化法则可以应用在技术系统进化的任何阶段。该法则是系统升迁的一种变体，这种性质可用于解决物理矛盾。将该法则与其他技术系统进化法则结合起来，可以预测技术系统的进化趋势。

在进化过程中，当技术系统耗尽了系统中的资源之后，技术系统将作为超系统的一部分而被包含到超系统中，下一步的进化将在超系统级别上进行。

向超系统进化法则的进化路线是：

单组件系统 → 引入单一附件组件 → 引入多个附件组件 → 更高水平的单系统

包括类似组件、不同组件、关联组件、不同组件、相反组件等单-双-多进化路线。例如，关联组件有：瑞士军刀、开瓶器。不同组件：手机。相反组件：灯和灯罩、锤子和起子等。

7.5　技术系统进化法则的意义

TRIZ 理论的技术系统进化法则对复杂系统研发的指导意义如下。

（1）分析技术发展的可能方向。

（2）指出需要改进的子系统和改进方法。

（3）避免对成熟期和退出期（衰退期）的产品或技术大量投入。

（4）对新技术和成长期产品进行专利保护。

（5）用户和市场调研人员在进化法则的指导下参与研发，加速产品进化。

利用技术系统进化法则可以指导我们在设计过程中沿着正确的方向去寻找问题的解决方案。这种对设计活动的指导作用主要表现在两个方面：

（1）在新产品设计过程中，指导我们制定“方向”正确的设计方案。

（2）在对现有产品进行改进的过程中，指导我们在多个解决方案中选择“方向”正确的解决方案。

需要注意的是，这些进化法则是基于对海量专利和技术系统、技术过程进行分析、归纳和总结而得到的，是基于经验的，而不是基于严密的逻辑推导。如何构建一个完整的技术系统进化的规律体系，如何对这些进化规律进行证明，是现代 TRIZ 研究中最重要的方向之一。

进化路线反映了技术系统发展过程中会经历的具体阶段和进化顺序。进化法则和进化路线的对应关系如表 7-1 所示。

表 7-1　进化法则与进化路线的对应关系

项目	进化法则	进化路线
生存法则	完备性法则	
	能量传递法则	
	协调性法则	· 表面属性进化 · 内部结构进化 · 点-线-面-体“跃迁” · 线性组件的几何进化 · 表面的几何进化 · 体组件的几何进化 · 提高频率匹配性

续表

	进化法则	进化路线
发展法则	提高理想度法则	· 简化 · 扩展-简化
	动态性进化法则	· 向柔性系统或可移动系统“跃迁” · 提高可控性
	子系统不均衡进化法则	
	向微观级进化法则	· 通过分割向微观级进化
	向超系统进化法则	· 类似组件的单-双-多 · 不同组件的单-双-多

8个生存法则和发展法则可以看作是一个规律的集合，描述了技术系统进化的趋势。利用这些进化法则，可以指导我们在设计过程中沿着正确的方向去寻找问题的解决方案。将S曲线与进化法则结合表达如图7-13所示。

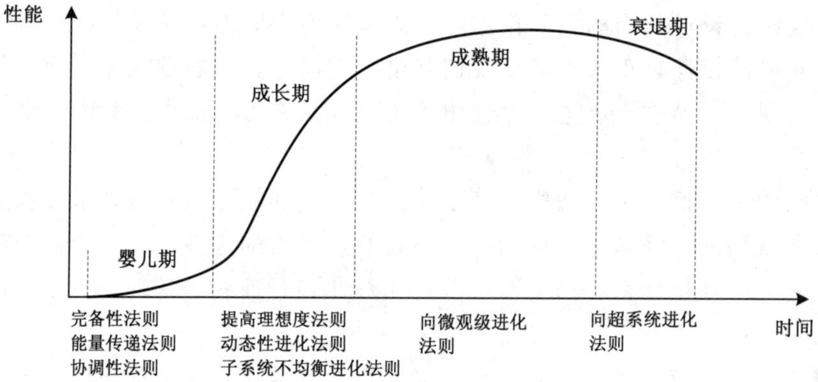

图7-13　S曲线与进化法则

习　题

1. 技术系统进化过程中会产生很多不可预知的矛盾或冲突，解决冲突是进化的唯一方法。对与否？（　　）

2. 人类三大进化理论包括生物进化论、人类社会进化论和（　　）。

A. 技术系统进化法则　　B. 牛顿第一定律

C. 日心说　　D. 遗传学

3. 在对海量专利进行分析的基础上，通过对大量技术系统的跟踪研究，技术系统的进化规律可以用（　　）。

A. 螺旋曲线　　B. 线性曲线　　C. X曲线　　D. S曲线

4. 任何一种产品、工艺或技术都会随着时间的推移，向着更高级的方向发展，进化过程中要经历四个阶段，但下列（　　）不在其中。

A. 婴儿期　　B. 发展期　　C. 成长期　　D. 衰退期

5. 在（　　），这一阶段系统发展十分缓慢，所产生专利的级别很高但数量很少，为了解决新系统中存在的技术问题，需要消耗大量资源，且经济收益为负值。

A. 衰退期　　B. 成熟期　　C. 婴儿期　　D. 成长期

6. 在（　　），这一阶段系统系统性能得到快速提升，产生的专利在级别上开始下降，专利数量大幅上升，系统经济收益迅速上升。

A. 衰退期　　B. 成熟期　　C. 婴儿期　　D. 成长期

7. 在（　　），这一阶段系统发展速度变缓，产生的专利级别更低但数量达到最大值，所获得的经济收益达到最大但有下降的趋势。

A. 衰退期　　B. 成熟期　　C. 婴儿期　　D. 成长期

8. 在（　　），这一阶段系统的发展基本停止；产生的专利无论在级别上还是在数量上都明显降低；经济收益下降。

A. 衰退期　　B. 成熟期　　C. 婴儿期　　D. 成长期

9. 对大量历史数据的分析研究表明，技术进化过程有其自身的规律与模式，是（　　）的。

A. 随机变化　　B. 不可预测　　C. 可以预测　　D. 基本雷同

10. 在技术系统进化过程中，完全理想的系统是存在的。对与错？（　　）

11. 在技术系统进化过程中，能量无法从能量源流向技术系统的所有元件。对与错？（　　）

12. 协调性法则的进化路线包含（　　）。

A. 形状协调进化路线　　B. 频率协调进化路线

C. 材料协调进化路线　　D. 子系统协调进化路线

13. TRIZ 中的所有的进化法则都是围绕着（　　）法则进行的。

A. 向超系统跃迁进化法则　　B. 提高理想度法则

C. 动态性进化法则　　D. 协调性进化法则

14. 技术系统的进化时沿着单系统→双系统→多系统的方向发展的。对与错？（　　）

15. 在技术系统进化过程中，成长期的产品一般应用哪几条进化法则？（　　）

A. 提高动态性法则　　B. 子系统不均衡进化法则

C. 协调性进化法则　　D. 向微观进化法则

16. 高铁已经成为中国走向世界的主导产品，请问从产品进化的角度出发，高铁运用了（　　）进化法则。

A. 完备性法则　　B. 向超系统进化法则

C. 向微观级进化法则　　D. 能量传递法则

【实训与思考】熟悉技术系统进化法则

1. 实验目的

（1）熟悉技术系统，熟悉技术系统进化规律知识，理解技术系统进化法则的意义。

（2）熟悉技术系统的S曲线，掌握S曲线的分析与应用。

（3）掌握技术系统生存法则，熟悉与不同法则结合的进化路线。

（4）掌握技术系统发展法则，熟悉与不同法则结合的进化路线。

2. 工具/准备工作

在开始本实验之前，请回顾本章的相关内容。

需要准备一台能够访问因特网的计算机。

3. 实验内容与步骤

（1）什么是S曲线？S曲线有什么作用？

答：____

____

____

____

（2）什么是TRIZ技术系统进化法则？

答：____

____

____

____

三条生存法则：

① ______________________法则：

____

____

② ______________________法则：

____

____

③ ______________________法则：

____

____

五条发展法则：

① ______________________法则：

____

____

② ______________________法则：

____

③ ____________________________法则：

④ ____________________________法则：

⑤ ____________________________法则：

（3）“完备性法则”提出，技术系统必不可少的四个子系统分别是什么？
答：

（4）从能量传递的角度来看，技术系统能够正常工作的必要条件是什么？
答：

（5）请您谈谈您对“提高理想度法则”的理解。为什么说提高理想度进化法则是其他所有进化法则的基础？
答：

（6）“动态性进化法则”包含哪几个方面的内容？
答：

（7）结合身边的实例，举出符合“提高柔性”进化路线的 1~2 个实例。
答：

（8）结合身边的实例，举出符合“提高可控性”进化路线的 1~2 个实例。
答：

（9）“子系统不均衡进化法则”的意义是什么？

答：

（10）“向微观级进化法则”提出的进化趋势是什么？请举出身边符合向微观级进化趋势的 1~2 个实例。

答：

（11）阿奇舒勒认为，技术系统的发展进化与生物的发展进化一样，都遵循“优胜劣汰、适者生存”这一总原则，并在 TRIZ 理论中提出了具体的进化法则。请问共享单车的出现遵循了其中的哪一个进化法则？

答：

4. 实训总结

5. 实训评价（教师）

第8章 提高系统协调性的发明原理

【创新引领】相同的发明原理解决不同的发明问题

在经典 TRIZ 理论的形成阶段，阿奇舒勒针对大量的发明专利进行仔细研究，发现其中只有少数的专利才是真正的创新。许多专利成果中所使用的解决方案，其实早已经在其他领域中出现并被应用过。在不同的技术领域，类似的问题和相同的解决方案被人们反复地使用。

比如，方形西瓜、永不分梨的酒、人型人参果等都是运用相同的原理，即都是在水果还很小的时候就将其放在特定的容器中，待水果长大后，就具备了固定的形状（或者水果长在瓶子里）（见图 8-1）。

图 8-1　问题不同，但解决问题用到的原理类似

又比如，方便面是即食性食品，实际上已经是熟的，开袋即食，这里应用了“预操作（预先作用）”发明原理，即“形成方便操作的属性”。同样，人们在孩提时候接种的疫苗（预防针）、消防宣传中的“防重于消”、医疗宣传中的“防重于治”等，都是应用“预操作（预先作用）”发明原理的案例。

阿奇舒勒从所阅读分析的专利中提取了最常用的解决发明问题的方法，这就是 TRIZ 理论的 40 个发明原理。在实践中人们也发现，发明原理是用于解决技术矛盾的最行之有效的创造性方法之一。

从提高系统协调性的角度来分析 40 个发明原理，其中涉及的是第 1、3、4、5、6、7、8、30、31 号发明原理，分述如下。

8.1 分割原理（1）

分割原理是指这样一种过程：以虚拟或真实的方式将一个系统分成多个部分，以便分解（分开、分隔、抽取）或合并（结合、集成、联合）一种有益的或有害的系统属性。在多数情况下，会对分隔后得到的多个部分进行重组（或集成），以便实现某些新的功能，并（或）消除有害作用。随着分割程度的提高，技术系统逐步向微观级别发展。

（1）指导原则：

① 将一个对象分成多个相互独立的部分。

② 将对象分成容易组装（或组合）和拆卸的部分。

③ 增加对象的分割程度。

（2）典型案例：

① 将轮船的内部空间分成多个彼此独立的船舱（见图 8-2）。

② 将宿舍楼中同一层分成多个功能相同的小房间。

③ 将学生分成不同的年级、不同的班级。

④ 组合家具（见图 8-3）。

⑤ 暖气上的多个暖气片。

⑥ 在公司的组织结构上，使用模块化的方法来实现公司管理的柔性化。

图 8-2　泰坦尼克号

图 8-3　组合家具

（3）运用技巧：

如果系统因重量或体积过大而不易操纵，则将其分割成若干轻便的子系统，使每一部分均易于操纵。在管理学和心理学上，也可以对组织和观念进行分割及组合。

例 8-1　窗帘的发展演变是这样的：一整块布做的窗帘→左右两块布做的窗帘→百叶窗。可调节百叶窗（见图 8-4）是一个“提高系统的可分性，以实现系统的改造”的实例。用可调节百叶窗代替幕布窗帘，只要改变百叶窗叶片的角度，就可以调节外界射入的光线。

图 8-4　百叶窗

（4）课堂讨论：

请说一说其中蕴含的道理。

① 把一辆大型载重卡车分成车头和拖车两个独立的部分。

② 将一个磁盘分成多个逻辑分区。

③ 将书籍划分为多个章节。

8.2　局部质量原理（3）

局部质量原理，是指在一个对象中，特殊的（特定的）部分应该具有相应的功能或条件，能够最好地适应其所处的环境，或更好地满足特定的要求。

（1）指导原则：

① 将对象、环境或外部作用的均匀结构变为不均匀的。

② 让对象的不同部分具有不同的功能或特性。

③ 让对象的不同部分处于完成各自功能的最佳状态。

（2）典型案例：

① 带橡皮的铅笔（橡皮的功能是擦除痕迹，铅笔的功能是产生痕迹）。

② 图钉一头尖（便于刺入物体内），一头圆（便于人手施加压力）。

③ 键盘上各个键的位置和大小各不相同，使用频率较高的键位于最方便操作的位置，最常使用的键在体积上往往比其他键大（如空格键和回车键）（见图 8-5）。

图 8-5　键盘

④ 在食盒中设置间隔，在不同的间隔内放置不同的食物，避免相互影响。

（3）运用技巧：

对金属表面进行渗碳处理可以增加材料表面的硬度，而金属内部的特性并没有改变，从而提高其耐磨性能。

（4）课堂讨论：

请说一说其中蕴含的道理。

① 瑞士军刀（包含多种工具，如螺丝起子、尖刀、剪子等，其功能各不相同）。

② 羊角锤（一头用来钉钉子，另一头用来起钉子）。

③ 将一个大房间用隔断分成多个具有不同功能的小房间（厨房、卫生间、卧室、客厅、储藏室等）。

8.3　不对称原理（4）

不对称原理涉及从“各向同性”向“各向异性”的转换，或是与之相反的过程。各向同性是指，无论在对象的哪个部位，沿哪个方向进行测量，都是对称的。各向异性就是不对称，是指在对象的不同部位或沿不同的方向进行测量，测量结果是不同的。通过将对称的（均匀的）的形式（形状、形态、外形）或结构变为不规则的（无规律的、不合常规的、不整齐的、不一致的、参差不齐的），可以增加不对称性。

（1）指导原则：

① 将对象（形状或组织形式）由对称的变为不对称的。

② 如果对象已经是不对称的了，就增加其不对称程度。

（2）典型案例：

① 坦克装甲的厚度，在不同部位是不同的。这种不对称结构既可以保证重点部位的高抗打击能力，又可以有效地减轻坦克的重量。

② 飞机机翼的上、下两面的弧线是不同的，这种不对称结构能在气流作用下产生上升力（见图 8-6）。

③ 计算机的内存条、声卡、显卡、网卡的插槽都采用不对称结构，以保证这些设备的正确插接（见图 8-7）。

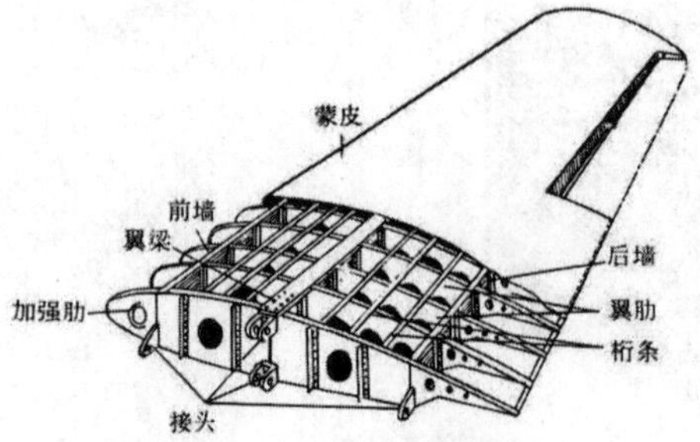

图 8-6　飞机机翼结构

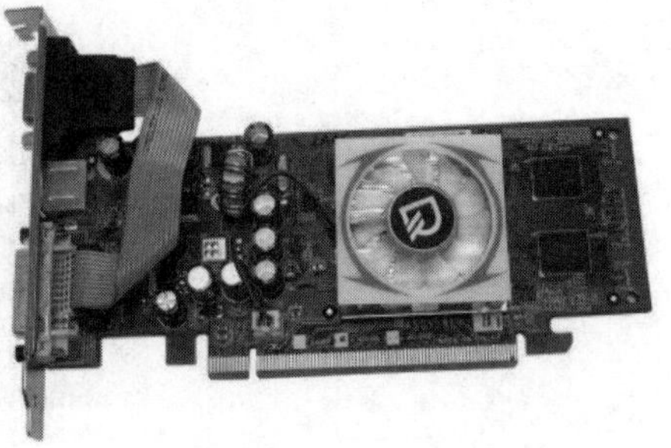

图 8-7　计算机板卡

（3）运用技巧：（故事：范蠡造秤）

范蠡（前 517—前 448），字少伯，春秋战国末期楚国宛（今河南南阳）人，是历史上早期著名的政治家、军事家和经济学家、商人。他一生三迁，且“三至千金”，成为名闻遐迩的大富豪。后人称之为“陶朱公”，民间称之为“财神”，也称为“商圣”。

相传范蠡在经商中发现，人们在市场买卖东西，都是用眼估堆，很难做到公平交易，便产生了创造一种测定货物重量的工具的想法。一天，范蠡在经商回家的路上，偶然看见一个农夫从井中汲水，方法极巧妙：在井边竖一高高的木桩，再将一横木绑在木桩顶端；横木的一头吊木桶，另一头系上石块，此上彼下，轻便省力（见图 8-8）。范蠡顿受启发，急忙回家模仿起来：他用一根细而直的木棍，钻上一个小孔，并在小孔上系上麻绳，用手来掂；细木的一头拴上吊盘，用以装盛货物，一头系一鹅卵石作为砣；鹅卵石搬动得离绳越远，能吊起的货物就越多。于是他想：一头挂多少货物，另一头鹅卵石要移动多远才能保持平衡，必须在细木上刻出标记才行。但用什么东西做标记好呢？范蠡苦苦思索了几个月，仍不得要领。一天夜里，范蠡外出小解，一抬头看见了天上的星宿，便突发奇想，决定用南斗六星和北斗七星做标记，一颗星代表一两重，十三颗星代表一斤。从此，市场上便有了统一计量的工具——秤。

图 8-8　范蠡与古井

但是，时间一长，范蠡又发现，一些心术不正的商人，卖东西时缺斤少两，克扣百姓。他想，怎样把秤改进一下，杜绝奸商们的恶行呢？终于，他想出了改白木刻黑星为红木嵌金属星形，并在南斗六星和北斗七星之外，再加上福、禄、寿三星，以十六两为一斤。目的是为了告诫同行：作为商人，必须光明正大，不能去赚黑心钱。

就这样，秤这种计量工具便一代一代地流传了下来，并一直沿袭了两千多年，直至今天。

（4）课堂讨论：

请说一说其中蕴含的道理。

① 从杆秤到天平的发展（见图 8-9）。

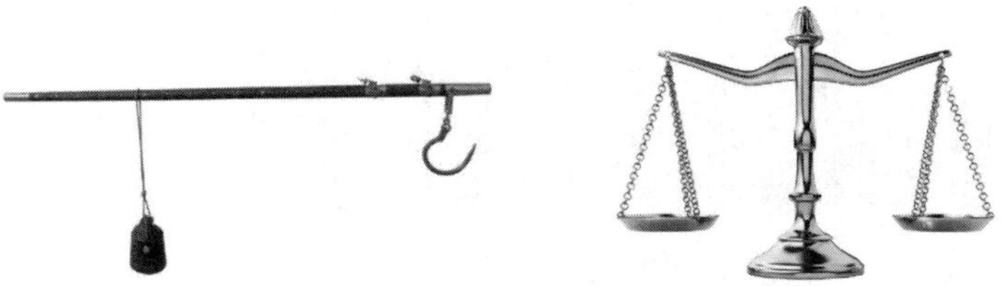

图 8-9　杆秤和天平

② 锁及钥匙运用增加不对称性原理，来保证键合结构的唯一性（见图 8-10）。

图 8-10 钥匙

8.4 合并原理（5）

合并既可以是空间上也可以是时间上的，其目的是将两个或多个相邻的对象（操作或部分）进行组合或合并。或者，在多种功能、特性或部分之间建立联系，以便产生一种新的、想要的或唯一的结果。通过对已有功能的组合，可以生成新的功能。

（1）指导原则：

① 在空间上，将相似（相同、相关、接近、时间上连续）的对象加以组合（合并）。

② 在时间上，将相似的（相关的、同类的、接近的、相同的、时间上连续的）的操作或功能加以组合（合并）（最好是实现并行工作，以提高工作效率）。

（2）典型案例：

① 利用网络将多台计算机联结起来。

② 将多个单一插座集成到一起，组成插线板。

③ 将多种机床按照特定产品的工艺规划排列起来，形成一条流水线。

（3）运用技巧：

将多种单一功能的农业机械按照一定的顺序集成到一起，形成联合收割机（见图 8-11）。

图 8-11 联合收割机

（4）课堂讨论：

请说一说其中蕴含的道理。

① 将电视机、录像机、收音机和录音机的功能集成到一起，形成家庭影院。

② 将多种机床的功能“集成”到一起，形成加工中心（见图 8-12）。

③ 冷热水混合龙头可同时放出冷水和热水，根据需求调节为所需的温度。

图 8-12　加工中心

8.5　多用性原理（6）

多用性原理，是指将不同的功能或非相邻的操作合并。使一个对象（例如，对象 X）具备多项功能（例如，同时具备功能 A、功能 B、功能 C 等），从而消除了这些功能（例如，功能 B）在其他（相关）对象（例如，对象 Y 具有功能 A、对象 Z 具有功能 B）内存在的必要性（进而裁减对象 Y、Z 中承担该功能的子对象），结果就是对象 X 可以实现多个对象（例如，对象 Y、对象 Z 等）的功能，使对象具备多用性，可产生在其他情况下不存在的机会及协力优势。

（1）指导原则：

使一个对象能够执行多种不同的功能，从而使其他只具有单一功能的对象成为多余的，进而可以将其他对象裁减掉。

（2）典型案例：

① 瑞士军刀可以提供多种功能。

② 可调扳手是一种具有多用性的扳手（一把扳手可适合多种螺母）。

（3）运用技巧：

具备多种技能的操作人员属于复合型人才。

（4）课堂讨论：

请说一说其中蕴含的道理。

① 家庭娱乐中心（具有录音机、CD 机、电视机、录像机等功能）。

② 食品安全法也具有多功能性。它不仅能够督促国内企业提高其产品质量，而且可以用来设置贸易壁垒，将别国的食品拒之门外。

8.6 嵌套原理（7）

嵌套原理，是指通过递归地将一个对象放入另一个对象的内部，或让一个对象通过另一个对象的空腔而实现嵌套。嵌套是指彼此吻合、彼此组合、内部配合的性质。嵌套原理的一个典型应用，就是俄罗斯套娃（见图 8-13），因此，嵌套原理也被称为套娃原理。嵌套的本质是彼此吻合、彼此组合或内部配合。

图 8-13 俄罗斯套娃

（1）指导原则：

嵌套原理的应用指导原则是：

① 把一个物体嵌入另一个物体，然后将这两个物体再嵌入第三个物体，依此类推。

② 使一个对象穿过或处于另一对象的空腔。

（2）典型案例：

① 收音机或电视机上的拉杆天线。

② 吊车的吊臂。

③ 机场廊桥（见图 8-14）。

图 8-14 机场廊桥

④ 表格嵌套于软件内部。在软件开发的许多方面都存在嵌套的对象。

⑤ 可将一些凳子相互叠放并使其彼此成 45°角，从而实现嵌套（垂直及旋转）。

⑥ 特工人员隐藏于恐怖分子巢穴内部。

⑦ 飞机起落架。起飞后起落架被收到飞机的机体内部（见图 8-15）。

图 8-15 飞机起落架

（3）运用技巧

对一个系统进行评价，以确定如何基于嵌套原理来增加系统的价值。考虑不同方向上（如水平、垂直、旋转或包容）的嵌套。在许多情况下，嵌套（包括空间的利用和包容被嵌套对象的重量）用来节省空间、保护对象不受损伤，以及使经过某个过程/系统变得轻松。通过将具有不同功能的多个对象嵌套在同一个对象内，可以使该对象产生多种独特的功能。

图 8-16 多功能的瑞士军刀

例如，瑞士军刀将多种功能嵌套于同一对象内部（见图 8-16）。

（4）课堂讨论：

请说一说其中蕴含的道理。

① 广告嵌套（藏身）于影视作品中（软性广告）。

② “变形金刚”玩具是一种嵌套设计，在其中的一个嵌套取向上玩具变成一个汽车，在另一个取向上玩具变成一个机器人。

③ 电子装置埋置在动物皮革下面以进行跟踪及鉴别。

8.7 重量补偿原理（8）

重量补偿原理，是指通过用一个相反的平衡力（浮力、弹力或类似的力）来阻遏（抵消）一个不良的（不希望有的）力。

（1）指导原则：

① 将对象与另一个能提供上升力的对象组合，以补偿其重量。

② 通过与环境的相互作用（利用空气动力、流体动力等）实现对象的重量补偿。

（2）典型案例：

① 飞艇利用浮力来补偿人和货物的重量。

② 用氢气球悬挂广告条幅（利用氢气球提供的上升力来补偿条幅的重量）。

③ 直升机的螺旋桨与空气发生相对运动时，可以提高上升力。

（3）运用技巧：

飞机机翼在空气中运动的时候，机翼上方空气密度减小，下方空气密度增加，产生升力。

（4）课堂讨论：

请说一说其中蕴含的道理。

① 在一捆原木中混杂一些泡沫材料，从而使原木捆更容易漂浮。

② 水翼船的水翼（见图 8-17）与水发生相对运动时，可以为船提供向上的力。

图 8-17 水翼船

③ 利用环境中相反的力（或作用）来补偿系统的消极的（负面的）属性。例如，利用船体周围的海水来冷却油轮中装载的易挥发液体。

8.8 柔性壳体或薄膜原理（30）

柔性壳体或薄膜原理，是指利用柔性壳体或薄膜来代替传统的结构，或利用柔性壳体或薄膜将一个对象与其所处的外界环境隔离开。

（1）指导原则：

① 使用柔性壳体或薄膜代替传统的结构形式。

② 使用柔性的壳体或薄膜将对象与其所处的外界环境隔离开。

（2）典型案例：

① 网状结构（如蜘蛛网、渔网、网式吊床、网兜）。

② 用布衣柜代替木制衣柜。

③ 帐篷、雨伞、皮包、气球、潜水服、游泳帽、塑料浴帽。

④ 胶囊（易于吞咽，便于药物的缓释）。

⑤ 茶叶包、鞋盒中的干燥剂包。

⑥ 用塑料大棚或地膜代替温室，降低成本。

（3）运用技巧：

化妆品、指甲油、防晒霜可以提供保护并美化外貌。

（4）课堂讨论：

请说一说其中蕴含的道理。

① 卫星的太阳翼板是由很薄的金属板构成，在将卫星发射到空间指定位置之前，太阳翼板以某种形式紧密地折叠在一起，卫星被发射到指定位置后才将太阳翼板打开。采用这种结构形式可以在运输时占用较小的空间，且重量轻，而在空间中展开时却可以变得非常巨大，且结构稳固。

② 塑料温室大棚。

③ 北京奥运会游泳比赛场馆（水立方，见图 8-18）采用塑料充气薄膜代替传统的建筑结构。

图 8-18　水立方

8.9　多孔材料原理（31）

多孔材料原理，是指通过在材料或对象中打孔、开空腔或通道来增强其多孔性，从而改变某种气体、液体或固体的状态。

（1）指导原则：

① 使对象变为多孔的，或向对象中加入多孔的添加物，例如，多孔嵌入物（内部加入）、多孔覆盖物（外部加入）。

② 如果对象已经是多孔的，则可以利用这种多孔结构引入有用的物质或功能（在已有的孔中，预先加入某种对象）。

（2）典型案例：

① 泡沫材料或海绵状结构，例如，泡沫塑料、泡沫金属等。

② 利用多孔金属网通过毛细作用从焊接处吸除多余的焊料。

③ 聚苯乙烯包装材料中的干燥剂。

④ 药棉、酒精棉球、创可贴。

（3）运用技巧：

建筑业中使用空心墙隔层代替实心墙，有黏土空心砖、轻砖（充气砖）等。

（4）课堂讨论：

请说一说其中蕴含的道理。

① 活性炭过滤器、金属过滤器、陶瓷过滤器。

② 用海绵存储液态氢（作为氢燃料汽车的“油箱”，比存储氢气安全得多）。

习 题

1. 方形西瓜、“永不分梨”酒、人形人参果等等，都是运用了相同的发明原理。对与错？（ ）

2. 在TRIZ理论的发明原理中，分割原理不包括（ ）。

A. 把一个物体分成相互独立的部分

B. 将物体分解成容易拆卸和组装的部分

C. 增加物体的分割程度

D. 任意分割

3. “用氦气球悬挂起广告标志”是利用了（ ）发明原理。

A. 重量补偿 B. 嵌套 C. 预处理 D. 局部质量

4. 玩具“俄罗斯套娃”是应用了（ ）原理。

A. 局部质量 B. 嵌套 C. 预处理 D. 自服务

5. 以下（ ）不属于局部质量原理的内容。

A. 将物体、环境或外部的均匀结构变为不均匀的

B. 使物体的不同部分各具不同功能

C. 物体的各部分都处于各自的最佳状态

D. 用非对称形式代替对称形式

6. 分割原理是指以虚拟或真实的方式将一个系统分成多个部分，以便分解为一种有益的或有害的系统属性。下列选项（ ）不属于分割原理。

A. 分开 B. 分隔 C. 套装 D. 抽取

7. 下列（ ）情况不属于应用了局部质量创新原理。

A. 将对象、环境或外部作用的均匀结构变为不均匀的

B. 将对象（形状或组织形式）由对称的变为不对称的

C. 让对象的不同部分具有不同的功能或特性

D. 让对象的不同部分处于完成各自功能的最佳状态

8. 不对称原理涉及从“各向同性”与“各向异性”的转换。各向同性，是指无论在对象的哪个部位，沿哪个方向进行测量，都是（ ）的。

A. 不整齐 B. 不一致 C. 不对称 D. 对称

9. 合并原理的应用既可以是空间上也可以是（ ）上的，其目的是在多种功能、特性或部分之间建立联系，以便产生一种新的、想要的或唯一的结果。

A. 字符 B. 数字 C. 时间 D. 文本

10. （　　）原理，是指将不同的功能或非相邻的操作合并。使一个对象具备多项功能。

A. 多用性　　B. 嵌套　　C. 局部质量　　D. 合并

11. （　　）原理是指通过用一个相反的平衡力（浮力、弹力或类似的力）来阻遏（抵消）一个不良的（不希望有的）力。

A. 多用性　　B. 重量补偿　　C. 局部质量　　D. 合并

12. （　　）原理是指通过在材料或对象中打孔、开空腔或通道来增强其多孔性，从而改变某种气体、液体或固体的状态。

A. 多用性　　B. 重量补偿　　C. 局部质量　　D. 多孔材料

【实训与思考】熟悉“嵌套”发明原理

1. 实训目的

（1）理解创新发明的基础概念，熟悉 40 个发明的由来。

（2）熟悉分割、局部质量、合并、嵌套等发明原理，思考这些发明原理的共性与独特之处。

（3）举一反三，透过对个别发明原理的熟悉与应用，深入了解 TRIZ 的 40 个发明原理，培养主动应用 40 个发明原理的积极性、主动性。

2. 工具/准备工作

在开始本实训之前，请回顾本章的相关内容。

需要准备一台能够访问因特网的计算机。

3. 实训内容与步骤

（1）了解 40 个发明原理，熟悉嵌套原理。

试分析，你怎么理解“创造发明是无限的，而创造发明所基于的基本原理是有限的”？

答：______________________________

____

____

____

____

请深入理解嵌套原理，据此写出 5 个你找到的嵌套原理的应用典型案例：

请记录：

① ______________________________

____

② ______________________________

____

③ ______________________________

____

④ ____

____

⑤ ____

____

应用嵌套发明原理，开展创新实践。请研究并设想，应用嵌套原理，你可以做出的创新设计或想法：

请记录：

① ____

____

② ____

____

③ ____

____

（2）案例分析：亚历山大的灯塔。

世界公认的古代七大奇观有两个在埃及：一个是名列七大奇迹之首的吉萨金字塔，另一个就是名列第七位的亚历山大灯塔（见图 8-19）。亚历山大灯塔建立在埃及亚历山大城边的法洛斯岛上，它纯粹为人民实际生活而建，亚历山大灯塔的烛光在晚上照耀着整个亚历山大港，保护着海上的船只，另外，它亦是当时世上最高的建筑物。

图 8-19　亚历山大灯塔

根据神话传说，统治者要求将他的名字（而非建造者的名字）刻在亚历山大灯塔上面，如果不遵从，建造者将被处决。结果建造者活了下来，同时历史也记录了他的名字。他是如何解决这一矛盾的呢？

分析并提出你的解决方案：____

____

____

____

（3）案例分析：莫泊桑和埃菲尔铁塔。

大家都知道，在巴黎 1889 年万国博览会后，莫泊桑反对使用埃菲尔铁塔，他与一些其他的重要人物一起发表了一封公开信陈述其观点——塔会破坏巴黎市建筑物映在空中的轮廓之美（景观），这在城市的每一个角度都能看到，会影响居民和游客对传统城市形象的欣赏。今天，埃菲尔铁塔已成为巴黎的象征。有一次，一位知道此事的记者意外地在塔内餐厅碰到了莫泊桑，莫泊桑将会如何对记者解释他经常光顾此餐厅的原因呢？

分析：________________

____

____

____

4. 实训总结

____

____

____

____

5. 实训评价（教师）

____

____

第9章 消除有害作用的发明原理

【创新引领】保护挖泥船的管线

在靠近岸边约 5 km 的海上，一只挖泥船（见图 9-1）正在为航道进行清理工作，挖出的混着海水的泥巴通过一条管道被抽送到岸上，为保证管道浮在水面，管道上捆绑着一长溜的浮桶。

图 9-1　挖泥船

“天气预报说一场暴风雨即将来临！”船长说，“我们要立即停止工作，将管道拆开并带回岸上。暴风雨过后再带回来安装。大家行动要快，必须在暴风雨来临之前完成。”

“没有别的办法，”船员们说，“如果暴风雨将管道破坏，情况会更糟，赶快拆卸。”

这时，创新工程师出现了，“不用拆卸管道，”他说，“不管什么样的暴风雨，我们都可以继续工作。”他提出了一个基于预先反作用发明原理的解决方案：将管道沉入海水中，这样，暴风雨的影响被消除了。

所谓“预先反作用”发明原理，是指预先了解可能出现的问题，并采取行动来消除出现的问题、降低问题的危害或防止问题的出现。

从消除有害作用的角度来分析 40 个发明原理，其中涉及的是第 2、9、11、21、22、32、33、34、38、39 号发明原理，分述如下。

9.1　抽取原理（2）

抽取原理是从整体中分离出有用的（或有害的）部分（或属性）。抽取可以以虚拟方式或实体方式来进行。

（1）指导原则：

① 从对象中抽取出产生负面影响的部分或属性。

② 从对象中抽出有用的（主要的、重要的、必要的）部分或属性。

（2）典型案例：

① 最初的空调是一体机（窗式），工作时压缩机会产生噪声。随着技术的发展，空调被分为室内机和室外机两部分。将压缩机放在室外机中，减少了噪声对人的影响。

② 在战斗机巡航时两个副油箱挂在飞机下方，飞行中会优先使用副油箱中的燃油；在进入战斗前，抛弃副油箱，以减轻飞机的重量，增加飞机的机动性能（见图 9-2）。

图 9-2　战斗机悬挂的副油箱

③ 从口腔（系统）中拔掉（抽取）一颗坏的牙齿（有害部分），以改善口腔健康状况。

④ 利用避雷针，把雷雨云中的电荷引入大地，从而避免建筑物遭受雷击（从物体中抽出产生负面影响的部分或属性）。

⑤ 用狗叫声作为报警器的报警声，而不用养一条真正的狗（将狗叫声从“狗”中抽取出来，作为有用的部分单独使用）。

⑥ 将稻草人作为“人”的代表放在稻田中（将人的外形从整个“人”中抽取出来）。

⑦ 化学试验中的蒸馏、萃取和置换都是从混合物中抽取出有用物质的过程。

（3）运用技巧：

把系统中的功能或部件分成有用、有害部分，视情况抽取出来。抽取的目的是为系统增加价值。抽取同样可应用于非实物或虚拟情况。

海军猎潜艇在利用声呐（见图 9-3）对海底进行侦测的过程中，其舰上的各种设备会产生大量的电磁波，这些电磁波严重干扰了水下声呐的正常工作。如果将声呐探测器安装在军舰上，那么军舰本身发出的噪声会影响测量的精度。利用抽取原理可以解决这个问题，方法是用遥控装置拖曳声呐探测器，让声呐与军舰保持一定距离，干扰电磁波便自然远离声呐，从而在空间上将声呐探测器与产生噪声的船分离开，而不会起负面作用。

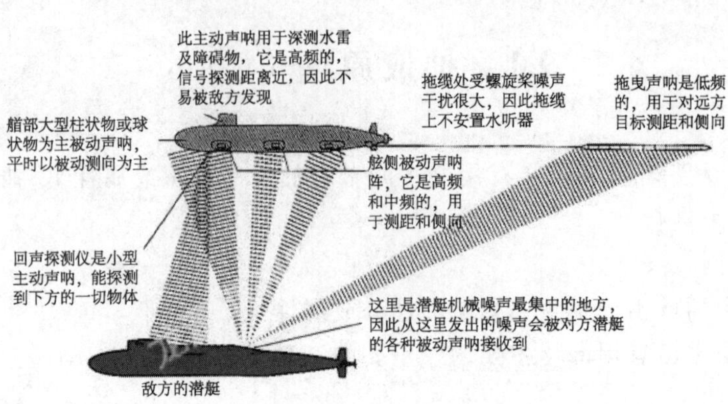

图 9-3 声呐示意图

（4）课堂讨论：

请说一说其中蕴含的道理。

① 高速公路上的隔音屏障。

② 化工生产中的萃取工艺。

③ 猎头为用人单位遴选优秀人才。

9.2 预先反作用原理（9）

预先反作用原理，是指预先了解可能出现的问题，并采取行动来消除出现的问题、降低问题的危害或防止问题的出现。

（1）指导原则：

① 事先施加反作用力，以抵消工作状态下过大的和不期望的应力。

② 对于某种既具有有害影响又具有有用影响的作用 A，可以预先实施一种效果与 A 中的有害影响相反的作用 B，利用 B 所具有的影响来降低或消除 A 所产生的有害影响。

③ 对有害的作用或事件，预先采取相反的作用。例如，当建筑物着火的时候，如果某人要冲到建筑物里面去救人，通常先要用水将这个人的全身浇湿，这样就可以在短时间内防止其被火烧伤。

（2）典型案例：

含有波纹板的烟用包装箱（实用新型专利 2016）。本专利公开了一种含有波纹板的烟用包装箱（见图 9-4），包括箱体，箱体的各侧壁分别包括外壁和内壁，并在外壁和内壁中间或一侧垫设有竖向波纹板或横向波纹板，内、外壁中间通过粘合连接在一起。本实用新型在包装箱的各侧壁内套设有波纹板，可以提高各侧壁的缓冲性能，从而对各侧壁具有保护性。还可以将波纹板按照竖向和横向交错的方式排列，从而提高箱体侧壁的抗折强度。

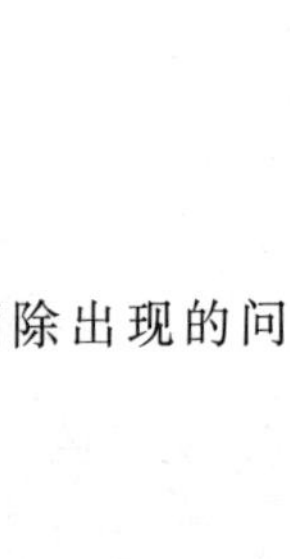

图 9-4 波纹板包装箱

（3）运用技巧：

为了治疗失眠患者，科学家发明了安眠药，有效地缓解了失眠患者的痛苦。但是，过量服用安眠药会导致药物依赖。所以，安眠药的制造者在安眠药的成分中添加了少量的催吐剂。这种催吐剂使得在少量服用安眠药的情况下不会产生呕吐现象，但当患者过量服用时，就会产生眩晕、恶心的反应，使患者呕吐，防止药物过量。这种**预先反作用**发明原理的应用，有效地阻止了对药物的依赖。

（4）课堂讨论：

预应力钢筋混凝土构件（见图 9-5）是利用预先反作用原理解决工程难题的实例。在灌注混凝土之前，拉伸钢筋，然后在拉伸状态把钢筋固定在模型里并注入水泥。当水泥硬化后，把钢筋两头松开，钢筋缩短并使水泥收缩，从而提高了钢筋混凝土的强度。请说一说其中蕴含的道理。

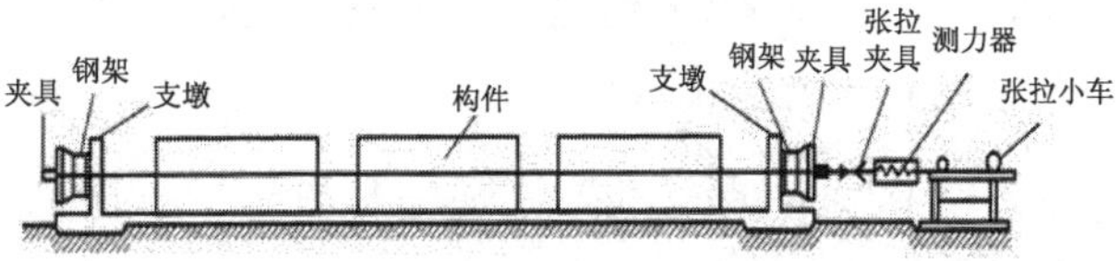

图 9-5　预应力构件

9.3　预补偿原理（11）

预补偿原理又称“事先防范”原理，是指通过预先准备好的应急措施（例如，备用系统、矫正措施等）来补偿对象较低的可靠性。

（1）指导原则：

用预先准备好的应急措施来补偿对象相对较低的可靠性。

（2）典型案例：

① 建筑物中的防火通道是为了在火灾发生时，供人们紧急疏散用的。

② 建筑物中的应急照明系统是为了在停电的情况下提供紧急照明而设置的。

③ 跳伞运动员在跳伞时会带一个备用伞，当主降落伞不能正常打开时，使用备用伞。

（3）运用技巧：

为了防止驾驶员在发生意外事故的时候受到伤害，轿车上配备了安全气囊（见图 9-6）。

（4）课堂讨论：

请说一说其中蕴含的道理。

① 预先涂抹防晒霜，以免被晒伤。

② 在 F1 赛车场，为了防止赛车在快速转弯的时候发生事故，会在赛道的拐弯处放置旧轮胎作为保护（见图 9-7）。

图 9-6 轿车安全气囊

图 9-7 赛场轮胎墙

9.4 减少作用的时间原理（21）

减少作用的时间原理又称“快速通过”原理，是指用尽可能短的时间，快速地通过某个过程中困难的或有害的部分。

（1）指导原则：

若某事物在给定的速度下会出问题（发生故障或造成破坏的、有害的、危险的后果），则可以通过加快其速度来避免出现问题或降低危害的程度。

（2）典型案例：

① 牙医使用高速牙钻以避免烫伤口腔组织，防止牙组织受热损伤。

② 快速切割塑料可以避免塑料在切割过程中受热变形，从而减少扩散到塑料中的热量。

③ 超音速飞机高速通过音障区，以避免共振。

（3）运用技巧：

“磁速”网球拍。菲舍尔公司推出的“磁速”网球拍不但不会限制你的正手击球，反而能击中最有效的击球点。正常击球时，球拍的结构在恢复前会稍微变形。然而，“磁速”网球拍在拍头两侧安装有两个单极磁铁，有助于加快球拍恢复的速度，这样，球就有了更大的力量可以弹回到球网的方向。德国网球选手格罗恩菲尔德和其他著名选手都使用这种球拍进行比赛。

（4）课堂讨论：

请说一说其中蕴含的道理。

巴氏灭菌法是牛奶加工过程的一种灭菌法，是一种利用较低的温度（如以约 71℃的高温把牛奶煮 15 s）既可杀死大部分病菌又能保持物品中营养物质风味不变的消毒方法，既可杀死对健康有害的病原菌又可使乳质尽量少发生变化。

9.5　变害为利原理（22）

变害为利原理，是指通过将有害的作用或情况变为有用的作用来利用有害因素。

（1）指导原则：

① 利用有害因素（特别是环境中的有害效应）得到有益的结果。

② 将两个有害因素相结合进而中和或消除它们的有害作用。

③ 增大有害因素的幅度直至有害性消失。例如，森林灭火时，可以在大火蔓延方向的前方燃起另一场易于控制的火，将大火蔓延所需要的燃料烧光。

（2）典型案例：

① 燃烧垃圾发电，燃烧后的灰还可以作为化肥或制成建筑材料。

② 在冬季，汽车发动机产生的热量（对发动机来说是有害的）可以用来对车厢内部进行加热。

③ 氧化作用可以使钢铁锈蚀，但是利用可控的氧化作用却可以保护钢铁。例如，黑色氧化物。

④ 潜水员使用氮氧混合气体，以避免单独使用时造成的氮昏迷或氧中毒。

（3）运用技巧：

渥伦哥尔船长的遭遇。渥伦哥尔船长要从加拿大乘雪橇前往阿拉斯加（见图 9-8），一个叫"倒霉蛋"的团伙给他买了一只"鹿"和一条"狗"，但他实际收到的所谓"鹿"实际是牛，"狗"是狼。

图 9-8　狗拉雪橇

渥伦哥尔船长并没有被难住，他变害为利，巧妙地利用牛和狼之间的矛盾关系，顺利完成了旅行任务。渥伦哥尔船长将牛和狼一前一后套在雪橇上，受惊吓的牛拼命地拉着雪橇向前奔，狼想扑牛也拼命地拉着雪橇向前跑。

（4）课堂讨论

请说一说其中蕴含的道理。

① 利用老鼠的高繁殖率，将其作为实验动物。

② 在医学上，利用失去活性的病源菌制造疫苗，可以使人体获得后天的免疫能力。

③ 利用爆炸来扑灭油井大火。

9.6 改变颜色原理（32）

改变颜色原理，是指通过改变颜色或一些其他的光学特性来改变对象的光学性质，以便提升系统价值或解决检测问题。

（1）指导原则：

① 改变对象或外部环境的颜色。

② 改变对象或外部环境的透明程度（或改变某一过程的可视性）。

③ 采用有颜色的添加物，使不易被观察到的对象或过程被观察到。

④ 如果已经加入了颜色添加剂，则借助发光迹线追踪物质。

（2）典型案例：

① 在冲洗照片的暗房中使用红色暗灯。

② 感光玻璃：在半导体的处理过程中，采用照相平版印刷术将透明材料改成实心遮光板，同时地，在丝绢网印花处理中，将遮盖材料从透明改成不透明。

③ 研究水流实验中，给水加入颜料。

（3）运用技巧：

为研究降落伞的降落过程，工程师制作了一个小降落伞模型，然后放入有水流流动的透明玻璃管中，研究模型的降落轨迹和涡流的形成。

研究工作进行得不大顺利，因为透明水中的涡流很难用肉眼观察到。于是，工程师在模型上涂上可溶颜料，情况暂时得到了改善，但是在经过几次试验以后，模型上的颜料就没有了，需要停下试验再次涂上颜料，结果模型被颜料搞得变了形，试验条件发生了变化，测试结果的误差也增大了。

“颜料应该从模型内壁出来。”一位工程师说，“但是模型伞的吊线太细了，很难让墨水通过。”问题陷入了僵局。

……

这时，工程师们产生了一个新的想法：“就用现在的模型，不使用颜料，让模型自己在水中产生颜色，一层又一层，就像神话一样。”

但颜色从哪里来呢？

“从水中，只有一个来源，当水和吊线接触时，就产生一种颜色或者另一种像颜色的物质。”

这个设计秘密就是，将降落伞做成一个电极，与玻璃管中的水形成电解作用，利用电解原理产生的气泡，来观察模型的运动和涡流的形成。

气泡来自于水，增加了可观察性，看似改变了水的颜色，实际并没有改变水的真正颜色。

（4）课堂讨论：

请说一说其中蕴含的道理。

① 在表面结构上利用干扰带来改变颜色。例如，蝴蝶翅膀上的图案，斑马身上的条纹。

② 利用示温材料来检测温度，例如，热致变色的塑料调羹；在食品标签中，使用热敏染料来标志食品所处环境的温度。

③ 将绷带做成透明的，这样就可以在不揭开绷带的条件下观察伤情。

9.7　同质性原理（33）

同质性原理，是指如果两个或多个对象之间存在很强的相互作用，那么，通过使这些对象的关键特征或特性一致，从而实现同质性。

（1）指导原则：

与指定对象发生相互作用的对象，应该采用与指定对象相同的材料（或性质接近的材料）制成。例如，用金刚石切割钻石。

（2）典型案例：

① 使用与容纳物相同的材料来制造容器，以减少发生化学反应的机会。

② 用金刚石制造钻石的切割工具。

（3）运用技巧：

一些产品包装员和分发员正在体验一种新的形式，利用一种自然光标签，就是用激光在水果和蔬菜表皮刻上识别信息（比如产地、种类等），但不会擦伤或造成其他的伤害。用梨子进行味道实验，除了刻标签的地方看上去有点怪怪的外，吃起来并没有什么两样。这种新的标签方式可以让供货商给每一个水果标注更具体的信息，比如一个桃子什么时候成熟，什么时候可以食用。这样，使用了同质性原理，就避免了使用额外的标签。

（4）课堂讨论：

请说一说其中蕴含的道理。

① 为减少化学反应，尽量使被包装对象与包装材料一致。

② 用糯米制成的糖纸来包装软糖（糖纸和软糖都可食用）。

9.8　抛弃与再生原理（34）

抛弃和修复原理是两条原理合二为一而形成的一个发明原理。抛弃是指从系统中去除某些对象；再生是指对系统中的某些被消耗的对象进行恢复，以便再次利用。

（1）指导原则：

① 对于系统中已经完成了其使命的部分（或已经成为不必要的部分），应当去除（采用溶解、蒸发等手段），或在系统运行过程中直接改变它。

② 对于系统中的消耗性部分，应该直接在工作过程中再生或得到迅速补充。

（2）典型案例：

① 可降解的一次性餐具。

② 自动铅笔。

③ 普通的子弹在被使用后，往往会将子弹壳抛弃。

④ 自动步枪可以在发射出一发子弹后自动装填另一发子弹。

（3）运用技巧：

用可溶性的胶囊包装药物小颗粒。

（4）课堂讨论：

请说一说其中蕴含的道理。

① 火箭助推器在完成其作用后会被抛弃。

② 收割机的自磨刃可以在磨损的同时产生新的刃口，始终保持刃口的锋利。

9.9 加速氧化原理（38）

加速氧化原理，是指通过更加丰富的“氧”的供应（例如，O_2或O_3），使氧化作用的强度从一个级别增强到更高的级别。

（1）指导原则：

① 用富载空气代替普通空气。

② 用纯载代替富载空气。

③ 用离子化氧代替纯氧。

④ 用臭氧化氧代替离子化氧。

⑤ 用臭氧代替含臭氧化氧。

（2）典型案例：

① 乙炔切割中用纯氧代替空气，可以使乙炔燃烧更完全，从而提高乙炔燃烧的热效率。

② 空气过滤器通过电离空气来捕获污染物。

③ 对食物进行放射处理，以改善其储藏质量。

④ 利用粒子化空气来加速化学反应。

⑤ 通过离子化作用将氧气分开。

⑥ 在化学实验中使用离子化的气体加速化学反应。

⑦ 用臭氧来杀死谷物中的微生物。

⑧ 用溶解了臭氧的水去除舰船外壳上的有机污染物。

（3）运用技巧：

用风箱或鼓风机将空气吹入火炉中，提高空气的流动速度，以便向炉中提供更多的氧气。

（4）课堂讨论：

请说一说其中蕴含的道理。

① 将病人放入氧幕（氧气帐、高压氧舱，见图 9-9）中，为其增加氧气供应量。

② 在水处理中，利用臭氧杀菌系统杀灭水中的细菌。

③ 在炼制超低碳钢时，为了减少钢中碳、磷和硫的含量，可以向钢液中吹入高压纯氧。

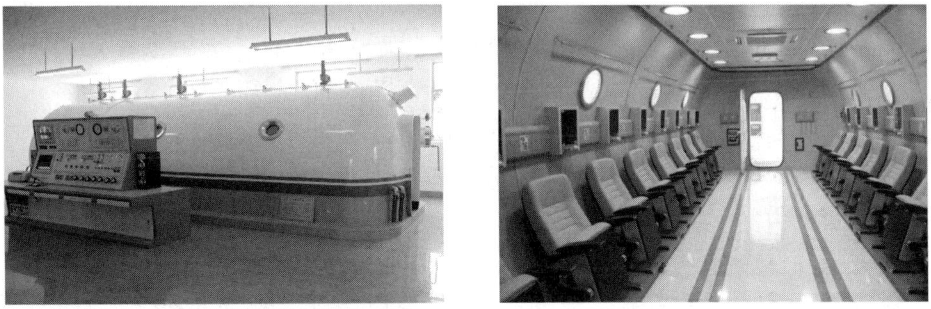

图 9-9　高压氧舱

9.10　惰性环境原理（39）

惰性环境原理，是指通过去除所有的氧化性的资源（例如，氧气）和容易与目标对象起反应的资源，从而建立一个惰性或中性环境。

（1）指导原则：

① 用惰性环境代替正常环境。

② 向对象中添加中性或惰性成分。

③ 使用真空环境。例如，在零重力的条件下进行制造活动。在此问题中，重力就是“氧”，零重力就是一种重力的“真空”状态。

（2）典型案例：

① 在食物的加工、储存和运输过程中，利用惰性气体进行保鲜。

② 利用二氧化碳灭火器灭火。

③ 向汽车轮胎中充入氮气（而不是空气），由于氮气的膨胀系数小于空气，因此受环境温度变化的影响较小。

④ 吸音板或隔音结构。这种隔音装置对于声音的传播来讲，就是一种惰性环境。

⑤ 将难以燃烧的材料添加到泡沫材料构成的墙体中。

⑥ 向航空燃油中加入添加剂以改变其燃点。

（3）运用技巧：

在商务或政治谈判中，将谈判地点定在第三方，以构建一个中性环境。

（4）课堂讨论：

请说一说其中蕴含的道理。

① 在困难的谈判过程中，引入公正的第三方当评判。

② 用惰性气体充入灯泡内，可以延长灯丝的使用寿命。

③ 真空包装。

习　　题

1. “将对象暴露在有害物质之前进行遮盖”是应用了（　　）原理。

A. 反馈　　B. 变害为利

C. 自服务　　D. 预先反作用

2. 遇到森林起火，进行灭火工作时，可以在火势推进的前方，预先燃火将草木烧光。这是利用了（　　）原理。

A. 提高有害因素的程度使之不再有害

B. 将一有害的因素与另一有害因素结合，用以消除物体所存在的有害作用

C. 利用有害的因素，获取有益的效果

D. 将有害因素进行复制

3. 下列不属于变害为利原理的是（　　）。

A. 利用有害的因素，得到有益的结果

B. 将有害的因素相结合消除有害的作用

C. 增大有害因素的幅度直至有害性消失

D. 将危险或有害的作业在高速下进行，以使有害作用消失

4. 早期的火车站台相对火车车门较低，乘客上车时需要登二三级台阶，现在的高铁站台（见图 9-10）已经没有这种情况了。请问这种站台的发展应用了（　　）原理。

A. 局部质量原理　　B. 有效作用的连续性原理

C. 等势原理　　D. 机械系统替代原理

图 9-10　高铁站台

5. 回收废纸做成纸质家具，是应用了（　　）原理。

A. 自助服务　　B. 普遍性　　C. 同质性　　D. 变害为利

6.（　　）原理是以虚拟方式或实体方式从整体中分离出有用的（或有害的）部分（或属性）。

A. 嵌套　　B. 抽取　　C. 同质性　　D. 变害为利

7.（　　）原理是指通过预先准备好的应急措施（例如备用系统、矫正措施等）来补偿对象较低的可靠性。

A. 预补偿　　B. 预先作用　　C. 预先反作用　　D. 变害为利

8.（　　）原理是指用尽可能短的时间，快速通过某个过程中困难的或有害的部分。

A. 预补偿　　B. 预先作用　　C. 减少作用的时间　　D. 变害为利

9.（　　）原理是指通过改变颜色或一些其他的光学特性来改变对象的光学性质，以便提升系统价值或解决检测问题。

A. 预补偿　　B. 预先作用　　C. 预先反作用　　D. 改变颜色

10.（　　）原理是指如果两个或多个对象之间存在很强的相互作用，那么，就使这些对象的关键特征或特性一致。

A. 预补偿　　B. 同质性　　C. 预先反作用　　D. 改变颜色

11.（　　）原理中，再生是指对系统中的某些被消耗的对象进行恢复，以便再次利用。

A. 抛弃和再生　　B. 同质性　　C. 预先反作用　　D. 改变颜色

12.（　　）原理是指通过更加丰富的“氧”的供应，使氧化作用的强度从一个级别增强到更高的级别。

A. 加速氧化　　B. 同质性　　C. 预先作用　　D. 改变颜色

13.（　　）原理是指通过去除所有的氧化性资源和容易与目标对象起反应的资源，从而建立一个惰性或中性环境。

A. 加速氧化　　B. 同质性　　C. 预先作用　　D. 惰性环境

【实训与思考】小组活动：消除有害作用的发明原理

（1）小组讨论：历数我们身边的“消除有害作用”发明原理应用案例。

答：____

____

____

____

（2）小组讨论：有什么办法可以帮助我们记住更多的发明原理。

答：____

____

____

____

实训评价（教师）：____

____

____

____

第10章

改进操作和控制的发明原理

【创新引领】测量倾斜的虎丘塔

虎丘塔（见图 10-1）位于苏州城西北郊，距市中心 5 km。相传春秋时，吴王夫差葬其父（阖闾）于此，葬后 3 日，便有白虎踞其上，故名虎丘山。此山高仅 36 m，但古树参天，周围有不少名胜。山小景多，是虎丘的一大特色，特别是千年虎丘塔矗立山上，使虎丘自古以来就是著名游览胜地，苏东坡说过："到苏州不游虎丘者，乃憾事也。"

图 10-1　虎丘塔

据记载，隋文帝就曾在此建塔，但那是座木塔，现今的虎丘塔是在木塔原址上建筑的。高七层，塔身平面呈八角形，是一座砖身木檐仿楼阁形宝塔。据有关专家调查，虎丘塔在明崇祯十一年（1638 年）改建第七层时，发现明显倾斜。当时曾将此位置略向相反方向校正，以改变重心，纠正倾斜，也曾起过一定的作用。但近 300 多年来塔身倾斜还在继续发展中，可能是由于地基出现不均匀沉降的原因所引起的。现在看到的虎丘塔已是座斜塔，据初步测量，塔顶部中心点距塔中心垂直线已达 2.34 m，斜度为 2.48°。

为测量研究虎丘塔下沉问题，第一步是要选择一个高度不变的水平基准，并且在塔上可以看到这个基准以便进行比较测量。由于虎丘塔周围的建筑很可能也在一起下沉，所以需要寻找一个远离古塔而且高度不变的基准，最后测量者选择了远离古塔的一个公园的墙壁，但古塔和公园的墙壁之间被高层建筑物遮挡住了，无法直接进行测量。

面对这个复杂情况，一个基于等势原理的方案呈现了：拿两根玻璃管，一个安装在塔上，一个安装在公园墙壁上，用胶管将其连接起来，然后灌入液体，就组成一个水平仪，两只玻璃管中的液体应保持同样高度，在玻璃管上标出这个高度。如果古塔下沉，则塔上的玻璃管内液体会升高。

聊一聊：苏州是中国首批 24 座国家历史文化名城之一，有近 2500 年历史，是吴文化的发祥地。苏州园林是中国私家园林的代表，被联合国教科文组织列为世界文化遗产。中国大运河苏州段入选世界遗产名录。有机会去苏州走一走，是必须的。

从改进操作和控制的角度来分析 40 个发明原理，其中涉及的第 12、13、16、23、24、25、26、27 号发明原理，分述如下。

10.1　等势原理（12）

等势原理涉及三个既可以单独使用，也可以合并使用的概念：

① 在一个系统或过程的所有点或方面建立均匀位势，以便获得某种系统增益。

② 在系统内建立某种关联，以维持位势相等。

③ 建立连续的、完全互相联系的关联和联系。

（1）指导原则：

以某种方式改变作业条件（工作状态），而不必升高或降低对象。

（2）典型案例：

电梯可以将乘客运送到高层建筑上，从而避免了人自己爬楼梯。

（3）运用技巧：

利用等势原理解决工程难题的实例，如位于水运航线上水坝建设的船闸（见图 10-2），船在通过水坝的时候，需要在船闸中调整其位势，以便顺利地从一个水平高度调整到另一个水平高度。

图 10-2　三峡船闸

10.2 反向作用原理（13）

反向作用原理，是指通过在空间上将对象翻转（上下、左右、前后、内外），在时间上将顺序颠倒，在逻辑关系上将原因与结果反过来，从而利用不同（或相反）方法实现相同的目的。

（1）指导原则：

① 用与原来相反的作用实现相同的目的。

② 让物体或环境中可动的部分不动，不动的部分可动。

③ 将对象（物体、系统或过程）"颠倒"（上下、内外、前后、顺序等）过来。

（2）典型案例：

① 用平车运送货物时，既可以推，也可以拉，来实现相同的结果。

② 利用黑笔和白板的组合代替传统的黑板和白粉笔的组合。

③ 除了通过上路驾驶来测试汽车的空气动力特性之外，也可使其进入一个风洞来模拟。这种方法可以用于任何需要气动或水动测试的系统。

④ 在向房顶上运送建筑材料时，人既可以站在房顶上用绳子往上拽，也可以通过在房顶上部安装一个滑轮，用绳子往下拉。无论采用哪种方式，都可以将建筑材料运送到房顶上。

⑤ 跑步机（见图 10-3）将人移动而地面不动改变为人不动而"地面"移动。

图 10-3 跑步机

（3）运用技巧：

运用反向作用发明原理，可以考虑使物体、系统或过程倒置。例如，在一些空间不足的地方，将外六角螺丝换成内六角螺丝（见图 10-4）。

图 10-4 六角螺丝

又如，电磁起重机用于起吊重物，极大地节省了人力和时间。但是，使用电磁铁既不安全，又浪费电能。电磁铁的原理是通电吸附，断电释放，这也是它需要常备应急电源的缘故。所以工程师开发了电控永磁起重机（见图 10-5）。虽然都是利用磁力，但是只有释放重物时才使用电能，这既节省了电能，又保证了安全。

图 10-5　电磁起重机

（4）课堂讨论：

请说一说其中蕴含的道理。

① 乘客随滚动电梯上下楼。

② 为了将两个套紧的物体分离，可以将内层物体冷冻，或者将外层物体升温。

③ 用逆排序法制订工作计划。

10.3　未达到或过度作用原理（16）

未达到或过度作用原理，是指如果很难百分之百达到所要求的效果，则可以采用“略少一点”或“略多一点”的做法，这样可以大大降低解决问题的难度。既可以先采用局部的（不足的）作用来“略微不足地”初步完成某项任务，然后再进行最后的调整；也可以先采用过度的（过量的、过大的）作用来“略微过量地（超额地）”初步完成某项任务，然后再进行最后的调整。

（1）指导原则：

当所期望的效果难以完全实现时，“稍微大于”或“稍微小于”会使问题大大简化。

（2）典型案例：

在喷漆的时候，很难精确地给对象喷上一定厚度的油漆，因此，可以先给对象喷过量的油漆，然后再设法去除多余的部分。例如，在给缸筒上油漆的时候，可以先将缸筒浸泡到盛油漆的容器中，让缸筒上附着过量的油漆，然后将缸筒取出，并快速旋转缸筒，利用离心力甩掉多余的油漆。

（3）运用技巧：

打土坯的时候，先向模具中放入过量的泥土与稻草的混合物，踩实以后，用木板沿模具的上端刮一下，将多余的混合物去除。

（4）课堂讨论：

请说一说其中蕴含的道理。

在机械加工领域，对一个零件毛坯进行加工的时候，首先进行的是粗加工，目的是快速去除绝大部分多余的材料，然后再进行精加工，慢慢地去除剩余的少量材料，使零件的加工精度达到所要求的公差范围。

10.4 反馈原理（23）

反馈原理是指将系统的输出作为输入返回到系统中，以便增强对输出的控制。

（1）指导原则：

① 向系统中引入反馈以改善性能。

② 如果已引入反馈就改变它。

（2）典型案例：

① 声控喷泉。

② 自动导航系统。

③ 利用恒温开关控制温度。

④ 加工中心的自动检测装置。

（3）运用技巧：

聪明绳索。任何一个消防队员或者攀岩者都可以告诉你，一条简单的绳子可以救你的命，条件是它不能受到磨损或突然断裂。如今科学家研制出了“聪明绳索”，这种智能绳索里面有电子传导金属纤维，可以判断它所承受的重量，如果重量太大，它无法承受，绳索就会向使用者发出警告。智能绳索还可以用于停泊船只、保护贵重物品或者用于营救行动。

聪明绳索就是在普通绳索上增加了反馈，从而提高安全性。

（4）课堂讨论：

请说一说其中蕴含的道理。

① 运动敏感光线控制系统（厕所光线敏感冲水系统）。

② 当温度由高变低时，改变恒温开关中负反馈装置的灵敏度，因为温度降低的时候运用能量的效率会降低。

10.5 中介物原理（24）

中介物原理，是指将某对象临时或永久地放置在两个或多个现有对象中间作为一个“调停装置”。调停或协商就是指两个不相容的（互相矛盾的、性质相反的）参与者、功能、事件或条件（情形、环境、情境）之间的某种临时性的连接。通常利用某种易于去除的中间载体、中间阻断物或中间过程来实现这种连接。

（1）指导原则：

① 利用中介物来转移或传递某种作用。

② 将一个对象与另一个容易去除的对象暂时结合在一起。

（2）典型案例：

① 用于演奏弦乐器的拨子（用来弹拨乐器的小而薄的金属、骨制或类似材料的片子）。

② 电源开关（在手与电线之间传递作用）。

③ 计算机网络、通信网络、供电网络、货币。

④ 饭店上菜的托盘。

⑤ 化学反应中的催化剂。

（3）运用技巧：

胶管上的孔。现在需要在一根长胶管上钻出很多径向小直径的标准孔。因为胶管很软，钻孔操作起来显得非常不容易。有人建议用烧红的铁棍来烫出小孔。经过尝试，发现烫出的小孔很毛糙，而且很容易破损，不能满足质量要求。

“有没有什么好的办法？”经理问。大家面面相觑，这似乎是一个不容易解决的问题。

基于中介物发明原理，可以很好地解决这个问题。先给胶管里面充满水，然后进行冷冻，待水冻成冰态时，再进行钻孔加工。加工完成后，冰会融化成水很容易排出管道。

（4）课堂讨论：

请说一说其中蕴含的道理。

① 将两相电转换为三相电的转换插头。

② 签字仪式上的公证员（双方均可信任的独立的第三方）。

③ 借助钳子、镊子等工具，人手可以完成许多原本难以完成的任务。

④ 药片上的糖衣（或胶囊）。

10.6　自服务原理（25）

自服务原理，是指在执行主要功能的同时执行相关功能。

（1）指导原则：

① 使对象能执行辅助性的或维护性的工作，以便进行自我服务。

② 利用废物（能量、物质）。

（2）典型案例：

① 自清洁玻璃。

② 无人值守的自动售货机。

③ 利用钢铁厂炼钢的余热发电，将发的电再用于钢铁厂的生产上。

④ 在收割的过程中，将作物的秸秆粉碎后直接填埋作为下一季庄稼的肥料。

⑤ 用生活垃圾做肥料。

（3）运用技巧：

钢珠输送管道的难题。在一个输送钢珠的管道中，拐弯部位在工作一两个小时后就会坏掉。主要原因是钢珠在高速气体的驱动下，对弯曲部位的管壁进行连续撞击，很快就会撞出一个洞来。管道损坏后必须停止输送来进行维修，这就影响了生产效率。

“看来还需要一条管道，”工程师说，“当需要维修时，启动另一条管道来输送钢珠。”

“两条管道会增加成本，”经理说，“而且更替管道时仍然会影响生产效率。”

这似乎是一个难以解决的难题。

运用自服务发明原理，可以保证管道顺利工作而不必或者大大减少修补。在拐弯部位的管道外放置磁铁，当钢珠到达磁场范围内时，会被磁铁吸附到管道内壁上，从而形成保护层。钢珠的冲击将作用在由钢珠形成的保护层上，并不断补充那些被冲掉的钢珠。这样，输送管道就被完全保护起来。

（4）课堂讨论：

请说一说其中蕴含的道理。

环保型无针订书机的工作原理如下：订书机会将纸张的部分区域切开，并把被切开的那部分纸“扣”在一个被切开的缝隙中，这样纸张就粘连在一起了。目前它还只能装订少量的纸张（见图 10-6）。

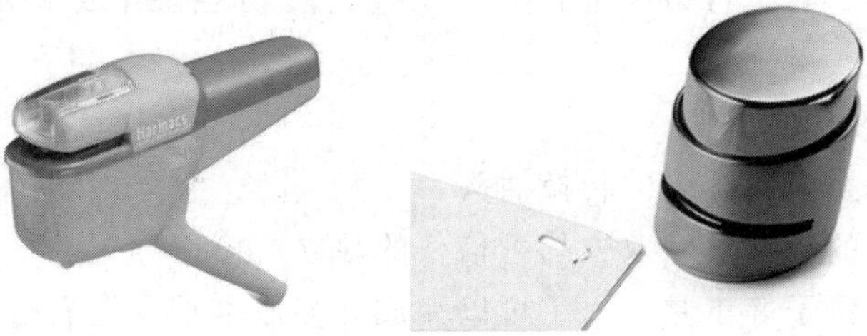

图 10-6 无针订书机

10.7 复制原理（26）

复制原理，是指通过使用较便宜的复制品或模型来代替成本过高而不能使用的对象。

（1）指导原则：

① 用经过简化、廉价的复制品代替复杂、昂贵、易损的或不易获得的对象。

② 用光学复制品（图像）代替实际的对象或过程，同时还可以利用比例的变化（按一定比例放大或缩小复制品）。

③ 如果已使用了可见光的复制品，则可以考虑用红外线或紫外线等非可见光的复制品。

（2）典型案例：

① 服装店里的塑料模特（代替真人模特）。

② 利用网络上的虚拟博物馆代替真正的博物馆。

③ 手机卖场中摆放的模型手机（其外观与真正的产品完全相同）。

④ 软件中的打印预览功能。

⑤ 通过测量卫星照片代替实际地理测量。

（3）运用技巧：

利用三维 CAD 软件建立产品中各个零件模型，然后用三维实体模型对装配状况进行模拟。

（4）课堂讨论：

请说一说其中蕴含的道理。

① 先建立经济问题的数学模型，再利用数学模型来模拟经济的运行状况。

② 利用成本较低的纸币来代替黄金、白银、铜等贵金属作为货币（价值符号），利用成本更低的电子货币代替纸币。

③ 无损检测中利用 X 光为被检测对象“照相”，通过 X 光片可以观察到对象内部的缺陷。

10.8　廉价替代品原理（27）

廉价替代品原理，是指用廉价的、易处理的或一次性的等效物来代替昂贵的、长使用寿命的对象，以便降低成本、增强便利性、延长使用寿命等。

（1）指导原则：

用廉价的对象代替昂贵的对象。虽然降低了某些特性（例如，耐用性），但是能够实现相同的功能。

（2）典型案例：

一次性的餐具、水杯、医疗耗材、纸尿裤、纸内裤、打火机、照相机等。

（3）运用技巧：

用布衣柜代替木制衣柜，不仅可以降低成本，还便于搬家。

（4）课堂讨论：

请说一说其中蕴含的道理。

在软件行业，软件的演示版和试用版虽然在外观上与正式版相同，但其内部结构却相差甚远。

习　题

1. 运用“多于”或“少于”所需的某种作用或物质获得最终结果，这种发明原理被称为（　　）。

A. 嵌套　　　　　　　　　　　B. 未达到或过度作用
C. 重量补偿　　　　　　　　　D. 变害为利

2. 汽车中使用有修复缸体磨损作用的特种润滑油，是应用了（　　）原理。

A. 自服务　　　　　　　　　　B. 未达到或过度作用
C. 复制　　　　　　　　　　　D. 重量补偿

3. “通过计算机虚拟现实，而不去进行昂贵的度假”是应用了（　　）原理。

A. 自助服务　　B. 普遍性　　C. 同质性　　D. 复制

4. 在比萨饼盒子中加入吸水纸，是应用了（　　）原理。

A. 变害为利　　　　　　　　　B. 物理或化学参数改变
C. 抽取　　　　　　　　　　　D. 中介物

5. 等势原理涉及三个既可以单独使用也可以合并使用的概念，但下列（　　）不属于其中之一。

A. 在一个系统或过程的所有点或方面建立均匀位势，以便获得某种系统增益
B. 用与原来相反的作用实现相同的目的
C. 在系统内建立某种关联，以维持位势相等
D. 建立连续的、完全互相联系的关联和联系

6. 反向作用原理是指通过在空间上、时间上和逻辑关系上，利用不同（或相反）方法实现相同的目的，但下列（　　）不属于其中之一。

A. 建立连续的、完全互相联系的关联和联系
B. 用与原来相反的作用实现相同的目的
C. 让物体或环境中可动的部分不动，不动的部分可动
D. 将对象（物体、系统或过程）“颠倒”（上下、内外、前后、顺序等）过来

7. （　　）原理是指将系统的输出作为输入返回到系统中，以便增强对输出的控制。

A. 自助服务　　B. 普遍性　　C. 反馈　　D. 复制

8. （　　）原理是指用廉价的、易处理的或一次性的等效物来代替昂贵的、长使用寿命的对象，以便降低成本、增强便利性、延长使用寿命等。

A. 自助服务　　B. 同质性　　C. 反馈　　D. 廉价替代品

【实训与思考】小组活动：改进操作和控制的发明原理

（1）小组讨论：历数我们身边的“改进操作和控制”发明原理应用案例。

答：____

____

____

____

（2）小组讨论：有什么办法可以帮助我们记住更多的发明原理，并实践之。

答：____

____

____

实训评价（教师）：

第11章 提高系统效率的发明原理

【创新引领】军用飞机的油箱

军用飞机在战斗中，其油箱极易受到攻击。当飞机油箱破损时会引起燃料大量外泄，继而引发爆炸事故。为此，人们从蜂窝（见图 11-1）得到启发，将油箱分隔成很多小隔间，以防止这类事故的发生。但这种办法在理论上可行，实际操作并不方便。

图 11-1　蜜蜂蜂窝

利用“**分割**”发明原理，人们找到了解决问题的办法，即在军用飞机油箱中装设一种蜂窝状材料——多孔海绵体，将油箱分成无数个小“隔间”，从而比较理想地解决了这个难题。

想一想：为什么是军用飞机油箱？民用飞机不需要这样的设计吗？为什么？

从提高系统效率的角度来分析 40 个发明原理，其中涉及的是第 10、14、15、17、18、19、20、28、29、35、36、37、40 号发明原理，分述如下。

11.1　预操作原理（10）

预操作原理又称“预先作用”，是指在真正需要某种作用之前，预先执行该作用的全部或一部分。

（1）指导原则：

① 预先对某对象进行所需的改变，这种改变可以是整体的，也可以是部分的。

② 将有用的物体预置，以便使其在必要时能立即在最方便的位置发挥作用。

（2）典型案例：

① 方便面。

② 建筑业中大量使用的预制件。

③ 纸上预先印刷好的表格。

④ 计算机软件中，根据用户当前状态而弹出的上下文关联菜单列表。

⑤ 在大型机械设备组装过程中，大量使用预先装配好的组件。例如，在汽车的总装线上，只需安装一个已经装配好的发动机，而不需要在总装线上临时用零件组装出一个发动机。

⑥ 预先被打孔的邮票（见图 11-2）。如今，已经很少有人知道最早的邮票是以没有打孔的整版形式销售的。早期的邮票用户必须将邮票一张一张剪下来，然后用胶水粘到信封上。

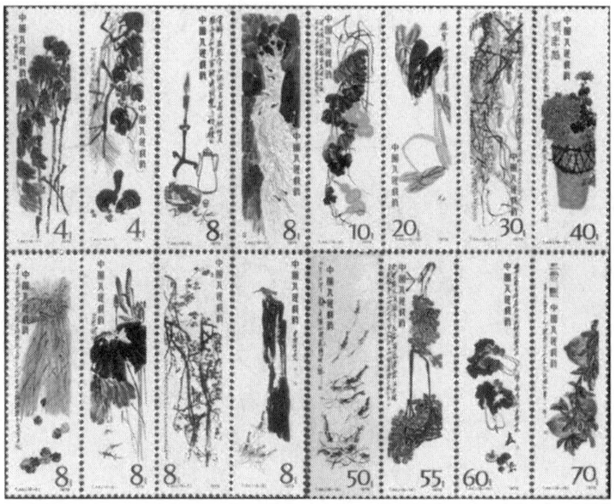

图 11-2　邮票上打孔

（3）运用技巧：

在某一事件或过程之前采取行动，目的在于增强安全性、简化事情的完成过程、维持正确作用、减轻疼痛、增强智力、产生某种优点及使用过程简单化等。

例如，新的棉布水洗后通常会“缩水”。如果用没有经过“缩水”的棉布做成衣服的话，用水洗后就会变小，影响正常使用。因此，当棉布被纺织出来后，通常要进行预先缩水处理。这样，制造出来的衣物在水洗之后就不会再缩水了。

（4）课堂讨论：

请说一说其中蕴含的道理。

① 手术前，将手术器具按需要时的使用顺序排列整齐。

② 在商场等建筑物的通道里安置灭火器。

③ 已充值的公交车 IC 卡。

11.2 曲面化原理（14）

曲面化原理是指：

① 通过将二维或三维空间中的直线变为曲线、直线运动变为圆周运动来增加曲率。

② 用曲线属性或球面属性代替线性属性。

（1）指导原则：

① 用曲线（或曲面）代替直线（或平面），用球体代替多面体。

② 采用滚筒、辊、球、螺旋结构。

③ 利用离心力，用回转运动代替直线运动。

（2）典型案例：

① 两表面间引入圆弧结构，以降低应力集中。例如，机械零件中的倒角、圆弧过渡结构。

② 螺旋齿轮可以提供均匀的承载能力。

③ 圆珠笔和钢笔的球形笔尖，使书写流畅、下墨均匀。

④ 通过高速旋转，甩干机利用离心力去除湿衣物中的水分。

⑤ 利用离心铸造可以生产出壁厚非常均匀的产品（见图 11-3）。

图 11-3　手工制陶

（3）运用技巧：

科幻故事《黑暗的墙》中，哲人格里尔手里拿着一张纸对同伴不里尔顿说："这是一个平面，它有两个面。你能设法让这两个面变成一个面吗？"

不里尔顿惊奇地看着格里尔说："这是不可能的。"

"是的，乍看起来是不可能的，"格里尔说，"但是，你如果将纸条的一端扭转 180°，再将纸条对接起来，会出现什么情况？"

不里尔顿将纸条一端扭转 180° 后对接，然后粘贴起来。

"现在把你的食指伸到纸面上。"格里尔静静地说。

不里尔顿已经明白了这位智者同伴的智慧，他移开了自己的手指。"我懂了！现在不再是分开的两个面，只有一个连续的面"。

这就是以著名的德国数学家莫比乌斯命名的"莫比乌斯环"（见图 11-4）。

图 11-4　曲面化原理：莫比乌斯环

很多人利用这个奇妙的"莫比乌斯环"来获得发明。至少有 100 多项专利是基于这个奇妙的环，如砂带机、录音机、皮带过滤器等。"莫比乌斯环"是曲面化原理的典型代表。

（4）课堂讨论：

请说一说其中蕴含的道理。

① 建筑领域中常用拱形结构来提高建筑物的强度，例如，拱门、石拱桥（见图 11-5）等。

② 螺旋形的楼梯可以大幅提高空间的利用率（见图 11-6）。

图 11-5　石拱桥

图 11-6　螺旋楼梯

11.3　动态化原理（15）

动态化原理是指使构成整体的各个组成部分处于动态，即各个部分是可调整的、活动的或可互换的，以便使其在工作过程中的每个动作或阶段都处于最佳状态。

（1）指导原则：

① 调整对象或对象所处的环境，使对象在各动作、各阶段的性能达到最佳状态。

② 将对象分割为多个部分，使其各部分可以改变相对位置。

③ 使不动的对象可动或可自动适应。

（2）典型案例：

① 汽车上可调的方向盘、座椅、后靠背或后视镜。

② 折叠椅和笔记本电脑都是通过分割物体的几何结构，引入铰链链接，使其各部分可以改变相对位置。

③ 装卸货物的铲车（装载机），通过铰链链接铲斗，可以自由开闭（见图 11-7）。

图 11-7　装载机（铲车）

④ 在计算机软件中，根据用户当前状态的不同，鼠标右键菜单的内容也不同。

⑤ 充气床或水床可以根据人的不同卧姿自动调整其形状。

（3）运用技巧：

尝试让系统中的某些几何结构成为柔性的、可自适应的；往复运动的部分成为旋转的；让相同的部分执行多种功能；使特征成为柔性的；使系统可兼容不同的应用或环境。

例如，飞机机翼上的可动襟翼能够按照需要调整其姿态，使机翼可适应降落、起飞和飞行时的不同工况要求（见图 11-8）。

图 11-8　飞机机翼上的可动襟翼

（4）课堂讨论：

请说一说其中蕴含的道理。

① 北斗自动导航系统。

② 小轿车里的可调节座椅。

③ 采用蛇皮管灯杆的台灯。

11.4　维数变化原理（17）

维数变化原理，是指通过将对象转换到不同维度，或通过将对象分层或改变对象的方向来改变对象的维度。

（1）指导原则：

如果对象沿着直线（一维）运动（或配置）时存在某种问题，则可以使其沿平面（二维）运动（或配置）来消除存在的问题；相同道理，如果对象沿着平面（二维）运动（或配置）时存在某种问题，则可以使其过渡到三维空间来运动（或配置），从而消除存在的问题。例如：

① 单层变为多层。

② 将对象倾斜或侧向放置。

③ 利用给定表面的反面。

（2）典型案例：

① 机械设计中的加强筋、工字钢、工字梁。

② 固定电话上，连接听筒与机身的螺旋形电话线。

③ 从顺序操作（一维）变为并行操作（二维）。

④ 楼房代替平房。

⑤ 在仓库中，将货物堆垛码放。

⑥ 往汽车上装卸汽油桶的时候，在地面与车厢间利用木板形成斜坡，使装卸变得容易。

⑦ 双面胶带。

（3）运用技巧：

例如，螺旋滑梯的滑道比直线型滑梯更长（见图 11-9）。又如，建筑中的穹顶结构、拱形结构（见图 11-10）。

图 11-9　螺旋滑梯

图 11-10　穹顶建筑

（4）课堂讨论：

请说一说其中蕴含的道理。

① 台球选手利用弧线球来绕开母球与目标球之间的其他球。

② 将刀子的刀刃由直线型改为锯齿型，可以提高切割效果。

③ 立体车库。

11.5 振动原理（18）

振动原理是指：

① 通过振动（振荡）或摇动（震动）对象而使对象产生机械振动，增加振动的频率或利用共振频率。

② 利用振动（颤动、摇动、摆动）或振荡（振动、振荡、摆动）在某个区间内产生一种规则的、周期性的变化。

（1）指导原则：

① 使对象发生机械振动。

② 如果对象已经处于振动状态，则提高振动的频率（直至超声振动）。

③ 利用共振频率。

④ 用压电振动代替机械振动。

⑤ 将超声波振动与电磁场合并使用。

（2）典型案例：

① 利用振动刀片的电动切肉刀。

② 在浇注混凝土的时候，利用振动式励磁机（激励器）去除混凝土中的孔隙。

③ 在筛选（筛分）的时候，利用振动可以提高效率。

④ 振动可以使生锈的、腐蚀的或拧得过紧的零件松动。

⑤ 利用振动，乐器可以发出悦耳的声音。

⑥ 石英表利用石英振动机芯代替了机械表的机械振动机芯。

⑦ 振动式电动剃须刀（见图 11-11）与冲击式钻机（风钻）（见图 11-12）。

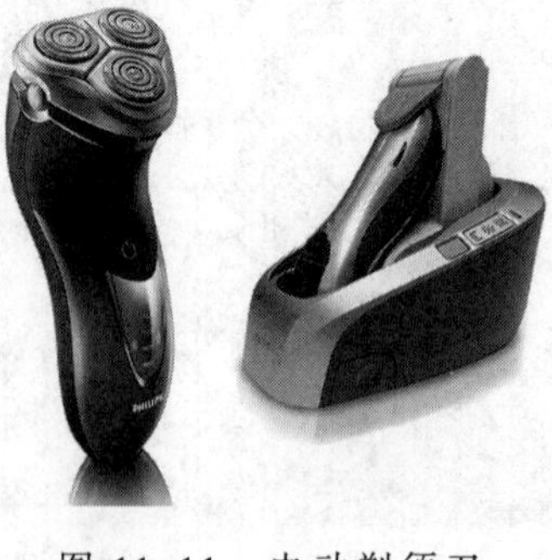

图 11-11 电动剃须刀

图 11-12 工程风钻

（3）运用技巧：

不要假定一个稳定系统才是最佳的。尝试采用不稳的、变化的但同时是可控的系统。例如，当电流由直流转变为交流时，可以产生多种新特征，如电磁波、电磁感应等。

例如：聪明的测量仪。化工厂车间里有一种强腐蚀性的液体装在一个巨大的容器中，生产时，让液体从容器流向反应器，但进入反应器的液体量需要进行精确的控制。

“我们尝试使用了各种玻璃或金属制作的仪表，”车间主任对厂长说，“但它们很快就被液体给腐蚀了。”

“如果不测量流量，只测量液体高度的变化怎么样？”厂长问。

“容器很大，高度变化很微小，无法得到准确的结果，”车间主任说，“而且容器接近天花板，操作上很不方便。”

这似乎是一个难以解决的问题。

这时，基于振动发明原理，考虑设计一台“聪明的测量仪”，不是测量液体，而是测量空隙。原来，利用振动的原理，测量容器中液面以上的空气部分的共振频率，得到空气部分的变化量，从而准确推算出液面的细微变化量。

（4）课堂讨论：

请说一说其中蕴含的道理。

① 超声波碎石机利用共振现象来击碎胆囊结石或肾结石。

② 若欲使人快速疲劳，可利用断续照明代替持续照明。

③ 商业上利用谈判技术（诱导变化），以使合伙人的真实需求显露出来。通过对方法进行数次改变,他们能更好地了解如何才能在谈判团体之间对所有需要达成一致意见。

11.6　周期性作用原理（19）

周期性作用原理是指：通过有节奏的行为（操作方式）、振幅和频率的变化以及利用脉冲间隔，来实现周期性作用。

（1）指导原则：

① 用周期性作用或脉动代替非周期性作用。

② 如果作用已经是周期性的，则改变其作用频率。

③ 利用脉动的间隙来完成其他的有用作用。

（2）典型案例：

① 在建筑工地上，将打桩机周期性地作用于桩子，可以快速地将桩子打入地下。

② 当汽车在结冰的路面上制动时，利用“多次轻踩刹车的方式”可以避免打滑。

③ 盘铣刀（其对金属的切割是周期性的）的加工效率比普通铣刀（其对金属的切割作用是连续的）要高得多。

④ 在不同的工作状态下，洗衣机（或洗碗机）会采用不同的水流喷射方式。

⑤ 在实施心肺呼吸抢救时，每压迫患者胸部 5 次，人工呼吸 1 次。

⑥ 警笛的周期性鸣叫和警灯的周期性闪烁，更能引起注意（见图 11-13）。

⑦ 汽车的雨刮器，工作时由电机带动刮臂和刮片，在汽车挡风玻璃上周期性摆动，刮除雨水和其他脏物。

图 11-13　警车的警笛

（3）运用技巧：

尝试以多种方式来改变现有系统的功能，如生产间歇、改变频率、利用脉冲间隙等。要评估这种改变是否能带来新的功能，带来新的功能后如何强化这种改变。

例如：两根绳子。在一个空房间里，有一个布娃娃放在窗台上，两根细绳从天花板上垂直下来。你的任务是将两根绳子的下端绑在一起。

但是，如果你拿着一根绳子却够不到另一根绳子，旁边没有人，所以不会得到帮助。当然的想法是让绳子动起来。但是绳子又轻又软，根本就动不起来。

怎么办？这时，一个基于周期性动作原理的解决方案产生了：利用窗台上的那只布娃娃来解决这个难题。将布娃娃绑在绳子的下端，然后让绳子在布娃娃的重力作用下形成周期性的摆动，问题就迎刃而解了。

（4）课堂讨论：

请说一说其中蕴含的道理。

① 俗称“蛤蟆夯”的机械夯（见图 11-14）。

图 11-14　机械夯

② 乐队中的鼓点。

③ 医用呼吸机，按照人的吸气期和呼气期来周期性地帮助患者呼吸。

11.7　有效作用的连续性原理（20）

有效作用的连续性原理是指在时间、顺序、物质组成或范围广度上，建立连续的流程并（或）消除所有空闲及间歇性动作以提高效率。

（1）指导原则：

① 让工作不间断地进行（对象的所有部分都应一直满负荷工作）。

② 消除空闲和间歇性动作。

③ 用旋转运动代替往复运动。

（2）典型案例：

① 在物流管理中，通过适当的调度，最大限度地减少运输工具的返程空载率。

② 快速干燥的油漆，可以消除传统油漆等待干燥的时间。

③ 用盘式铣刀（通过旋转运动进行切割）代替立式铣刀（通过往复运动进行切割）。

④ 用绞肉机代替菜刀来剁肉馅。

（3）运用技巧：

在建设自动流水线的时候，是以整个流水线的产量为基础来设计的。只有当流水线上的所有设备都是连续地、同时满负荷工作的时候，才能达到流水线的设计产量。

（4）课堂讨论：

请说一说其中蕴含的道理。

① 心脏起搏器。

② 用加工中心代替多台机床，可以消除零件在不同机床之间的运输时间。

③ 用水车取水（系统旋转，子系统往复）代替水桶打水（系统往复）（见图 11-15）。

图 11-15　水车

11.8　机械系统替代原理（28）

机械系统替代原理，是指利用物理场（光场、电场、磁场等）或其他物理结构、物理作用和状态来代替机械的相互作用、装置、机构及系统。此原理实际上涉及操作原理的改变或替代。

指导原则：

① 用光学、声学、电磁学、味觉、触觉或嗅觉系统来代替机械系统。

② 使用与对象相互作用的电场、磁场、电磁场。

③ 用移动场代替固定场，用动态场代替静态场，用结构化场代替非结构化场，用确定场代替随机场。

④ 把场和能够与场发生相互作用的粒子（例如，磁场和铁磁粒子）组合起来使用。

（2）典型案例：

① 用语音识别系统代替键盘作为计算机的输入。

② 用声音、指纹或视网膜代替传统的钥匙。

③ 为混合两种粉末，让一种粉末带正电荷，另一种粉末带负电荷，然后利用场来驱动它们，或者机械地使粉末颗粒均匀地混合在一起。

④ 在通信系统中，用定点雷达预测代替早期的全方位检测，可以获得更加详细的信息。

⑤ 对光反应变色的玻璃。

⑥ 用动物可以听见的“声音围栏”代替实物栅栏圈住牛羊。

⑦ 用北斗导航定位代替实物栅栏指导共享单车停放。

⑧ 汽车无线遥控锁替代机械锁。

（3）运用技巧：

首先考虑用物理场替代机械场，由可变场替代恒定场，由结构化场替代非结构化场，由生物场来替代机械作用。在非物理系统中，概念、价值或属性都可以是被替代的对象。

例如，核磁共振成像扫描器（见图 11-16）。

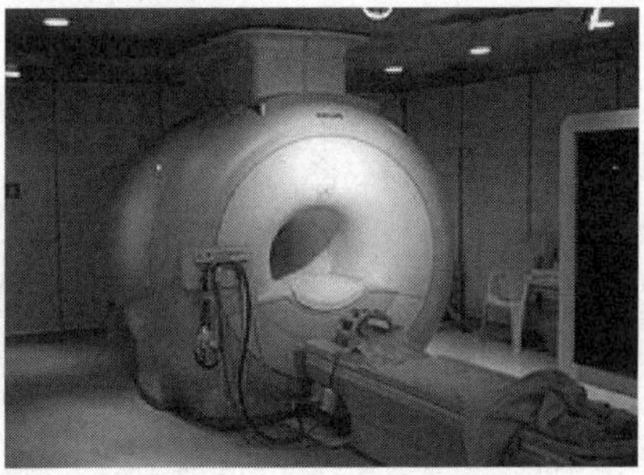

图 11-16 核磁共振

（4）课堂讨论：

请说一说其中蕴含的道理。

① 在煤气中掺入难闻气体，警告使用者气体泄漏。

② 门铃代替敲门。

③ 用电子系统代替机械计算系统（如物联网）。

11.9 气动与液压结构原理（29）

气动与液压结构原理，是指利用空气或液压技术来代替普通的系统部件，即通过利用液体或气体，甚至利用可膨胀的或可充气的对象来实现气动和液压原理。

（1）指导原则：

利用气体或液体部件代替对象中的固体部件，如充气结构、气垫、液体静力结构和流体动力结构等。

（2）典型案例：

① 用气垫船或橡皮艇代替木船。

② 运输脆的、易损坏的物品时，经常使用发泡材料进行保护。

（3）运用技巧：

气垫运动鞋可以减轻运动对足底的冲击（见图 11-17）。

图 11-17　气垫运动鞋

（4）课堂讨论：

请说一说其中蕴含的道理。

① 汽车的安全气囊可以在交通事故中起到一定的保护作用。

② 液压千斤顶。

11.10　参数变化原理（35）

参数变化原理，是指改变某个对象或系统的属性，以便提供某种有用的功能。这是所有发明原理中使用频率最高的一条。

（1）指导原则：

① 改变对象的物理聚集状态（例如，在气态、液态、固态之间变化）。

② 改变对象的密度、浓度、黏度。

③ 改变对象的柔性、温度。

（2）典型案例：

① 将二氧化碳制成干冰。

② 利用果汁和果肉制造果冻。

③ 脱水的橘子粉要比橘子汁更加便于运输，同理，奶粉比牛奶更易储存和运输。

④ 改变硫酸的浓度，不同浓度的硫酸有不同的性质。

⑤ 利用冰箱将食物冷冻起来，可以延长其保存的时间。

⑥ 在烹饪过程中，提高食物的温度可以改变食品色、香、味等。

⑦ 将铁磁性物体的温度提高到居里点以上，可以将磁性物体变为顺磁体。

（3）运用技巧：

可以考虑改变系统或对象的任意属性（对象的物理或化学状态、密度、导电性、机械柔性、温度、几何结构等）来实现系统的新功能。例如，用液态形式运输氧、氮、天然气，从而取代气体形式的运输，可以减少货物的体积，提高运输效率（见图 11-18）。

图 11-18　液态运输

（4）课堂讨论：

请说一说其中蕴含的道理。

① 洗手液。用液态肥皂水代替固体肥皂，可以定量使用，减少浪费，同时在多个人使用时更加卫生。

② 固态的二氧化碳——干冰，比气态或液态时更便于使用。

11.11　状态变化原理（36）

状态变化原理，是指利用对象在相变过程中出现的现象，来实现某种效应或使某个系统发生改变。

（1）指导原则：

利用对象在相变（相态改变）过程中产生的某种现象或效应，如体积改变、吸热或放热等。

（2）典型案例：

蒸汽机、制冷设备、热管。

（3）运用技巧：

超导电性（在接近绝对零度或在高于绝对零度几百度的温度下，电流在一些金属、合金或陶瓷器中无阻碍地流动）。

（4）课堂讨论：

请说一说其中蕴含的道理。

① 利用材料相变时吸收热量的特性来制成降温服。

② 液晶显示器、热喷墨打印机。

11.12　热膨胀原理（37）

热膨胀原理，是指利用对象受热膨胀的基本原理来产生“动力”，从而将热能转换为机械能或机械作用。

（1）指导原则：

① 利用对象的热膨胀或热收缩特性。

② 将几种热膨胀系数不同的对象组合起来使用。

（2）典型案例：

双金属片热敏开关，即双金属片。两条粘在一起的金属片，由于两片金属的热膨胀系数不同，对温度的敏感程度也不一样，温度改变时就能产生弯曲，从而实现开关功能。

（3）运用技巧：

在制造火车车轮时，需要在车轮外包一层高耐磨性的轮箍，为了实现紧密配合，采用的是过盈配合。为了将轮箍顺利装配到车轮上，应用“热膨胀”发明原理，在生产过程中对轮箍进行加热，使其膨胀，在此状态下进行装配。等轮箍冷却收缩后，轮箍就紧紧地包在车轮上了。

11.13　复合材料原理（40）

复合材料原理，是指通过将两种或多种不同的材料（或服务）紧密结合在一起而形成复合材料。

（1）指导原则：

用复合材料代替均质材料。

（2）典型案例：

① 利用空气或空隙形成蜂窝结构或波纹结构（包装用的波纹板纸箱）。

② 双层玻璃（中空玻璃可以分为三层：玻璃层、真空层、玻璃层）。

③ 平底煎锅上的不粘锅涂料（特富龙涂层）。

（3）运用技巧：

汽车轮胎是由橡胶、钢丝等组成的多层复合结构体（见图 11-19）。

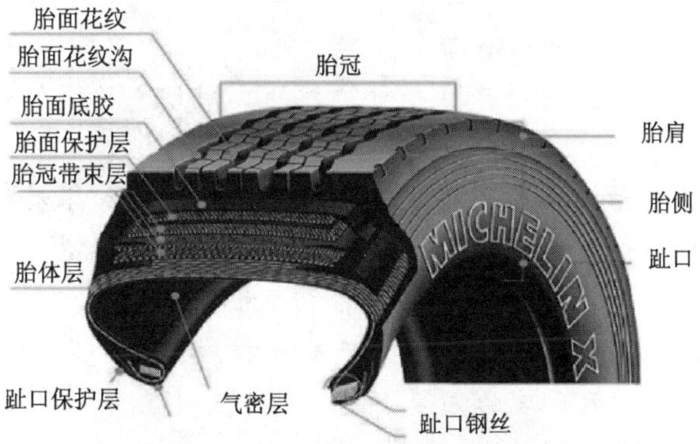

图 11-19　汽车轮胎结构

（4）课堂讨论：

请说一说其中蕴含的道理。

① 由玻璃层、塑料薄膜层和玻璃层组成的汽车挡风玻璃。

② 由钢筋、水泥、小石头等物质组成的钢筋混凝土复合材料。

习　题

1. 可弯曲的饮用吸管应用了（　　）原理。

A. 动态化原理　　B. 重量补偿

C. 嵌套　　D. 未达到或过度作用原理

2. 集成电路板的两面都安装电子元件，应用了（　　）原理。

A. 重量补偿　　B. 嵌套　　C. 维数变化　　D. 局部质量

3. 用液态洗手液代替固体肥皂，不仅洁净效应更好，还可以控制使用量，减少浪费，这是应用了（　　）原理。

A. 重量补偿　　B. 自服务　　C. 复合材料　　D. 参数变化

4. 用玻璃纤维制成的冲浪板，是应用了（　　）原理。

A. 自服务　　B. 复合材料　　C. 重量补偿　　D. 嵌套

5. 宇宙飞船的保护层可以部分汽化，以保护宇宙飞船不致过热，这是应用了（　　）原理。

A. 自服务　　B. 热膨胀　　C. 状态变化　　D. 变害为利

6. 热膨胀发明原理是指利用对象的受热膨胀原理将热能转换为机械能或机械作用。对与错？（　　）

7. （　　）原理是指在真正需要某种作用之前，预先执行该作用的全部或一部分。

A. 预操作　　B. 自服务　　C. 复合材料　　D. 参数变化

8. 以下关于曲面化创新原理的描述，不正确的是（　　）。

A. 通过将二维或三维空间中的直线变为曲线来增加曲率

B. 通过将直线运动变为圆周运动来增加曲率

C. 用曲线属性或球面属性代替线性属性

D. 利用振动在某个区间内产生一种规则的、周期性的变化

9. 以下关于振动创新原理的描述，不正确的是（　　）。

A. 通过振动或震动对象而使对象产生机械振动来增加振动的频率

B. 通过将直线运动变为圆周运动来增加曲率

C. 通过振荡或摇动对象而使对象利用共振频率

D. 利用振动或振荡，在某个区间内产生一种规则的、周期性的变化

10. 以下关于周期性作用原理的描述，不正确的是（　　）。

A. 用周期性作用或脉动代替非周期性作用

B. 如果作用已经是周期性的，则改变其作用频率

C. 用曲线属性或球面属性代替线性属性

D. 利用脉动的间隙来完成其他的有用作用

11. 以下关于有效作用的连续性创新原理的描述，不正确的是（　　）。

A. 让工作不间断地进行（对象的所有部分都应一直满负荷工作）

B. 消除空闲和间歇性动作

C. 用旋转运动代替往复运动

D. 利用脉动的间隙来完成其他的有用作用

12. 以下关于机械系统替代创新原理的描述，不正确的是（　　）。

A. 消除空闲和间歇性动作

B. 用光学、声学、电磁学、味觉、触觉或嗅觉系统来代替机械系统

C. 用移动场代替固定场，用动态场代替静态场，用结构化场代替非结构化场，用确定场代替随机场

D. 把场和能够与场发生相互作用的粒子（例如，磁场和铁磁粒子）组合起来使用

13. 气动与液压结构原理是利用气体或液体部件代替对象中的（　　）。

A. 软件系统　　B. 电子零件　　C. 固体部件　　D. 数字部件

【实训与思考】小组活动：提高系统效率的发明原理

（1）小组讨论：历数我们身边的“提高系统效率”发明原理应用案例。

答：____

____

____

____

（2）小组讨论：比比看，谁记忆的发明原理个数最多？

答：____

____

____

____

实训评价（教师）：____

____

____

____

第12章 用矛盾矩阵求解技术矛盾

【创新引领】什么是矛盾

现实生活中，人们用“矛盾”来比喻相互抵触，互不相容的关系（见图 12-1），在工程实践中同样存在矛盾。通过对大量发明专利的研究，阿奇舒勒发现，真正的“发明”（指发明级别为第二级、第三级和第四级的专利）往往都需要解决隐藏在问题当中的矛盾。

图 12–1　矛盾的故事

在解决技术问题的时候，我们经常会遇到这样的一种情形，为了达到某种目的，需要改善产品的某个参数。如果这个参数的改善，不会给该产品带来其他的问题，那么对该参数的改善就是一个解决方案。这种解决方案是一般的工程方案，工程师利用所学的常规思路、方法和经验就可以解决此类问题。比如，为了笔记本电脑使用方便，可视化好，加大了笔记本电脑屏幕的尺寸；为了提高汽车的安全性，增加了汽车底盘钢板的厚度。这些解决方案都是显而易见的。经典 TRIZ 理论中解决问题的工具，并不是为这类问题而产生的。

但是，如果在改善某个参数的时候，却带来了另外的问题，也就是说，按常规来改善这个参数的方法不能用，因为它带来了负向的效应，这就是矛盾。比如，笔记本电脑的屏幕，我们希望笔记本电脑的屏幕大一点，因为这样使用起来很方便，但是又带来一个新的问题，那就是携带起来不方便，所以笔记本电脑的屏幕又不能太大，这就是一对矛盾。常规的增大笔记本电脑屏幕尺寸的解决方案不再适用，因为遇到了矛盾。

再比如，我们希望小轿车底盘的钢板厚一些，这样会比较安全，但是如果底盘的钢板很厚，又会增加车的重量，油耗也会相应增加，所以钢板又不能太厚，这也是一对矛盾，因为常规的增加钢板厚度的解决方案也不再适用了。

对于这种矛盾的问题，一般的解决方案就是优化或者折中。也就是说，将笔记本电脑的屏幕做得不大不小，把底盘钢板的厚度做得不厚不薄。研发人员在实验中不断尝试，试图找到一个最佳参数设置。

而经典 TRIZ 理论中解决问题的工具，却是让工程师抛弃折中的企图，彻底地解决矛盾。让笔记本电脑的屏幕使用起来很方便，同时又具有便携性的优势；让小轿车具备高的安全性，同时还具有低油耗的经济性。

小组讨论：请找一找现实生活中所存在的类似上面所说的这样的矛盾。

12.1　什么是技术矛盾

阿奇舒勒规定：是否出现矛盾（又称“冲突”，冲突是必须解决的矛盾）是区分常规问题与发明问题的一个主要特征。与一般设计不同，只有在不影响系统现有功能的前提下成功地消除矛盾，才能认为是发明性地解决了这个问题。也就是说，矛盾应该是这样解决的：在完善技术系统的某一部分或是优化某一参数的同时，其他部分的功能或其他参数不会被影响。

12.1.1　技术矛盾的定义

矛盾是 TRIZ 的基石。矛盾可以帮助我们更快、更好地理解隐藏在问题背后的根本原因，找到解决问题的方法。通常，对于包含矛盾的工程问题来说，人们最爱使用的解决方法就是折中（妥协），这是由我们的思维特性所决定的。在人们的潜意识当中，奉行的简单逻辑就是避免出现矛盾的情况，其结果是矛盾的双方都无法得到满足，系统的巨大发展潜力被矛盾禁锢了。面对包含矛盾的问题，TRIZ 就是我们所需要的思维方法，它的出发点是从根本上解决矛盾。TRIZ 建议我们不要回避矛盾。相反地，是要找出矛盾并激化矛盾，最终解决矛盾。

如何将隐藏在问题中的矛盾抽取出来，是一项复杂而困难，但又无法回避的问题。经验丰富的 TRIZ 专家与一般 TRIZ 使用者之间最大的差别之一，就是抽取和定义矛盾的能力。在实践过程中，只有经过不断的练习和总结，才能使这种能力得到提升。

TRIZ 中的技术问题可以定义为技术矛盾和物理矛盾。

例 12-1　在飞机制造中，为了增加飞机外壳的强度，很容易想到的方法是增加外壳的厚度，但是厚度的增加势必会造成重量的增加，而重量增加却是飞机设计师们最不想见到的。在很多其他行业中，这样的矛盾也十分常见。这就是 TRIZ 中所说的技术矛盾。

12.1.2 改善与恶化的矛盾参数

技术矛盾描述的是一个系统中的两个参数之间的矛盾，指在改善对象的某个参数 A 时，导致另一个参数 B 的恶化。此时，称参数 A 和参数 B 构成了一对技术矛盾。例如，改善了某个对象的强度，却导致其重量的恶化；改善了某个对象的生产率，却导致了其复杂性的恶化；改善了某个对象的温度，却导致了其可靠性的恶化，等等。例如，桌子强度增加，导致重量增加；桌面面积增加，导致体积增大。又例如，改善了汽车的速度，导致了安全性发生恶化。这个例子中，涉及的两个参数是速度和安全性。

从矛盾的观点来看，A 和 B 之间之所以存在这样一种类似于“跷跷板”的关系，是因为 A 和 B 之间既对立（具体表现为改善了 A 却恶化了 B）又统一（具体表现为 A 和 B 位于同一个系统中，A 与 B 相互联系，互为依存）。

例 12-2 坦克装甲的改进。

在第一次世界大战中，英军为了突破敌方由机枪火力点、堑壕、铁丝网组成的防御阵地，迫切需要一种将火力、机动、防护三个方面结合起来的新型进攻性武器。1915 年，英国利用已有的内燃机技术、履带技术、武器技术和装甲技术，制造出了世界上第一辆坦克——“小游民”坦克（见图 12-2）。当时为了保密，称其为“水箱”。

图 12-2 一次世界大战中世界上第一辆坦克“小游民”

1916 年 9 月 15 日，英军在索姆河战役中首次使用坦克来配合步兵进攻，使久攻不下的德军阵地一片混乱，而英军士气得到极大的鼓舞。这场战役使各个国家认识到了坦克在战场上的价值，于是纷纷开始研发并装备坦克作为阵地突破的重型器械。同时，各国也开始寻求能够有效摧毁这种新式武器的方法，并开发出了相应的反制兵器。在以后的战争中，随着坦克与反坦克武器之间较量的不断升级，坦克的装甲越做越厚。到第二次世界大战末期，坦克装甲的厚度已经由第一次世界大战时的十几毫米变为一百多毫米，其中德国“虎 II”式重型坦克重点防护部位的装甲厚度达到了 180 mm（见图 12-3）。

图 12-3 第二次世界大战中的德国“虎 II”式重型坦克

随着坦克装甲厚度的不断增加，坦克的战斗全重也由最初的 7 吨多迅速增加到将近 70 吨。重量的增加直接导致了速度、机动性和耗油量等一系列问题的出现。在本例中，装甲的厚度与坦克的战斗全重这两个参数，就构成了一对技术矛盾。

12.1.3 改善是指“功能”的提升

值得注意的是，这里所说的“改善”，并不一定是指参数值的增加，也可能是指参数值的降低。例如，改善飞机发动机的重量特性，就是指如何在保持发动机主要技术性能不变的前提下，降低发动机的重量。所以，这里所说的改善是指“功能”的提升，而不是“数值”的增加。

12.2 39 个通用工程参数

工程中存在大量的工程参数，每个行业、领域都有很多工程参数。为了方便定义技术矛盾，阿奇舒勒分析专利，陆续总结、抽取出 39 个通用工程参数（见表 12-1）。在 39 个通用工程参数中，任意两个不同的参数就可以表示一对技术矛盾，通过组合一共可以表示 1 482 种最常见、最典型的技术矛盾，足以描述工程领域中出现的绝大多数技术矛盾，将一个具体问题转化并表达为标准的 TRIZ 问题。可以说，39 个通用工程参数是连接具体问题与 TRIZ 方法的桥梁。

从表 12-1 中可以看出，许多参数都被区分为“运动对象的”和“静止对象的”。所谓“运动对象”是指可以很容易地改变空间位置的对象。不论对象是靠自己的能力来运动，还是在外力的作用下运动。交通工具和那些被设计为便携式的对象都属于运动对象。而“静止对象”是指空间位置不变的对象。不论是对象靠自己的能力来保持其空间位置的不变，还是在外力的作用下保持其空间位置的不变。判断的标准是：在对象实现其功能的时候，其空间位置是否保持不变，例如，建筑物、台式计算机、洗衣机、写字台等。

表 12-1 39 个通用工程参数

No.	名称	No.	名称	No.	名称
1	运动对象的重量	14	强度	27	可靠性
2	静止对象的重量	15	运动对象的作用时间	28	测量的精确性
3	运动对象的长度	16	静止对象的作用时间	29	制造精度
4	静止对象的长度	17	温度	30	作用于对象的外部有害因素
5	运动对象的面积	18	照度（光强度）	31	对象产生的有害因素
6	静止对象的面积	19	运动对象所需要的能量	32	可制造性
7	运动对象的体积	20	静止对象所需要的能量	33	可操作性
8	静止对象的体积	21	功率	34	可维修性
9	速度	22	能量的无效损耗	35	适应性
10	力	23	物质的无效损耗	36	系统的复杂性
11	应力或压强	24	信息的损失	37	检测的难度
12	形状	25	时间的无效损耗	38	自动化程度
13	对象的稳定性	26	物质的量	39	生产率

准确地理解每个参数的含义，有助于从问题中正确地抽取矛盾。当然，由于这 39 个参数具有高度的概括性，所以很难将其定义得非常精确。从另一个角度来说，也不能将它们定义得过于死板，否则就失去了其应有的灵活性。

这些工程参数中所说的对象既可以是技术系统、子系统，也可以是零件、部件或物体。

为了应用方便和便于理解，可将 39 个通用工程参数大致分为以下三类：

（1）通用物理及几何参数。运动物体和静止物体的重量、运动物体和静止物体的尺寸（长度）、运动物体和静止物体的面积、运动物体和静止物体的体积、速度、力、应力或压强、形状、温度、照度、功率。

（2）通用技术负向参数。运动物体和静止物体的作用时间、运动物体和静止物体的能量消耗、能量损失、物质损失、信息损失、时间损失、物质的量、作用于对象的外部有害因素、对象产生的有害因素。

（3）通用技术正向参数。对象的稳定性、强度、可靠性、测量精确性、制造精度、可制造性、可操作性、可维修性、适应性、系统的复杂性、检测的难度、自动化程度、生产率。

所谓负向参数，是指当这些参数的数值变大时，会使系统或子系统的性能变差。如子系统为完成特定的功能时，所消耗的能量越大，则说明这个子系统设计得越不合理。

所谓正向参数，是指当这些参数的数值变大时，会使系统或子系统的性能变好。如子系统的可制造性指标越高，则子系统制造的成本就越低。

12.3　矛盾矩阵

通过研究，阿奇舒勒发现，针对某一对由两个通用工程参数所确定的技术矛盾，40 个发明原理中的某一个或某几个发明原理被使用的次数要明显比其他的发明原理多，换句话说，一个发明原理对于不同的技术矛盾的有效性是不同的。如果能够将发明原理与技术矛盾之间的这种对应关系描述出来的话，技术人员就可以直接使用那些对解决自己所遇到的技术矛盾最有效的发明原理，而不用将 40 个发明原理进行逐一试用了。于是，阿奇舒勒将 40 个发明原理与 39 个通用工程参数相结合，建立了矛盾矩阵（又称 39×39 矛盾矩阵，见表 12-2）。

表 12-2　矛盾矩阵（局部）

恶化的参数 / 改善的参数	运动对象的重量	静止对象的重量	运动对象的长度	静止对象的长度	运动对象的面积	静止对象的面积
运动对象的重量		—	15, 8, 29, 34	—	29,17,38, 34	—
静止对象的重量	—		—	10, 1, 29, 35	—	35, 30, 13, 2
运动对象的长度	8,15,29, 34	—		—	15, 17, 4	—
静止对象的长度	—	35,28,40, 29	—		—	17, 7, 10, 40
运动对象的面积	2, 17, 29, 4	—	14, 15, 18, 4	—		—
静止对象的面积	—	30, 2, 14, 18	—	26, 7, 9, 30	—	

在矛盾矩阵表中，左边第一列是技术人员希望改善的 1~39 个通用工程参数，上面第一行表示被恶化的 1~39 个通用工程参数，即由于改善了第一列中的某个参数而导致第一行中某个参数的恶化。位于矛盾矩阵中对角线上的单元格（以灰色填充的单元格），它们所对应的矛盾是物理矛盾，即改善的参数和恶化的参数相同。

矛盾矩阵的单元格中的数字是发明原理的序号，每个序号对应于一个发明原理。这些序号是按照统计结果进行排列的，即排在第一位的那个序号所对应的发明原理在解决该单元格所对应的这对技术矛盾时，被使用的次数最多，依此类推。当然，在大量被分析的专利当中，用于解决某个单元格所对应的技术矛盾的发明原理不仅仅只有该单元格中所列出的那几个。只是从统计的角度来说，单元格中所列出来的那些发明原理的使用次数明显比其他发明原理的使用次数多而已。

使用矛盾矩阵的具体步骤是：

（1）从问题中找出要改善的参数 A。

（2）从问题中找出被恶化的参数 B。

（3）在矛盾矩阵左第一列中，找到要改善的参数 A；在矛盾矩阵的上第一行中，找到被恶化的参数 B；从改善的参数 A 所在的位置向右作平行线，从恶化的参数 B 所在的位置向下作垂直线，位于这两条线交叉点处的单元格中的数字，就是矛盾矩阵推荐的、用来解决由 A 和 B 这两个通用工程参数所构成的这对技术矛盾的、最常用的发明原理的序号。

需要注意的是：

（1）对于某一对确定的技术矛盾来说，矛盾矩阵所推荐的发明原理只是指出了最有希望解决这种技术矛盾的思考方向，而这些思考方向是基于对大量高级别专利进行概率统计分析的结果。因此，对于实际工作中所遇到的某对具体的技术矛盾来说，并不是每一个被推荐的发明原理都一定能解决该技术矛盾。

（2）对于复杂问题来说，如果使用了某个发明原理，而该发明原理又引起了另一个新问题的时候（副作用），不要马上放弃这个发明原理。可以先解决现有问题，然后将这种副作用作为一个新问题，想办法加以解决。

（3）矛盾矩阵是不对称的。

解决技术矛盾的核心思想是：在改善技术系统中某个参数的同时其他参数不受影响。

12.4 利用矛盾矩阵解决技术矛盾

利用矛盾矩阵解决技术矛盾的过程，大致可以分为以下三个步骤，即分析技术系统，定义和解决技术矛盾。

12.4.1 分析技术系统

这里包含三个步骤。

步骤 1：确定技术系统的所有组成元素。

首先，通过对技术系统中各个组成元素的分析，可以使人们对每个组成元素的参数、特性和功能有一个全面的认识。其次，通过对各个组成元素之间的相互作用关系的分析，从整体上把握整个系统的作用机制，即不同元素之间存在什么样的相互作用以及它们对于系统整体性能、功能的实现分别起到了什么样的作用。最后，通过上述分析，为找出问题的根源奠定基础。

另外，通过对技术系统进行深入分析，可以确定技术系统中所包含的各个子系统、技术系统所属的超系统，以便帮助人们更好地理解技术问题，为找出问题的根源做准备。只有这样，才可能从整体上系统地了解现有技术系统的情况：子系统、系统和超系统的过去、现在和未来。

实例分析：在例 12-2 中，作为一个技术系统，坦克由以下几部分组成：武器系统、推进系统、防护系统、通信系统、电气设备、特种设备和装置。

步骤 2：找出问题的根源，即问题的根本原因。这是彻底解决问题的基础。找出导致当前问题出现的逻辑链，由此就可以找到需要改善的参数。

问题不会平白无故地产生，问题的背后总是隐藏着原因。通常，消除引起问题的原因要比消除问题更容易，也更有效。在头脑中厘清技术系统在过去和未来的功能有助于理解技术系统的工作条件。对技术系统未来应具备的功能的理解还可以帮助人们发现新的、未预见到的、不会出现当前问题的工作条件，从而使问题自动得到解决。

实例分析：在例 12-2 中，为了增加坦克的抗打击能力，最直接的方法就是增加坦克的装甲厚度，这导致了坦克重量的增加。从而导致了坦克机动性的降低和耗油量的增加等一系列问题。

步骤 3：定义需要改善的参数。

可以从以下两个方向来改善技术系统：

① 改善已有的正面参数。

② 消除（或弱化）负面参数。

实例分析：在例 12-2 中，可以清楚地看出当前问题是如何产生的，各个相关参数是如何被串起来成为一个链状结构的（见图 12-4）。

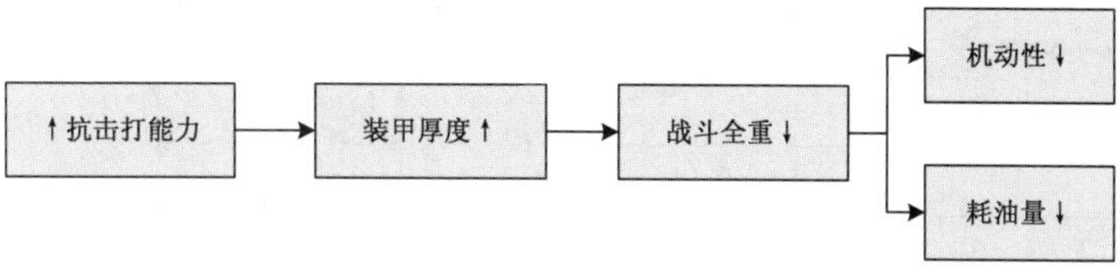

图 12-4 例 12-2 的逻辑链

用自然语言可以描述为：为了改善（提高）坦克的抗打击能力，就改善（增加）坦克的装甲厚度，直接导致了坦克战斗全重的恶化（增加），间接导致了坦克机动性的恶化（降低）和坦克耗油量的恶化（增加）。

从上述的逻辑推导中，可以看出：要改善的参数是坦克的抗打击能力。对应到 39 个通用工程参数中，最合适的是强度。所以，在例 12-2 中，要改善的参数就是强度。

12.4.2 定义技术矛盾

如前所述，技术矛盾是发生在技术系统中的冲突。如果对技术系统中某一参数的改善会导致系统中其他参数的恶化，就表明技术系统中存在冲突。前面，确定了需要改善的参数。在这里，需要将技术矛盾明确地定义出来。

实例分析：在例 12-2 中，可以清楚地看出：由于改善了强度这个参数，直接导致了装甲厚度的增加，从而引起了坦克战斗全重的增加。所以，恶化的参数就是坦克的战斗全重，对应到 39 个通用工程参数中，最合适的是运动对象的重量。

前面已经得到了改善的参数：强度；现在得到了被恶化的参数：运动对象的重量。从而可以定义出技术矛盾：当改善技术系统的参数“强度”的时候，导致了技术系统另一个参数“运动对象的重量”的恶化。可以将这个技术矛盾表示为：

↑强度→运动对象的重量↓

当然，也可以将装甲厚度、机动性或耗油量作为恶化的参数。在本例中，只是选择了坦克的重量这个参数而已。选择不同的恶化参数，会得到不同的技术矛盾。

12.4.3 解决技术矛盾

定义了技术矛盾以后，就可以使用矛盾矩阵来寻找解决问题的思考方向了。在

表 12-3 左第一列中找到改善的参数：强度；在表上第一行中，找到被恶化的参数：运动对象的重量。从强度向左，从运动对象的重量向下分别作两条射线，在这两条射线的交叉点所在的单元格中，得到四个序号：1、8、40、15。

表 12-3 矛盾矩阵（局部）

恶化的参数 改善的参数	运动对象的重量	静止对象的重量	运动对象的长度	静止对象的长度	运动对象的面积	静止对象的面积
运动对象的重量		—	15, 8, 29, 34	—	29,17, 38, 34	—
静止对象的重量	—		—	10, 1, 29, 35	—	35, 30, 13, 2
运动对象的长度	8, 15, 29, 34	—		—	15, 17, 4	—
静止对象的长度	—	35,28, 40, 29	—		—	17, 7, 10, 40
运动对象的面积	2, 17, 29, 4	—	14, 15, 18, 4	—		—
静止对象的面积	—	30, 2, 14, 18	—	26, 7, 9, 30	—	
运动对象的体积	2, 26, 29, 40	—	1, 7, 4, 35	—	1, 7, 4, 17	—
禁止对象的体积	—	35, 10, 19,14	19, 14	35, 8, 2, 14	—	—
速度	2, 28, 13, 38	—	13, 14, 8	—	29, 30, 34	—
力	8, 1, 37, 18	18, 13, 1, 28	17, 19, 9, 36	28, 10	19, 10, 15	1, 18, 36, 37
应力或压力	10,36, 37, 40	13,29, 10, 18	35, 10, 36	35, 1, 14, 16	10,15, 36, 28	10,15, 36, 37
形状	8, 10, 29, 40	15, 10, 26, 3	29, 34, 5, 4	13, 14, 10, 7	5, 34, 4, 10	—
对象的稳定性	21, 35, 2, 39	26, 39, 1, 40	13, 15, 1, 28	37	2, 11, 13	39
强度	1, 8, 40, 15	40, 26, 27, 1	1, 15, 8, 35	15,14, 28, 26	3, 34, 40, 29	9, 40, 28
运动对象的作用时间	19, 5, 34, 31	—	2, 19, 9	—	3, 17, 19	—
静止对象的作用时间	—	6, 27, 19, 16	—	1, 40, 35	—	—

下面，看看从矛盾矩阵中得到的每个发明原理以及每个发明原理中的指导原则。

1．原理 1　分割

（1）将一个对象分成多个相互独立的部分。

（2）将对象分成容易组装（或组合）和拆卸的部分。

（3）增加对象的分割程度。

应用指导原则（1），意味着将装甲分为多个不同的相互独立的部分。

应用指导原则（2），意味着将装甲分割为多个容易组装和拆卸的部分。

应用指导原则（3），意味着增加装甲的可分性，将装甲分割为更多的相互独立的部分，可以是成千上万，甚至上百万份。

2．原理 8　重量补偿

（1）将某对象与另一个能提供上升力的对象组合，以补偿其重量。

（2）通过与环境的相互作用（利用空气动力、流体动力等）实现对象的重量补偿。

应用指导原则（1），意味着将某种能够提供上升力的对象与坦克或装甲组合起来，利用该对象提供的上升力来补偿坦克装甲的重量。

应用指导原则（2），意味着通过改变坦克的结构，从而使坦克能够利用环境中的物质来获得上升力，即能够自己产生上升力的坦克。但当前问题是解决陆战坦克的重量问题，不允许我们这样做，所以这一原理不适用。但是，在水陆两用坦克上，本原理得到了广泛的应用。

例 12-3 第二次世界大战中，日本的“卡米”II 式水陆两用坦克（见图 12-5）利用浮箱产生浮力，以补偿坦克的重量。

卸掉前、后浮箱

图 12-5 卡米 II 式水陆两用坦克

又例如，第二次世界大战中，盟军为实施诺曼底登陆，对原有的谢尔曼坦克进行改进，设计出了 DD 坦克（duplex drive，两栖坦克）（见图 12-6）。其原理就是在坦克上加装了一个 9 英尺（约 2.7432 m）高的可折叠帆布框架，使其成为像船一样能漂浮在水面上的坦克。帆布框架的作用，就是通过排开海水，产生浮力，以补偿坦克的重量。

谢尔曼坦克本身就不是“二战”中最好的中型坦克，而由它改造的谢尔曼 DD 水陆坦克更是由于极弱的防护而备受诟病。但在诺曼底登陆以后，水陆两栖坦克开始在武器装备序列中占有重要地位。“二战”结束后，水陆两栖坦克更是开始了快速发展的步伐（见图 12-7）。

图 12-6 第二次世界大战中盟军使用的 DD 坦克

3. 原理 40 复合材料

用复合材料代替均质材料。

图 12-7 现代水陆两栖坦克

应用该原理意味着用复合材料代替先前的均质材料。不同的复合材料可以具有不同的特性，很多复合材料可以同时满足高强度和低密度的要求。

4. 原理 15 动态特性

（1）调整对象或对象所处的环境，使对象在各动作、各阶段的性能达到最佳状态。

（2）将对象分割为多个部分，使其各部分可以改变相对位置。

（3）使不动的对象可动或可自动适应。

应用指导原则（1），意味着调整坦克、装甲或作战环境的性能，使坦克在工作的各个阶段达到最优的状态。

应用指导原则（2），意味着将装甲分割为多个可以改变相对位置的部分。

应用指导原则（3），意味着让原本“静止”的装甲变得“可动”或可以根据环境的变化自动调整自己的状态。

结论：将原理 1 的指导原则（2）、原理 40 和原理 15 的指导原则（2）结合起来，可以得到一个成功的解决方案。用复合材料来制造一块一块的、容易组装和拆卸的、可以动态配置的装甲板，按照需要动态地配置于坦克车体的各个部位（见图 12-8）。这也正是在第二次世界大战后坦克装甲发展的方向。

图 12-8 复合装甲在坦克车体上的配置

在利用发明原理和矛盾矩阵解决技术矛盾的时候，要认真阅读每个推荐的发明原理，用心体会每个指导原则的含义，并尝试将其应用于技术系统。不要拒绝任何想法，不管它看起来多么荒谬、多么可笑，都要尽最大的努力来使用它。

其次，对于对应单元格中给出的这些发明原理，既可以单独使用，也可以考虑将两个或多个发明原理或指导原则合并起来使用。

最后，如果所有给出的发明原理或指导原则都无法解决该问题，则需重新分析问题，重新定义技术矛盾，直到找出可用的概念解决方案为止。

习 题

1. 矛盾是 TRIZ 的基石。矛盾可以帮助我们更快、更好地理解隐藏在问题背后的根本原因，找到解决问题的方法。下列选项中，不属于 TRIZ 矛盾思想的是（　　）。

A. 冲突　B. 技术矛盾　C. 回避　D. 激化

2. TRIZ 解题思路是先把具体问题转化为问题的模型，然后用 TRIZ 工具找到解决方案的模型，最后将解决方案的模型转化为具体的解决方案。对与错？（　　）

3. 在 TRIZ 理论界定的矛盾中，折中和妥协对于彻底解决技术矛盾无济于事。对与否？（　　）

4. 在 TRIZ 理论中，矛盾被分为技术矛盾和物理矛盾？对与否？（　　）

5. 从矛盾参数视角看，技术矛盾意味着相互矛盾的两个参数处于一种此消彼长的关系。对与否？（　　）

6. 以下情景中，不能构成技术矛盾的是（　　）。

A. 自行车拐弯减速时，刹车闸摩擦车轮，致使车轮停止转动，结果车毁人伤

B. 为了室内照明的蜡烛，产生了大量的浓烟，污染了室内的空气

C. 汽车过桥时，如果车辆超载就会对桥产生破坏

D. 由于电池供电电压过低，灯泡无法发光

7. 工程中存在着大量的工程参数。为了方便定义技术矛盾，阿奇舒勒分析专利，陆续总结、抽取出经典 TRIZ 的（　　）个通用工程参数，利用这些参数足以描述工程领域中出现的绝大多数技术矛盾。

A. 39　B. 46　C. 40　D. 18

8. 在 TRIZ 理论界定的矛盾中，所有工程问题都可以使用一系列有限的通用工程参数来描述。对与错？（　　）

9. 在 39 个通用工程参数中，物质的量属于（　　）。

A. 通用物理参数　B. 通用技术负向参数

C. 通用技术正向参数　D. 通用几何参数

10. 在 39 个通用工程参数中，可靠性属于（　　）。

A. 通用物理参数　B. 通用技术负向参数

C. 通用技术正向参数　D. 通用几何参数

11. 矛盾矩阵提供了一个可以根据系统中产生冲突的两个工程参数，从矩阵表中直接查找化解该冲突的途径与方法。对与错？（　　）

12. TRIZ 理论中，矛盾矩阵是由包含改善参数行与包含恶化参数列的交叉单元来表示的。对与否？（　　）

13. 阿奇舒勒矛盾矩阵给出的发明原理只是大体的方向，还需要我们通过头脑风暴等方法进一步思考。对与否？（　　）

14. 通过研究，阿奇舒勒将发明原理与通用工程参数相结合，建立了经典 TRIZ 的矛盾矩阵，又称（　　）矛盾矩阵。

A. 40 × 40　　B. 39 × 39　　C. 128 × 128　　D. 36 × 36

【实训与思考】应用矛盾矩阵获取问题解决方案

1. 实训目的

（1）熟悉技术矛盾的定义，掌握解决矛盾，实现创新的思想认识。

（2）熟悉技术矛盾的定义方法，熟悉矛盾矩阵及其运用方法。

（3）熟悉利用矛盾矩阵解决技术矛盾的技术方法，熟悉发明原理的应用。

2. 工具/准备工作

在开始本实训之前，请回顾本章的相关内容。

需要准备一台能够访问因特网的计算机。

3. 实训内容与步骤

（1）什么是技术矛盾？试列举生活中你所遇到的三个技术矛盾的实例。

答：____________________

实例 1：____________________

实例 2：____________________

实例 3：____________________

（2）39 个通用工程参数的作用是什么？

答：____________________

（3）请举例说明技术矛盾的解题步骤。

答：

第一步：____________________

第二步：____________________

第三步：____

____

（4）通过查找矛盾矩阵，找到解决下列技术矛盾的创新原理：

改善：温度　　　　恶化：强度

答：____

____

____

____

改善：能量损失　　　恶化：制造精度

答：____

____

____

____

（5）阿司匹林是一种广泛流行的药物，它通常被制成片剂，为了发烧迅速消退，人们通常在短时间内服用几片。但是药片进入胃内时，它与胃壁接触并造成刺激。试分析上述材料中的技术矛盾，通过矛盾矩阵查找相应的发明原理，并解决该矛盾。

答：____

____

____

____

（6）为了满足日益增长的人群涌入大中型城市，充分地利用空间，很多城市不得不启动大量高楼建设项目。但是楼房一旦建设很高，会引来一系列的问题。比如楼房的抗震性能下降，影响周边建筑的采光效果，过于集中的楼房还会造成局部的交通堵塞等问题。在这个实例中，存在着很多的技术矛盾。请将实际问题转化为用 39 个参数描述的技术矛盾，并尝试利用矛盾矩阵查找相应的发明原理。

答：____

____

____

____

（7）风力发电机在风大的时候，需要停转，以免叶片高速旋转，离心力过大把叶片甩断。但是，如果在大风时也能够运转，就能多发电，请定义此问题的技术矛盾，并且使用矛盾矩阵，找出解决此问题的发明原理，并且给出解决方案。

答：____

____

____

____

（8）接收无线电波的雷达天线经常遇到雷雨。为了避免雷击，必须设置避雷针。但是，避雷针会吸收无线电波，从而减少了天线吸收无线电波的数量。请找出此问题中的技术矛盾，并且使用矛盾矩阵，找出解决此问题的发明原理，并且给出解决方案。

答：____________________________________

（9）应用技术矛盾和矛盾矩阵解决飞机发动机整流罩改进问题。

问题：为加大航程，在改进波音 737 的设计中加大了发动机功率，但随之出现的问题是，飞机的发动机也必须作相应的改进。而由于在加大功率的情况下发动机需要进更多的空气，发动机的改进又使发动机整流罩的截面积尺寸加大，整流罩与地面的距离将会缩小，而起落架的高度是无法调整的，这样，飞机起降的安全性受到影响。摆在设计者面前的关键问题，就是如何改进发动机的整流罩，而不降低飞机的安全性（见图 12-9）。

图 12-9　飞机发动机

显然，在上面这个实例中，存在着亟待解决的技术问题。请你从这些实际问题中，提取典型的技术矛盾，并考虑利用矛盾矩阵获得问题的解决方案。

请记录：

你选取的技术问题是：____________________________________

步骤 1　确定技术系统的所有组成元素：____________________________________

步骤 2　请画出问题的逻辑链，并进行问题描述：____________________________________

步骤 3　定义技术矛盾，定义需要改善的参数和被恶化的参数。

改善的参数：____________________________________

被恶化的参数：____________________________________

步骤 4　解决技术矛盾。在矛盾矩阵的交叉点单元格中，得到的发明原理序号是：____________________________________

通过查阅，得到对应的发明原理及其指导原则是：

原理（　　）：____________________________________

指导原则 1: ____________________

指导原则 2: ____________________

指导原则 3: ____________________

原理（　　）: ____________________

指导原则 1: ____________________

指导原则 2: ____________________

指导原则 3: ____________________

原理（　　）: ____________________

指导原则 1: ____________________

指导原则 2: ____________________

指导原则 3: ____________________

指导原则 4____________________

指导原则 5: ____________________

原理（　　）: ____________________

指导原则 1: ____________________

指导原则 2: ____________________

步骤 5　结论：你所获得的创新问题解决方案是：

____

4. 实训总结

5. 实训评价（教师）

第13章 用分离方法解决物理矛盾

【创新引领】解决军用飞机的载油量

通常，为了增加飞机的巡航半径，飞机需要携带更多的燃油。但是，多携带燃油会增加飞机的重量，导致其单位航程耗油量的增加，从而缩短其巡航半径。这个问题，以前是通过给飞机携带副油箱的方式得以解决的（见图 13-1）。此时，副油箱被看作是飞机的一个子系统。随着技术系统的进化，副油箱逐步从飞机这个技术系统中脱离出来，转移至超系统，并最终演变为现代的空中加油机（见图 13-2）。其结果是，飞机“携带”的燃油既多（飞机“携带”了空中加油机，空中加油机可以“携带”很多燃油）又少（飞机自身所“携带”的燃油少），满足了互斥的需求。

图 13-1　飞机副油箱

图 13-2　空中加油机

采用这种方式，一方面由于飞机不需要携带副油箱，使得飞机的飞行重量降低，系统得以简化；另一方面加油机可以“携带”比副油箱多得多的燃油，大大提高了为飞机补充燃油的效率。

小组讨论：解决军用飞机载油量，其思考问题的出发点是：“载油量既要少又要多”，即一方面飞机不携带副油箱，使得飞机的飞行重量降低，系统得以简化；另一方面加油机可以“携带”足够多的燃油，大大提高了为飞机补充燃油的效率。找一找现实生活中所存在的类似的矛盾现象。

13.1　什么是物理矛盾

阿奇舒勒定义物理矛盾（Physical Contradiction，PC）这个概念来描述以下情况：对同一个对象的某个特性提出了互斥的要求。例如，某个对象既要大又要小，既要长又要短，既要快又要慢，既要高又要低，既要有又要无，或者既要导电又要绝缘，等等。物理矛盾是对技术系统的同一参数提出相互排斥的需求时出现的一种物理状态。无论对于技术系统的宏观参数，如长度、电导率及摩擦系数等，还是对于描述微观量的参数，如粒子浓度、离子电荷及电子速度等，都可以对其中存在的物理矛盾进行描述。

例如，飞机在起飞和降落的时候，必须用到起落架。但在飞行过程中又不需要起落架，以免引起不必要的空气摩擦。这是两个相反的要求。物理矛盾反映的是唯物辩证法中的对立统一规律，矛盾双方存在两种关系：对立的关系及统一的关系。一方面，物理矛盾讲的是相互排斥，即同一性质相互对立的状态，假定非此即彼；另一方面，物理矛盾又要求所有相互排斥和对立状态的统一，即矛盾的双方存在于同一客体中（见表 13-1）。

表 13-1　常见的物理矛盾

类别	物理矛盾							
几何类	长与短	对称与非对称	平行与交叉	厚与薄	圆与非圆	锋利与钝	窄与宽	水平与垂直
材料及能量类	多与少	密度大与小	导热率高与低	温度高与低	时间长与短	黏度高与低	功率大与小	摩擦力大与小
功能类	喷射与堵塞	推与拉	冷与热	快与慢	运动与静止	强与弱	软与硬	成本高与低

例 13-1　飞机机翼（见图 13-3）的改进。

图 13-3　飞机的机翼

在飞机的改型设计中，为了提高飞机的飞行速度，设计人员希望用一种推力更大的新型发动机来代替原有的发动机。但是，新型发动机的重量要比老发动机大很多，这使得飞机的总重量大大增加。因此，在起飞时，原有机翼所提供的升力将无法满足要求。为了解决这个问题，可以增加机翼的面积。这样就能够在起飞的过程中产生更大的升力。

但是，当飞机高速飞行时，增大了面积的机翼将产生更大的阻力，这又会降低飞机的飞行速度。

在这个例子中，针对“机翼面积”这个参数出现了相反的（互斥的、矛盾的）需求。一方面，为了提高飞行速度，需要推力更大的新型发动机。为容纳新型发动机比原有发动机更大的重量，需要在起飞的时候提供更大的升力，为此，需要增大机翼面积；另一方面，为了提高飞机的飞行速度，需要较小的飞行阻力，而机翼是产生飞行阻力的主要部位之一，增大机翼的面积会增大机翼的阻力。因此，需要减小机翼面积。

13.2　定义物理矛盾

通常，在解决问题的时候，目标之所以无法实现，就是因为没有解决最重要的矛盾。一个好的解决方案应该是这样的：在使一个特性（在本例中是重量、机翼面积）保持不变或得到改善的基础上，使目标特性得到改善（在本例中是速度）。解决问题的方法往往并不是显而易见的，需要解决问题的人具有一定的创造性。

在常规设计中，对于这样的问题往往会采用折中或妥协的方法，或者仅仅满足两个矛盾的特性中“比较重要的”那个特性，而对于另一个“不重要的”特性则可以用其他辅助性手段来进行处理。但是，对于 TRIZ 来说，追求的就是解决矛盾，建立一个“完美的”系统，即在不使其他特性恶化的前提下，改善那个“重要的”特性。

综上所述，物理矛盾可以精确地表达为：对象应该具有特性“P”，以便满足需求 A；同时，对象应该具有特性“非 P”，以便满足需求 B。

读者可以参考以下的两种模板来定义物理矛盾：

模板 1：

技术系统的名称 中 对象的名称 应该是（具有）特性，以便 对系统的第一种需求；同时，又不应该是（具有）特性，以便 对系统的第二种需求。

例如：飞机 中 机翼 应该是（具有）大，以便 在起飞时提供更大的升力；同时，又不应该是（具有）大，以便 在高速飞行时具有较小的阻力。

模板 2：

技术系统的名称 中 对象的名称 的 关键参数 应该为 关键参数的第一个值，以便技术系统的第一种功能或特性；同时，关键参数 又应该为 关键参数的第二个值，以便技术系统的第二种功能或特性。

例如：飞机 中 机翼 的 面积 应该 大，以便 在起飞时提供更大的升力；同时，面积 又应该 小，以便 在高速飞行时具有较小的阻力。

在定义物理矛盾时，到底使用哪个模板，要具体问题具体分析。当然，这两个模板只是参考，读者完全可以在此基础上灵活应用，以更加适合的方式来表达问题中所蕴含的物理矛盾。

定义物理矛盾的步骤，可以分为以下四步：

第一步：进行技术系统的因果分析。

第二步：从因果分析中定义出技术矛盾。

第三步：提取物理矛盾，在这对技术矛盾中找到一个参数，及其相反的两个要求。

第四步：定义理想状态，提取技术系统在每个参数状态的优点，提出技术系统的理想状态。

工程系统中常常遇到各种问题，如何将一个问题转换成物理矛盾是非常重要的。针对某种实际的问题情境，一般可以通过以上步骤逐步完成对其中物理矛盾的准确描述。

例 13-2 以制造汽车过程中的一个问题为例。

在制造汽车的时候，特别是制造重型卡车的时候，需要汽车非常坚固，并且能承载更多的货物。所以一般大型汽车、重型卡车需要运用大量的钢材来制造更大更厚实的车厢。但是这样会使汽车非常重，导致在行驶过程中需要耗费更多的燃油。

针对这样的实际问题，将它转换成物理矛盾的时候，需要找到某一个有对立要求的参数，就按照以上步骤找到这个对立的参数。对于这一实例，其存在的技术矛盾是：强度 VS 运动物体的重量。物理矛盾则可以简单表述为：卡车车身的材料密度既要是高的，同时又要是低的。

13.3 解决物理矛盾的分离方法

物理矛盾的解决方法一直是 TRIZ 研究的重点，其核心思想是实现矛盾双方的分离。为此，阿奇舒勒总结出了 11 个分离原理。但是，在实际工作中，人们很难将这 11 个分离原理一一记住。为了让使用者能更方便地利用分离的思想进行思考，现代 TRIZ 在总结解决物理矛盾的各种方法的基础上，将 11 个分离原理概括为四种分离方法，即：时间分离、空间分离、条件分离、系统级别上的分离。这四种方法的核心思想是完全相同的，都是为了将针对于同一个对象（系统、参数、特性、功能等）的相互矛盾的需求分离开，从而使矛盾的双方都得到完全的满足。它们之间不同之处在于，不同的分离方法选择了不同的方向来分离矛盾的双方。例如，时间分离所选择的求解方向就是在时间上将矛盾双方互斥的需求分离开。

13.3.1 时间分离

时间分离是指在时间上将矛盾双方互斥的需求分离开，即通过在不同的时刻满足不同的需求，从而解决物理矛盾。

当系统中存在互斥需求（P 和-P）的时候，如果其中的一个需求（P）只存在于某个时间段内，而在其他时间段内并没有这种需求，就可以使用时间分离的方法将这种互斥的需求分离开。

使用这种分离方法的时候，首先要回答下面的问题：

是否在所有的时间段，都需要既是“P”，又是“-P”？

如果不是，则表示至少在某一个时间段内，没有要求既是“P”又是“-P ”。因此，就可以在该时间段内，将这种对于系统的矛盾需求分离开。

例 13-3　下面是一些时间分离的实例。

（1）在十字路口，去往不同方向的汽车都要通过相同的区域。但是，它们又不能同时通过相同的区域，否则就会造成交通事故。利用红绿灯就可以使去往不同方向的汽车在不同的时间通过相同的区域。

（2）在下雨的时候，希望伞能够尽量大一些，以便更好地遮挡风雨；在不下雨的时候，希望伞能够尽量小一些，以便随身携带。折叠伞就很好地解决了这个矛盾。

（3）在起飞、降落和正常飞行时，飞机机翼会分别呈现出不同的几何形状。这种形状上的变化是为了满足不同时间段内飞机对升力的不同需求。

例 13-4　舰载机（见图 13-4）。

图 13-4　舰载机

为了增强航空母舰的战斗力，航空母舰上需要搭载尽可能多的舰载机。由于长度的限制，航空母舰上供飞机起飞的跑道是非常短的。为了在这么短的跑道上起飞，飞机机翼应该大一些，以便在相对较低的速度下获得较大的升力，使飞机顺利起飞；另一方面，为了在空间有限的航空母舰上搭载尽可能多的舰载机，飞机机翼应该尽可能小一些。

（1）分析。在这个问题中，对于机翼互斥的需求是：既要大，又要小。

（2）物理矛盾。机翼既应该是大的，又应该是小的，这显然是违反物理规律的。

（3）矛盾分析。当舰载机从航空母舰的飞行甲板上起飞的时候，需要较大的升力，因此希望机翼大；当舰载机停放在航空母舰的飞行甲板上或机库里的时候，为了减小其所占用的空间，希望机翼小。可以看出，对舰载机机翼的互斥需求在时间轴上是不重叠的。因此，可以考虑用时间分离的方法来解决这个物理矛盾。

（4）简化的问题。当飞机从飞行甲板上起飞的时候，如何使机翼保持在“大”的状态；当飞机停放在机库里的时候，如何使机翼保持在“小”的状态？有没有一种方法可以使机翼在需要大的时候变大，在需要小的时候变小呢？

（5）解决方案。将飞机的机翼设计成可折叠的，当飞机起飞的时候，机翼打开，就处于“大”的状态；当飞机处于停放状态时，将机翼折叠起来，就处于“小”的状态了（见图 13-5）。

图 13-5 舰载机的可折叠机翼

13.3.2 空间分离

空间分离是指在空间上将矛盾双方互斥的需求分离开，即系统在不同的空间位置满足不同的需求，或在系统的不同部位满足不同的需求，从而解决物理矛盾。当系统中存在互斥需求（P 和–P）的时候，如果其中的一个需求（P）只存在于某个空间位置，而在其他空间位置并没有这种需求,就可以使用空间分离的方法将这种互斥的需求分离开。

在应用这种分离方法的时候，首先要回答下面的问题：

是否在所有的空间位置上，都需要既是“P”，又是“–P”？

如果不是，则表示至少在某一个空间位置，没有要求既是“P”，又是“–P”。因此，就可以在该空间位置，将这种对于系统的矛盾需求分离开。

例 13-5 下面是一些空间分离的实例。

（1）在十字路口，去往不同方向的汽车都要通过相同的区域。但是，它们又不能同时通过相同的区域，否则就会造成交通事故。利用立交桥可以使去往不同方向的汽车在同一时间利用不同的空间位置通过该区域。

（2）烧菜的时候，锅应该是热的，以便加热食物；同时，锅又应该是不热的，以便厨师用手“抓”住锅进行操作。因此，在锅上安装了用耐高温塑料或木头制成的柄，使锅的不同部位满足不同的需求。

13.3.3 条件分离

条件分离是指根据条件的不同将矛盾双方互斥的需求分离开，即通过在不同的条件下满足不同的需求，从而解决物理矛盾。

当系统中存在互斥需求（P 和–P）的时候，如果其中的一个需求（P）只在某一种条件下存在，而在其他条件下不存在的时候，就可以使用条件分离的方法将这种互斥的需求分离开。

在应用这种分离方法的时候，首先要回答下列问题：

是否在任何的条件下，都需要既是“P”又是“–P”？

如果不是，则表示至少在某一个条件下，没有要求既是“P”，又是“–P”。因此，就可以在该条件下，将这种对于系统的矛盾需求分离开。

例 13-6 下面是一些条件分离的实例。

（1）在十字路口，去往不同方向的汽车都要通过相同的区域。但是，它们又不能同时通过相同的区域，否则就会造成交通事故。利用“环岛”使去往不同方向的汽车在同一时间通过相同的区域，就是条件分离（汽车从各个入口进入环岛，再按照不同的目的地，选择不同的出口从环岛出来）。

（2）常温下，氮气的化学性质很不活泼，既不助燃，也不能帮助呼吸。游离态的氮气，用途并不广。在博物馆里，那些贵重的画卷常常保存在充满氮气的圆筒里，这样可以避免蛀虫毁坏画卷。在高温条件下，氮气十分活泼，能与许多元素化合。例如，在高温高压下氮气与氢化合物生成氮氢化合物。可以说，氮是否活泼取决于温度这个条件。

（3）水是“软”的，鱼儿在水中可以自由遨游；水又是“硬”的，利用高压水可以切割很厚的金属板。可以说，水是软还是硬取决于水的速度这个条件。

例 13-7　可变色的眼镜。

对于近视的人来说，当太阳光很强的时候，希望镜片的颜色深一些，当太阳光弱的时候，希望镜片的颜色浅一些，甚至是无色。即物理矛盾是镜片的颜色既应该是深的，又应该是浅的。

解决方案：在镜片中加入少量氯化银和明胶。其中，氯化银是一种见光能够分解的物质，分解出来的金属银的颗粒很细，但可使镜片的颜色变暗变黑，降低镜片的透明度。在没有太阳光直射的情况下，明胶能使已经分解出来的银和氯重新结合，转变为氯化银。利用这种镜片制成的眼镜可以根据光线强度的不同，呈现不同深浅的颜色。

13.3.4　系统级别上的分离

系统级别上的分离是指在系统级别上将矛盾双方互斥的需求分离开，即通过在不同的系统级别上满足不同的需求，从而解决物理矛盾。

当系统中存在互斥需求（P 和-P）的时候，如果其中的一个需求（P）只存在于某个系统级别上（例如，只存在于系统级别上），而不存在于另一个系统级别上（例如，不存在于子系统或超系统级别上）时，就可以使用系统级别分离的方法将这种互斥的需求分离开。

使用这种分离方法的时候，首先要回答下列问题：

是否在所有的系统级别上，都需要既是“P”又是“-P”？

如果不同的需求可以存在于不同的系统级别上，就可以在系统的不同级别上将矛盾的需求分离开。

例 13-8　自行车链条应该是柔软的，以便精确地环绕在传动链轮上，它又应该是刚性的，以便在链轮之间传递相当大的作用力。因此，系统的各个部分（链条上的每一个链节）是刚性的，但是系统在整体上（链条）是柔性的（见图 13-6）。

图 13-6　套筒滚子链在不同的系统级别上表现出不同的特性

例 13-9 近视眼镜和远视眼镜的集成。

有些人同时具有两种视力问题：近视和远视。近视和远视可以分别通过不同的眼镜来进行视力矫正。但是，对于既近视又远视的情况，该怎么办呢？

这里，找到的物理矛盾是：人到中年，由于晶体调节能力的减弱，解决既要看远处，又要看近处的问题成为当务之急。

解决方案：

（1）空间分离：1784 年，富兰克林将两种不同度数的镜片装入一个眼镜框中，以解决既要看远又要看近的问题，成为眼镜发展史上的一个里程碑。随后人们相继发明了许多种双光眼镜，给工作与生活带来极大的便利。这一成就在人们不断的改进和发展中持续了将近 200 年。直到 1959 年，一种新产品——渐进多焦点的问世，给人们带来了新的喜悦。渐进多焦点眼镜片在国外一些先进国家已经得到广泛的认可。

（2）时间分离：两副眼镜，根据需要换着戴。

（3）条件分离：像照相机镜头那样的自聚焦透镜。

（4）系统级别上的分离：可以改变曲率和焦距的塑料透镜。

13.4 将技术矛盾转化为物理矛盾

在一个工程问题中，可能会同时包含多个矛盾。对于其中的某一个矛盾来说，它既可以被定义为技术矛盾，也可以被定义为物理矛盾。技术矛盾与物理矛盾之间是可以相互转化的，利用这种转化机制，可以将一个冲突程度较低的技术矛盾转化为一个冲突程度较高的物理矛盾（见图 13-7）。

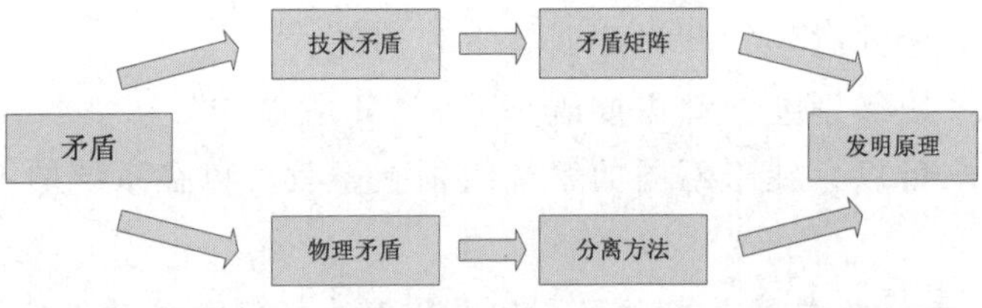

图 13-7 技术矛盾与物理矛盾的关系

例如，为了提高子系统 Y 的效率，需要对子系统 Y 加热，但是加热会导致其邻近子系统 X 的降解，这是一对技术矛盾。同样，这样的问题可以用物理矛盾来描述，即温度既要高又要低。高的温度提高 Y 的效率，但是恶化 X 的质量；而低的温度不会提高 Y 的效率，也不会恶化 X 的质量。所以技术矛盾与物理矛盾之间是可以转化的。在很多时候，技术矛盾是更显而易见的矛盾，而物理矛盾是隐藏得更深入的、更尖锐的矛盾。

技术矛盾和物理矛盾两者的区别是：

（1）技术矛盾是存在于两个参数（特性、功能）之间的矛盾，物理矛盾是针对于一个参数（特性、功能）的矛盾。

（2）技术矛盾涉及的是整个技术系统的特性，物理矛盾涉及的是系统中某个元素的某个特征的物理特性。

（3）物理矛盾比技术矛盾更能体现问题的本质。

对于同一个技术问题来说，技术矛盾和物理矛盾是从不同的角度，在不同的深度上对同一个问题的不同表述。研究提出，解决物理矛盾的 4 种分离方法与解决技术矛盾的 40 个发明原理之间存在一定的关系。对于每种分离方法，可以有多个发明原理与之对应（见表 13-2）。

表 13-2　分离方法与发明原理之间的对应关系

分离方法	发明原理
空间分离	1. 分割原理
	2. 抽取原理
	3. 局部质量原理
	17. 维数变化（一维变多维）原理
	13. 反向作用原理
	14. 曲面化（曲率增加）原理
	7. 嵌套原理
	30 柔性壳体或薄膜原理
	4. 不对称原理
	24. 中介物原理
	26. 复制原理
时间分离	15. 动态化原理
	10. 预先作用原理
	19. 周期性作用原理
	11. 预补偿（事先防范）原理
	16. 未达到或过度作用原理
	21. 减少作用的时间（快速通过）原理
	26. 复制原理
	18. 振动原理
	37. 热膨胀原理
	34. 抛弃与再生原理
	9. 预先反作用原理
	20. 有效（益）作用的连续性原理
条件分离	35. 参数变化原理
	32. 改变颜色（颜色改变、拟态）原理
	36. 状态变化原理
	31. 多孔材料原理
	38. 加速氧化（使用强氧化剂、强氧化剂）原理
	39. 惰性环境原理

续表

<table>
<tr><th colspan="2">分离方法</th><th>发明原理</th></tr>
<tr><td colspan="2" rowspan="2">条件分离</td><td>28. 机械系统替代原理</td></tr>
<tr><td>29. 气动与液压结构原理</td></tr>
<tr><td rowspan="14">系统级别上的分离</td><td rowspan="5">转换到子系统</td><td>1. 分割原理</td></tr>
<tr><td>25. 自服务原理</td></tr>
<tr><td>40. 复合材料原理</td></tr>
<tr><td>33. 同质性（均质性）原理</td></tr>
<tr><td>12. 等势原理</td></tr>
<tr><td rowspan="4">转换到超系统</td><td>5. 组合（合并）原理</td></tr>
<tr><td>6. 多用性（多功能性、广泛性）原理</td></tr>
<tr><td>23. 反馈原理</td></tr>
<tr><td>22. 变害为利原理</td></tr>
<tr><td>转换到竞争性系统</td><td>27. 廉价替代品原理</td></tr>
<tr><td rowspan="2">转换到相反系统</td><td>13. 反向作用原理</td></tr>
<tr><td>8. 重量补偿原理</td></tr>
</table>

习　题

1. 对于同一个子系统或者同一个参数提出完全相反的要求，这属于 TRIZ 界定的（　　）矛盾。

A. 管理矛盾　　B. 技术矛盾　　C. 物理矛盾　　D. 逻辑矛盾

2. 当对技术系统的某一个工程参数具有不同属性的需求时，就出现（　　）。

A. 分离原理　　B. 物理冲突　　C. 物场模型　　D. 冲突矩阵

3. 物理矛盾反映的是唯物辩证法中的对立统一规律，一方面是相互排斥，即同一性质相互对立的状态；另一方面又要求所有相互排斥和对立状态的统一。当对一个系统的某个参数具有（　　）的要求时就出现了物理矛盾。

A. 相反　　B. 一致　　C. 重复　　D. 协作

4. 物理矛盾解决方法的核心是实现矛盾双方的分离。现代 TRIZ 将解决物理矛盾的分离原理概括为 4 种分离方法，即：（　　）。

A. 时空分离、上下分离、大小分离、形状分离

B. 时间分离、空间分离、条件分离、系统级别上的分离

C. 来源分离、质量分离、难度分离、规模分离

D. 时间分离、空间分离、条件分离、原则分离

5. 关于矛盾的说法下列不正确的是（　　）。

A. 技术矛盾是两个参数之间的矛盾

B. 物理矛盾是两种截然不同的需求 A 和非 A 制约一个参数 P 的矛盾

C. 技术矛盾可以转换为物理矛盾

D. 技术矛盾和物理矛盾是不可以互相转换的

6. 物理矛盾是对技术系统中的两个参数提出相互排斥需求的一种物理状态。对或错？（　　）

7. 技术矛盾是指两个不同参数之间的矛盾，而物理矛盾则是同一个参数的矛盾。对或错？（　　）

8. 物理矛盾是指同一个参数具有相反的并且合乎情理的需求。对或错？（　　）

9. 幼儿园采取分时间段放学的策略，以缓解家长接孩子时造成的幼儿园附近交通拥挤现象，这里运用的是（　　）方法。

A. 空间分离　　B. 时间分离　　C. 条件分离　　D. 系统级别分离

10. 在物理矛盾中，在快车道上建立人行天桥，车流和人流各行其道，运用的是（　　）方法。

A. 空间分离　　B. 时间分离　　C. 条件分离　　D. 系统级别分离

11. 在物理矛盾中，分离矛盾的方法不包括（　　）。

A. 空间分离　　B. 时间分离　　C. 大小分离　　D. 系统级别分离

12. 在物理矛盾中，解决物理矛盾的核心思想是绕过矛盾需求。对或错？（　　）

13. 在物理矛盾中，如果矛盾需求在子系统或超系统级别上有相反的需求，可以使用（　　）原理。

A. 空间分离　　B. 时间分离　　C. 条件分离　　D. 系统级别分离

14. 在高台跳水运动中，水硬可以防止运动员撞击池底，水软可以防止运动员受伤，采用物理参数改变水的密度，向游泳池的水中打入气泡，可降低水的密度，使水变得柔软一些，运用的是（　　）方法。

A. 空间分离　　B. 时间分离　　C. 条件分离　　D. 系统级别分离

15. 以十字路口的交通问题为例，将其分解为两个丁字路口，通过局部与整体的系统分离可以在一定程度上缓解冲突现象。运用的（　　）方法。

A. 空间分离　　B. 时间分离　　C. 条件分离　　D. 系统级别分离

16. 在十字路口建造安全岛，各个方向的车辆进入十字路口时右转按逆时针绕行，行驶到出行方向时，以右转弯方式驶出安全岛，通过附加以上条件把冲突分离开。运用的（　　）方法。

A. 空间分离　　B. 时间分离　　C. 条件分离　　D. 系统级别分离

17. 相对于技术矛盾而言，物理矛盾的描述更加准确，更能反映真正的问题所在。对或错？（　　）

18. 我们在解决具体问题的时候，要优先考虑分离原理，然后再尝试满足矛盾的需求，最后再尝试是否可以绕过矛盾的需求。对或错？（　　）

19. 对于同样一个物理矛盾，有可能既适用基于空间分离，又适用基于时间分离等等。对或错？（　　）

20. 物理矛盾可以转化成为技术矛盾，同样的技术矛盾也可以转化成为物理矛盾。对或错？（　　）

【实训活动】用分离方法解决物理矛盾

1. 实训目的

（1）熟悉物理矛盾的定义。

（2）熟悉解决物理矛盾的时间分离、空间分离、条件分离和系统级别上的分离等方法。

（3）熟悉技术矛盾与物理矛盾的定义转换。

2. 工具/准备工作

在开始本实训之前，请回顾本章的相关内容。

需要准备一台能够访问因特网的计算机。

3. 实训内容与步骤

（1）理解并简述 TRIZ 的物理矛盾。试列举生活中你所遇到的物理矛盾的实例。

答：____

____

____

____

实例 1：____

____

实例 2：____

____

实例 3：____

____

（2）解决物理矛盾主要有哪几种方法？

答：____

____

____

____

（3）请简述技术矛盾与物理矛盾的区别。

答：____

____

____

____

（4）思考缝衣针的针眼存在什么物理矛盾？请分析怎么解决？

答：____

____

____

____

（5）问题：标准的胶是一种黏稠的液体。胶必须是有黏性的，这样可使需粘连的表面可以粘连。但是，当把胶涂在某表面时，胶也常常将手指粘连。这种情况是我们不希望的。

对上述材料进行分析，试找出其中的物理矛盾，并运用分离方法加以解决。

请记录:

定义的物理矛盾是: ______________________________

____

选择的分离方法是: ______________________________

____

给出的解决方案是: ______________________________

____

（6）问题：豆浆机（见图 13-8）里有一个过滤罩把豆浆和豆渣分开，但是过滤罩的网眼很小，容易堵塞又很难清洗。

图 13-8　豆浆机

请找出此问题中的物理矛盾，并且使用分离方法解决此问题。

请记录:

定义的物理矛盾是: ______________________________

____

选择的分离方法是: ______________________________

____

给出的解决方案是: ______________________________

____

4. 实训总结

____

____

____

____

5. 实训评价（教师）

____

____

第14章

创新驱动创业

【创新引领】伟大的人生故事只于选择有关，与天赋、贫富无关

亚马逊创始人兼CEO贝索斯（见图14-1）2010年在其母校普林斯顿大学的演讲被视为经典之作，被列为商界100篇经典演讲，激励了无数人。

图14-1 贝索斯

善良比聪明更难

在我还是一个孩子的时候，我的夏天总是在德州祖父母的农场中度过。我帮忙修理风车，为牛接种疫苗，也做其他家务。每天下午，我们都会看肥皂剧，尤其是《我们的岁月》。我的祖父母参加了一个房车俱乐部，那是一群驾驶Airstream拖挂型房车的人们，他们结伴遍游美国和加拿大。每隔几个夏天，我也会加入他们。我们把房车挂在祖父的小汽车后面，然后加入300余名Airstream探险者们组成的浩荡队伍。

我爱我的祖父母，我崇敬他们，也真心期盼这些旅程。那是一次我大概十岁时的旅行，我照例坐在后座的长椅上，祖父开着车，祖母坐在他旁边，吸着烟。我讨厌烟味。

在那样的年纪，我会找任何借口做些估测或者小算术。我会计算油耗还有杂货花销等鸡毛蒜皮的小事。我听过一个有关吸烟的广告。我不记得细节了，但是广告大意是说，每吸一口香烟会减少几分钟的寿命，大概是两分钟。无论如何，我决定为祖母做个算术。我估测了祖母每天要吸几支香烟，每支香烟要吸几口等，然后心满意足地得出了一个合理的数字。接着，我捅了捅坐在前面的祖母的头，又拍了拍她的肩膀，然后骄傲地宣称，"每吸两分钟的烟，你就少活九年！"

我清晰地记得接下来发生了什么，而那是我意料之外的。我本期待着小聪明和算术技巧能赢得掌声，但那并没有发生。相反，我的祖母哭泣起来。我的祖父之前一直在默默开车，把车停在了路边，走下车来，打开了我的车门，等着我跟他下车。我惹麻烦了吗？我的祖父是一个智慧而安静的人。他从来没有对我说过严厉的话，难道这会是第一次？还是他会让我回到车上跟祖母道歉？我以前从未遇到过这种状况，因而也无从知晓会有什么后果发生。我们在房车旁停下来。祖父注视着我，沉默片刻，然后轻轻地、平静地说："杰夫，有一天你会明白，善良比聪明更难。"

选择比天赋更重要

今天我想对你们说的是，天赋和选择不同。聪明是一种天赋，而善良是一种选择。天赋得来很容易——毕竟它们与生俱来。而选择则颇为不易。如果一不小心，你可能被天赋所诱惑，这可能会损害到你做出的选择。

在座各位都拥有许多天赋。我确信你们的天赋之一就是拥有精明能干的头脑。之所以如此确信，是因为入学竞争十分激烈，如果你们不能表现出聪明智慧，便没有资格进入这所学校（见图 14-2）。

图 14-2　贝索斯在普林斯顿大学演讲

你们的聪明才智必定会派上用场，因为你们将在一片充满奇迹的土地上行进。我们人类，尽管蛙步前行，却终将令自己大吃一惊。我们能够想方设法制造清洁能源，也能够一个原子一个原子地组装微型机械，使之穿过细胞壁，然后修复细胞。这个月，有一个异常而不可避免的事情发生了——人类终于合成了生命。在未来几年，我们不仅会合成生命，还会按说明书驱动它们。我相信你们甚至会看到我们理解人类的大脑，儒勒·凡尔纳、马克·吐温、伽利略、牛顿——所有那些充满好奇之心的人都希望能够活到现在。作为文明人，我们会拥有如此之多的天赋，就像是坐在我面前的你们，每一个生命个体都拥有许多独特的天赋。

你们要如何运用这些天赋呢？你们会为自己的天赋感到骄傲，还是会为自己的选择感到骄傲？

追随自己内心的热情！

16 年前，我萌生了创办亚马逊的想法。彼时我面对的现实是互联网使用量以每年 2 300%的速度增长，我从未看到或听说过任何增长如此快速的东西。创建涵盖几百万种书籍的网上书店的想法令我兴奋异常，因为这个东西在物理世界里根本无法存在。那时我刚刚30岁，结婚才一年。

我告诉我的妻子MacKenzie我想辞去工作，然后去做这件疯狂的事情，很可能会失败，因为大部分创业公司都是如此，而且我不确定那之后会发生什么。MacKenzie告诉我，我应该放手一搏。在我还是一个男孩儿的时候，我是车库发明家。我曾用水泥填充的轮胎、雨伞和锡箔制作的不太好用的太阳灶和用来对付兄弟姐妹的烤盘报警器制作了一个自动关门器。我一直想做一个发明家，而她想让我追随内心的热情。

我当时在纽约一家金融公司工作，同事是一群非常聪明的人，我的老板也很有智慧，我很羡慕他。我告诉我的老板我想开办一家在网上卖书的公司。他带我在中央公园漫步良久，认真地听我讲完，最后说："听起来真是一个很好的主意，但是对那些目前没有谋到一份好工作的人来说，这个主意会更好。"

这一逻辑对我而言颇有道理，他说服我在最终做出决定之前再考虑48小时。那样想来，这个决定确实很艰难，但是最终，我决定拼一次。我认为自己不会为尝试过后的失败而遗憾，倒是有所决定但完全不付诸行动会一直煎熬着我。在深思熟虑之后，我选择了那条不安全的道路，去追随我内心的热情。我为那个决定感到骄傲。

明天，非常现实地说，你们从零塑造自己人生的时代即将开启。

你们会如何运用自己的天赋？你们又会作出怎样的抉择？

你们是被惯性所引导，还是追随自己内心的热情？

你们会墨守成规，还是勇于创新？

你们会选择安逸的生活，还是选择一个奉献与冒险的人生？

你们会屈从于批评，还是会坚守信念？

你们会掩饰错误，还是会坦诚道歉？

你们会因害怕拒绝而掩饰内心，还是会在面对爱情时勇往直前？

你们想要波澜不惊，还是想要搏击风浪？

你们会在严峻的现实之下选择放弃，还是会义无反顾地前行？

你们要做愤世嫉俗者，还是踏实的建设者？

你们要不计一切代价地展示聪明，还是选择善良？

我要做一个预测：在你们80岁时某个追忆往昔的时刻，只有你一个人静静对内心诉说着你的人生故事，其中最为充实、最有意义的那段讲述，会被你们做出的一系列决定所填满。最后，是选择塑造了我们的人生。为你自己塑造一个伟大的人生故事。

谢谢，祝你们好运！

阅读上文，请思考、分析并简单记录。

（1）你怎么理解"善良比聪明更难"？请简述。

答：____________________

____

____

____

____

（2）为什么说“选择比天赋更重要”？请说说你的看法。

答：____

____

____

____

____

（3）“不忘初心”，你将如何保持“自己内心的热情”？

答：____

____

____

____

____

（4）请简单描述你所知道的上一周内发生的国际、国内或者身边的大事。

答：____

____

____

____

____

14.1　创业的创新发展要素

如今，当高校被日益壮大的创业大军推着涌入创业潮流之时，高校对创业教育的开展还处在探索阶段。美国普渡大学副校长迪巴·杜塔就提出疑问：创业教育到底应该如何做？当第一波美国高校创业大潮首度掀起，杜塔校长负责了一个全新项目的筹备，考虑将工科与商科结合，把在校的科研人才培养成商人。新项目进展得较为顺利，杜塔校长发现通过给工程学院学生教授商学院知识，学生的确掌握了如何将研发的新产品投入市场。但是，他同时发现高校创业教育存在一个重大的疏漏——只关注创业却忽略了创新。

14.1.1　创新能力发展的三要素

事实上，创新是创业的基础，没有创新何来创业？用杜塔校长的话来解释，创新是创造新的价值，创业则是实现这个价值。没有创新作为基础，创业的发展必然难以为继。

研究表明，技能、阅历和环境是左右个人创新能力发展的三要素。

（1）技能。创新者通常具有创造性、好奇心、对某一领域的专业知识、灵活运用知识的能力以及发散性思维的能力。同时，他们还“胆大”，喜欢接受挑战并愿意承受失败。此外，他们还具有良好的口才，能够对客户和投资人清楚地阐述自己的产品理念，并且在团队内部与同事进行有效沟通，同时也是团队协作的过程。

（2）阅历。创新者在学校或者初入职场时往往都有“榜样”指导和领路，他们在成长的过程中一般不被条条框框所拘束，那些“天马行空”的想法被鼓励进一步探索。与其他领域的同事合作时学到领域新知识，这些更能激发他们的创造力和想象力。

（3）环境。这是创新者技能与阅历的培育土壤。开放型办公室更利于同事间交流沟通，创新者时常在讨论中擦出创意的火花。那么，高校的实验室、创客空间或者创业中心皆可以借鉴企业中开放空间的做法，避免将学生封锁在独立的空间中。

14.1.2 规避红海，探索蓝海

通常认为，现在的市场由两种海洋所组成：即红海和蓝海。红海代表现今存在的所有产业，也就是已知的市场空间；蓝海则代表还不存在的产业，就是未知的市场空间。

在红海中，产业界限和竞争规则为人们所尽知，随着市场空间越来越拥挤，利润和增长的前途也就越来越黯淡。残酷的竞争也让红海变得越发鲜血淋漓。与之相对的是，蓝海代表着亟待开发的市场空间，代表着创造新需求，代表着高利润增长的机会。尽管有些蓝海完全是在已有产业边界以外创建的，但大多数蓝海是通过在红海内部扩展已有产业边界而开拓出来的。

在蓝海中，由于游戏规则还未制定，竞争无从谈起，而制定游戏规则恰恰是创新企业在变革环境中能否脱颖而出的关键。企业需要超越竞争境界，必须开创蓝海，以抓住新的利润和增长的契机。

身陷红海的企业一般采用的都是常规方法，也就是在已有的产业秩序中树立自己的防御地位。而价值创新是蓝海战略的基石。这是因为身处蓝海，需要把精力放在全力为买方和企业自身创造价值上，并由此开创新的无人争抢的市场空间，彻底甩脱竞争。

价值创新对“价值”和“创新”同样重要。只重价值，轻视甚至忽视创新，容易使企业把精力放在小步递增的“价值创造”上。这种做法也能改善价值，却不足以使你在市场中出类拔萃；只重创新不重价值，则易使创新仅为技术突破所驱动，或只注重市场先行，结果常常会超过买方的心理接受能力和购买力。

研究显示，开创蓝海的成功者和失败者之间的分水岭，不在于尖端技术，也不在于“进入市场的时机”。这些因素经常并不存在。只有当企业把创新与效用、价格、成本整合一体时，才有价值创新。一般认为，一家企业要么以较高成本为顾客创造更高的价值，要么用较低的成本创造还算不错的价值。这样，战略也就被看作在“差异化”和“低成本”间作出选择。志在开创蓝海者会同时追求“差异化”和“低成本”。

创业者在创业之初，要用心做好市场细分的研究，从某个细分市场切入，就有可能规避红海市场，进入一个蓝海空间。

14.1.3 结合产业生态环境的创新

从宏观来看，任何企业都处于相应的产业链中。在推崇合作的今天，没有哪一家企业能够全部操作每一个环节，每一个企业都在某一产业链中发挥着自己相应的职能。因此，创新通常是为了改善和优化某一个环节，甚至是某一个环节中的一个动作。创业者要结合产业链，研究产业链中的不同环节，从改善产业链中的具体环节入手。事实证明，有些企业在竞争中之所以胜出，就是因为优化了某些环节，提升了用户的满意度体验，

从而获得了市场。

14.1.4　创新要重视客户体验

商业中有句亘古不变的真理：客户就是上帝。既然客户（用户）能直接影响到企业的命运，那么企业就应该想方设法地改进客户的体验。实际上，在商业中进行任何创新，都是围绕改善客户体验来进行的。

改进客户的体验往往通过一个细节就可以实现。在这方面，乔布斯的做法很值得我们学习。在乔布斯推出 iTunes 和 iPod 时，市场上已经是满大街的 MP3 和 MP4 了。这时，三星是该领域当之无愧的“王者”，从技术方面来看，乔布斯已经很难超越。然而，乔布斯却从更为细腻的产品外观设计入手，对产品细节的追求几乎达到了极致，以至于当 iTunes 和 iPod 出现在用户面前时，用户会由衷地说一句话：“这正是我想要的！”很长时间以来，乔布斯在多媒体播放器方面的设计风格，成为行业内多个厂商跟风的目标。

可以说，站在用户的角度，希望使用更好的产品，以提升自己的生活品质，其实，这便是很多企业创新的方向。对于创业者而言，最重要、最有价值的地盘，就是让用户喜欢你的产品和服务。只有这样，你才有可能获得市场。

14.1.5　企业商战，竞争的是创新力

商战中，凡是竞争总会有胜负，一味依靠“价格战”的做法或许在某个特殊阶段可以用，但一定不可以常用，企业在竞争中一定不是纯粹比拼价格的。

品牌在某个阶段是企业有力的竞争工具，可市场是动态变化的，没有哪个品牌在自由的市场竞争中能够独霸市场，品牌不能确保企业百战百胜。

再看产品。产品本身在市场上的接受度也是易于变化的。比如，当年诺基亚手机风靡全球，在很多人看来，诺基亚手机已经做得“足够好”；然而紧接着，三星手机崛起，苹果手机崛起，小米手机崛起，在风云变幻的市场中，诺基亚手机几乎快要失去“踪影”。用户对美好产品的向往是动态发展的，企业产品要想不被淘汰，就要跟上时代步伐。

那么，企业商战究竟斗的是什么呢？答案是“创新力”。事实一再证明，哪个企业的创新力旺盛，它在应对市场时就会有更多的办法，即便是在市场的“夹缝”里，那些创新力强的企业也能生存下去。对于创业者来说，很多人出身“草根”，在有形资源方面，比如资金、场地、人脉等，往往不占优势，那么你要拿什么参与市场竞争呢？那就是创新力。企业要鼓励创新，经过不断努力、不断尝试，又经过不断的失败才会有成果。

14.2　创业与创业者

创业有广义和狭义之分。狭义是指创业者（见图 14-3）的生产经营活动，广义是指创业者的各项创业实践活动。

图 14-3　创业者

创业的基本步骤包括：

① 先做咨询；

② 选择行业、方向；

③ 撰写创业企划书；

④ 学习经营技术；

⑤ 筹措创业资金；

⑥ 准备办公、经营场地；

⑦ 申请营业执照；

⑧ 准备生产器具及设备。

14.2.1　创业的基本要素

创业包括独立创业和内部创业两种类型。

独立创业，是指创业者抓住新的商业机会，创办企业，谋求商业利润，同时谋求新创企业的生存、成长与发展。

内部创业，是指现存企业以相对独立的组织单元开创新的事业，以谋求企业的持续成长与发展。

获得商业上的成功的创业关键之处在于：

① 及时发现或创造适于创业的商业机会；

② 有效组织创业团队；

③ 借助适当的商业模式有效组合生产要素；

④ 有效利用商业机会；

⑤ 敢于并善于跨过创业中的“沟沟坎坎”。

人才、技术、资本与市场是构成创业的四大核心要素，其中又以人才最为重要。一个成功的创业家需要熟悉各种人才、市场、财务和法律，并通过取得人才，成功地经营所创立的事业。

（1）人才。这在创业过程和今后发展中都极为重要。认识、发现并利用人才是进行创业的关键环节。现代风险资本的奠基人——乔治·多里奥认为：“宁可考虑向有二流主意的一流人物投资，决不向有一流主意的二流人物投资。”确实，不是一个拥有技术的科学家或工程师就能够创业成功。创业，不仅需要好的技术，更需要其他素质与能力。因此，创业者及合作伙伴们的素质与能力是创业成功的第一要素。

（2）技术。这是将知识运用到实践中的手段、途径、工具或方法。企业之所以存在，是因为社会的需要，社会需要的技术既有建立在科学基础上的技术，又必须是能够满足社会实际需要的技术，并不完全等同于科学家眼中的科学技术。因此，仅有技术水平上的高技术，并不一定能够创业成功。如果选择的技术虽然符合实际，在创业之初显得非常火爆，但这样的技术已趋于普适的技术，很快就会度过技术的生命周期。所以，技术应考虑是否有独特性、创新性，是否有竞争力，是否能带来高利润，他人仿效的难易程度等。

（3）资本。创业资本是创业的关键要素。台湾地区一家企业咨询公司总结了近千家创业失败的原因，创业资金的匮乏是重要的原因。无论多么好的技术或多么好的创意，没有钱都只能是空想。

（4）市场。企业的存在是因为能够满足市场的需要，如果没有市场需求，那么，新创企业就没有生存的价值，自然也就不能生存。市场是要在创业之前明确认定并充分考证的，市场的容量、相同产品之间的竞争力、潜在的市场生长力、市场的持续发展力。

14.2.2　创业者的基本素质要求

在我国的创业环境中，创业者的基本素质包括创业意识、心理品质、创业能力和知识结构等要素，其中每一项均有其独特的地位与功能，任何一个要素发生变化或残缺不全，都会影响其他要素的形成和发展，影响其他要素的功能和作用的发挥，乃至影响创业的成功。因此，一个创业者不仅要注意在环境和教育的双重影响下培养自己的创业素质，而且要重视其整体结构的优化，在创业实践中不断提高自己的创业素质。

（1）文化知识丰富。在竞争日益激烈的今天，单凭热情、勇气、经验或只有单一专业知识，要想成功创业是很困难的。创业者要有创造性思维，要做出正确决策，必须掌握广博的知识，具有一专多能的知识结构。具体来说，创业者应该充分了解、掌握国家的有关政策、法规，做到用足、用活政策，依法行事，用法律维护自己的合法权益；了解科学的经营管理知识和方法，提高管理水平；掌握与本行业本企业相关的科学技术知识，依靠科技进步增强竞争能力；具备市场经济方面的知识，如财务会计、市场营销、国际贸易、国际金融知识等；具备一些有关世界历史、世界地理、社会生活、文学、艺术等方面知识。

（2）心理素质好，是指创业者的心理条件，包括自我意识、性格、气质、情感等心理构成的要素。作为创业者，其自我意识特征应为自信和自主；其性格应刚强、坚忍、果断和开朗；其情感应更富有理性色彩。成功的创业者大多是不以物喜、不以己悲的，成功时不沾沾自喜、得意忘形；在碰到困难、挫折和失败时不灰心丧气、消极悲观。

（3）身体健康。创业是一项繁重和复杂的工作，创业者对健康风险要有充分的准备。创业者工作繁忙、时间长、压力大，如果身体不好，必然力不从心、难以承受创业重任。因此，创业者无论在什么情况下，都要培养一种积极乐观的心态、宽广坦荡的胸怀，要力争做到身体健康、体力充沛、精力旺盛、思路敏捷。

（4）坚持不懈。爱迪生强调指出，创造力依据的是 99%的努力和 1%的灵感。他认为，一连串的失败，乃是不断尝试错误的探索性实验，是成功的创新所必需的。经历一次又一次的失败而决不放弃是创业者的主要行为特征。创业领域，没有任何捷径可走，只有专心致志和坚持不懈的人，才能克服在通往目标的道路上所遇到的危机和障碍。

（5）敢冒风险。在市场经济大潮中，机会与风险共存。只要从事创业活动，就必然会有某种风险伴随；且事业的范围和规模越大，取得的成就越大，伴随的风险也越大，需要承受风险的心理负担也就越大。成功的创业者总是事先对成功的可能性和失败的风险进行分析比较，选择那些成功的可能性大而失败的可能性小的目标。创业者还要具备评估风险程度的能力，具有驾驭风险的有效方法和策略。

（6）善于交流。在创业道路上，要学会合作与交往。创业者要通过语言、文字等多种形式与人们进行有效的交流和沟通，提高办事效率，增加成功机会。通过积极的交往、沟通，可以排除障碍，化解矛盾，降低工作难度，增加信任度，有助于创业的成功。

（7）克服盲目冲动和私利欲望。创业过程中，创业者要善于克制，防止冲动。克制是一种积极的有益的心理品质，它可使人积极有效地控制和调节自己的情绪，使自己的活动始终在正确的轨道上进行，不会因一时的冲动而引起缺乏理智的行为。创业者在创业过程中要自觉接受法律的约束，合法创业、合法经营、依法行事，自觉接受社会公德和职业道德的约束，文明经商、诚实经营、互助互利。当个人利益与法律和社会公德相冲突时，要能克制个人欲望、约束自己的行为。

（8）树立危机意识。人无远虑必有近忧。创业者要有危机意识，在心理上及行动上有所准备，来应付突如其来的变化。创业者本身的经验、学识、能力，尤其是对要涉足行业的了解程度，将对创业成功起重要的作用。在熟悉的行业中创业，市场熟、产品熟、人际关系也熟，就能“驾轻就熟”。因此，创业者要注意自身知识的积累以及对自身创业能力的培养。

14.2.3 创业者应具备的能力

创业的专业技术能力是创业者与开展创业密切相关的主要岗位或岗位群所要求的能力，它包括创业的专业技术知识与专业方法能力。在创业初期，创业者应该从自己熟悉的行业中选择项目。虽然也可借助他人，特别是雇员的知识技能来办好自己的企业，但如果能从自己熟知的领域入手，就能避免“外行领导内行”的尴尬，大大提高创业的成功率。

（1）专业技术能力。专业技术能力包括专业知识和专业技能。专业知识是指从事某一专业工作所必须具备的知识，一般具有较为系统的内容体系和知识范围。掌握专业知识是培养专业技术能力的基础。专业技能包括智力技能和操作技能。智力技能是在大脑内部借助于内部语言，以缩简的方式对事物的映象进行加工改造而形成的。操作技能是由一系列外部动作构成的，是经过反复训练形成和巩固起来的一种合乎法则的行动方式。

创业者应具备的专业技术知识主要体现在以下三方面：

① 创办企业中主要职业岗位的必备从业知识。

② 接受和理解与所办企业经营方向有关的新技术的知识。

③ 把环保、能源、质量、安全、经济、劳动等知识和法律、法规运用于本行业的能力。

创业的方法能力是指创业者在创业过程中所需要的工作方法，是创业的基础能力。创业者应具备的方法能力主要体现在以下九个方面：

① 信息的接受和处理能力。搜集信息、加工信息、运用信息的能力是创业者不可缺少的能力。创业者不但应具备从一般媒体中搜集信息的能力，随着科技进步和网络技术的普及，还应该具备从网络中获取信息的能力。

② 捕捉市场机遇的能力。发现机会、把握机会、利用机会，是成功的企业家的主要特征。

③ 分析与决策能力。通过消费者需求分析、市场定位分析、自我实力分析等过程，根据自己的财力、关系网、业务范围，依据“最适合自己的市场机会是最好的市场机会”的原则，做出正确决策，才能实现自己的创业目标。

④ 联想、迁移和创造能力。从别人的企业中得到启发，通过联想、迁移和创造，使自己的企业别具特色，并通过这种特色使自己的企业在同业市场中占有理想的份额。

⑤ 申办企业的能力。创办一个企业，需要做好哪些物质准备，需要提供什么证明材料，到哪些部门办哪些手续，怎样办等，均为创业者应具备的能力。

⑥ 确定企业布局的能力。怎样选择企业地理位置，怎样安排企业内部布局，怎样考虑企业性质等，都是创业过程中不可回避的问题。

⑦ 发现和使用人才的能力。一个成功的创业者，肯定是一位会用人的企业家，他不但能对雇员进行选择、使用和优化组合，而且能运用群体目标建立群体规范和价值观，形成群体的内聚力。

⑧ 理财能力。这不仅包括创业实践中的奖金筹措、分配、使用、流动、增值等环节，还涉及采购能力、推销能力等。

⑨ 控制和调节能力。成功的创业者，要对规划、决策、实施、管理、评估、反馈所组成的企业管理的全过程，具有控制和运筹能力。

（2）经营管理能力。在现代社会中，经营管理能力为人的生存和发展提供了较好的主体条件；同时，也能形成人、财、物、时间、空间的合理组合。管理能力直接关系到创业活动的效率和成败，因此管理也是生产力。

① 善于经营。成功的创业者，不仅要有果敢的开拓精神，还必须精通经营之道，熟悉市场行情，了解和掌握生产经营活动的内容、策略和手段。掌握信息要及时准确，对比选优要多设方案，不同意见要兼收并蓄；要懂得市场经营策略、销售策略、定价策略，熟悉生产经营的组织和管理等。

② 善于管理。根据企业的内在活动规律，综合运用企业中的人力资源及其他资源，从而有效地实现企业目标的过程。善于管理，必须了解生产环节，掌握管理的窍门，精通经营核算，做好生产过程的组织、生产计划的编制、生产的调度、产品的质量控制等。

③ 善于用人。在生产力的诸要素中，人是最活跃的、起决定作用的因素，也是企

业能否发展的决定性因素。善于用人，就能调动人的积极性，使人尽其能，人尽其才，使个人的长处得到充分的发挥。要做到善于用人，必须统一指挥、权责相配、建立规章、民主管理，还必须论功晋级，按劳取酬。

④ 善于理财。创业者从事生产经营，要获得利润，就必须善于理财。理财是对资金运动过程进行正确的组织、指挥和调节，保证生产活动顺利进行，从而减少劳动和物质资源的耗损，降低产品成本，提高资金利润率的重要环节。不言而喻，善于理财能使资金增值，提高经济效益，这是创业成功的重要保证和标志。

（3）综合能力。

① 学习能力：包括逻辑思维能力、综合应用能力、分析比较能力、归纳总结能力、阅读理解能力和口头表达能力等。

② 驾驭信息能力：即对信息的获取、分析、加工、处理、传递的能力，是理解和活用信息的能力。

③ 激励员工能力：包括目标激励、评判激励、榜样激励、荣誉激励、逆反激励、许诺激励、物质激励七个方面。

④ 应变能力：是灵活机动、锐意创新，能根据社会的变化和市场上新的需求，迅速采取相应对策的能力。

⑤ 独立工作能力：包括独立思考能力、组织决策能力、自我控制能力、经营管理能力、承受挫折能力、人际交往能力以及在市场经济条件下的竞争能力等。

⑥ 开拓创新能力：创新意识主要由好奇心、求知、竞争、冒险、怀疑、灵感、个人求发展的动力等心理因素和创造性思维、独立性思维等因素组成。

⑦ 社交能力：指学会认识人际关系，正确理解人际关系，培养良好人际关系的能力。

14.3 创新创业教育

联合国教科文组织是这样定义的："创业教育，从广义上来说是指培养具有开创性的个人，它对于拿薪水的人同样重要，因为用人机构或个人除了要求受雇者在事业上有所成就外，正在越来越重视受雇者的首创、冒险精神，创业和独立工作能力以及技术、社交、管理技能"。创业教育是使受教育者能够在社会经济、文化、政治领域内进行行为创新，开辟或拓展新的发展空间，并为他人和社会提供机遇的探索性行为的教育活动。

14.3.1 创业教育的类型

实施创业教育的形式可视不同类型的学校、不同的专业、不同的学生进行个性化的设计。一般来说，可采取 4 种形式：

（1）渗透性教育：创业的校园文化，创业理念在学科和专业教育活动中的渗透与介入。

（2）普及性教育：创业精神、创业知识与创业实务普及性、讲座性的教育方式。

（3）重点性教育：在各专业中开设“创业经济学”“创业管理”课程。

（4）专业性教育：创建创业学专业，开设包括创业精神学、创业知识论、创业实践论三大板块，体系化的创业学课程。

14.3.2　创业教育的内容

创业是一种探索性的行为，是人本质力量的展示与主体性的实现。创业教育作为培养创业者的教育活动，其内核必然关注人的本质力量的培育和主体性的塑造。将人的自由与全面发展作为其核心的价值观，是创业教育的义理所在。

创业教育的内容包括：

（1）创业精神学：感性的创业冲动、知性的创业认知、理性的创业理念的逻辑演进与多维建构；创业哲理、创业伦理、创业心理的释说与体系，三者之间的关联性与互补性。

（2）创业知识论：创业经济学、创业管理学、创业环境学、创业人才学、创业法学的学术性、伦理性、实用性与协调性。

（3）创业实践论：创业主体的行为规律与创业实务。

创业精神是创业主体进行创业实践的灵魂和支柱。通过对创业哲理、创业伦理与创业心理知识整合，培养出创业者应具有的辩证思维方式，自信、自主、自立、自强的企业家精神与良好的道德情操。

创业知识是创业主体必要的知识准备与创业的理论工具。通过经济理论、创业管理、创业环境、创业人才与创业法规等知识的协调与整合，使创业者掌握创立企业、合法经营、规划企业的创业文化和应对社会环境与市场需求变化的基本知识。

创业实践论是创业者由理论到实践的中间环节，通过创业设计、案例教学与企业运营的计算机仿真（如创业沙盘模拟）等手段来培养创业者解决具体问题的能力。

14.4　国外高校的创业教育

在“大众创新，万众创业”的形势下，高校如何实施创新创业教育？如何加强学生创新能力？在这方面，国外高校所积累的经验可以作为参考（见图 14-4）。

图 14-4　国外创新教育

1．哈佛大学：一切从实践出发

哈佛大学的创业教育课程主要突出一个特点，就是注重实际应用，课程内容和教学方法都强调从实践出发。

课程内容开设上，不仅包含创业必需的基础知识类课程，如财务、营销、商务谈判等方面的课程，还包括领导力、有效领导等行为科学方面的课程，这些课程都紧密联系商业实践，重视解决创新创业中的实际问题。

例如，在“开创新企业”这门课中，着重探讨设立新公司时所需要的技能技巧以及新企业发展的知识。学生们组成小组，由创意概念展开，进而完成一个设立新公司所需要的完整经营计划，并对计划付诸实施。通过这一完整过程的学习，学生可以学到创业理论，也能学习到具体的创业技能技巧，并能实施具体的创业行动规划。

“案例教学法”是哈佛大学创新创业教育教学方法上的特色之一。“案例教学法”要求学生站在实际创业者的立场上，学习什么是创业和如何创业，对创新创业中遇到的实际问题进行分析。比如“问题产生的原因是什么？”“可能采取的对策是什么”等，来培养学生解决实际问题的能力。丰富的案例训练也让学生对创业过程中可能遇到的问题有了深刻的认识，有效地提高了学生们创业成功的几率。

2．斯坦福大学：不仅是知识，更重要的是精神

斯坦福大学（见图 14-5）的很多师生都具有浓厚的创新精神和创业欲望。20 世纪 70 年代，美国硅谷大批企业的创立和师生成功的创业，有力地刺激和推动了美国经济的发展，创新创业教育自此受到了前所未有的关注。

图 14-5　斯坦福大学

据斯坦福大学相关人士估计，1988—1996 年硅谷总收入中，至少有一半是由斯坦福大学师生创办的企业创造的。在斯坦福，约有 90%的学生至少选修一门创新创业课程。

除了注重对创新创业知识方面的培养外，斯坦福大学更重视的是学生创新创业精神的培养。创新创业精神的树立，首先体现在教师带头，师生共同融入社会，建立创新创业的学校传统。背靠硅谷的地理优势，使得学校的大部分教师都有过在企业实习的经历，甚至是创业的经历，也让这些教师有足够的经验对学生创新创业过程中遇到的问题进行指导。

斯坦福大学鼓励教授到硅谷的公司兼职或从事公司的科研项目，学生也可以参与到这些项目中去，教授和学生的研究成果很容易在硅谷迅速转化为产品。学校与硅谷之间形成了良好的创新创业互动效应。

另外，学校也会用实际的规章制度鼓励创业创新精神。“停下”校规，让学生们可以随时辍学一年，然后再继续复学，也为学校的创新创业教育发展提供了相对自由的环境，使学生不再为实现自己的创业梦想而失去学习机会担心。

此外，学校还设立了专门的孵化资金，为创业者提供资金支持。在这些方面的共同作用下，斯坦福大学的创新创业氛围更加浓厚，从教授到学生都愿意积极地投入创新创业活动中去。

3. 日本工业大学：产业界合作，参与大学创新创业教育

日本高校在实施创新创业教育的过程中，注重与学校所在地区的产业相结合，依托本地区的特色产业优势开展创新创业教育。

日本工业大学（见图 14-6）于 1998 年创设了产学合作中心，2006 年改编为产学合作创业教育中心，注重利用大学的科研优势，为企业开展项目咨询，帮助企业解决具体的技术难题。在此过程中，反馈学校的创业创新教育。

图 14-6　日本工业大学

学校也注重创新成果转化为商品，甚至建立中小型新兴企业。如以柳泽章教授开发的金属纤维制造技术为基础，于 1997 年成立了日本 Tekuno 股份公司，在校园内的工厂制造产品，向国内外销售。

日本高校在创新创业教育开展过程中，重视与产业界、社会紧密结合，真正体现了大学创新创业教育的社会参与。一方面，许多大企业为学校学生提供实习基地，为有潜力的创新创业计划提供“风险资金”等；另一方面，学校也利用自身的科研优势，加强与地区产业界的合作，为企业解决具体的技术难题，实现大学与地域经济的共同发展。

习　　题

1. 大众创新，万众创业。创新是创业的（　　），如若没有，则创业的发展必然难以为继。

A. 同伴　　B. 包袱　　C. 基础　　D. 结果

2. 研究表明，左右个人创新能力发展有三个要素，但下列（　　）不属于其中之一。

A. 技能　　B. 财富　　C. 阅历　　D. 环境

3. 在市场竞争的（　　）中，产业界限和竞争规则为人们所尽知，市场空间越来越拥挤，利润和增长的前途也就越来越黯淡。

A. 红海　　B. 蓝海　　C. 黄海　　D. 东海

4. 制定游戏规则是创新企业在变革环境中能否脱颖而出的关键。为超越竞争境界，企业必须开创（　　），以抓住新的利润和增长的契机。

A. 蓝海　　B. 红海　　C. 黄海　　D. 东海

5. 创业者要结合（　　），研究其中的不同环节，从改善其中的具体环节入手。

A. 知识链　　B. 采购线　　C. 利润率　　D. 产业链

6. 客户就是上帝。在商业中进行任何创新，都是围绕改善（　　）来进行。

A. 产品质量　　B. 客户体验　　C. 产品数量　　D. 商业利益

7. 在商战中，竞争的核心是（　　）。

A. 创新力　　B. 品牌　　C. 产品　　D. 利润

8. 创业有两种定义。（　　）是指创业者的生产经营活动，（　　）是指创业者的各项创业实践活动。

A. 广义，狭义　　B. 积极，消极　　C. 消极，积极　　D. 狭义，广义

9. （　　）是指创业者抓住新的商业机会，创办企业，谋求商业利润，同时谋求新创企业的生存、成长与发展。

A. 内部创业　　B. 独立创业　　C. 外部创业　　D. 复合创业

10. （　　）是指现存企业以相对独立的组织单元开创新的事业，以谋求企业持续成长与发展。

A. 内部创业　　B. 独立创业　　C. 外部创业　　D. 复合创业

11. 人才、技术、资本与市场是构成创业的四大核心要素，其中又以（　　）最为重要。

A. 技术　　B. 资本　　C. 人才　　D. 市场

12. 在我国的创业环境中，创业者的基本素质包括创业意识、心理品质、创业能力和（　　）知识结构等要素。

A. 财富基础　　B. 盈利能力　　C. 社交手段　　D. 知识结构

【实训与思考】用最终理想解启迪创造性思维

1. 实训目的

（1）熟悉创新驱动创业的基本概念。

（2）熟悉创业的基本要求和创业者的基本素质。

（3）运用最终理想解方法分析创新问题。

2. 工具/准备工作

在开始本实训之前，请回顾本章的相关内容。

需要准备一台能够访问因特网的计算机。

3. 实训内容与步骤

（1）请阅读课文，简述创业的四大核心要素是什么：

答：

① ______________________________

② ______________________________

③ ______________________________

④ ______________________________

（2）请简述：根据我国的创业环境，对创业者的基本素质要求有哪些？

答：

① ______________________________

② ______________________________

③ ______________________________

④ ______________________________

⑤ ______________________________

⑥ ______________________________

⑦ ______________________________

⑧ ______________________________

（3）应用最终理想解解决创新问题。

问题 1：养兔子。

农场主有一大片农场，放养大量的兔子。兔子需要吃到新鲜的青草，农场主不希望兔子走得太远而照看不到，也不愿意花费大量的劳动割草运回来喂兔子。这难题如何解决？

请分析并记录：

① 设计的最终目的是什么？

答：______________________________

② 问题的最终理想解是什么？

答：______________________________

③ 达到最终理想解的障碍是什么？

答：______________________________

④ 出现这种障碍的结果是什么？

答：______________________________

⑤ 不出现这种障碍的条件是什么？

答：______________________________

⑥ 创造这些条件时可用的资源是什么？

答：______________________________

解决方案：________________________________

问题 2：直立的熨斗。

平时衣服起了褶皱需要用熨斗来熨烫平整，但是使用熨斗一直有这样一个问题，假如在你熨衣服的时候突然来了电话，或者有人敲门等事情打扰，可能你会离开了熨衣板去处理这些事情，结果回来时发现熨斗就放在衣服上，衣服上已经被熨斗烧了一个大洞。

在这种情况下，你一定会想，如果熨斗能自行站立起来该有多好啊！——这显然是熨斗设计的一个最终理想解（见图 14-7）。

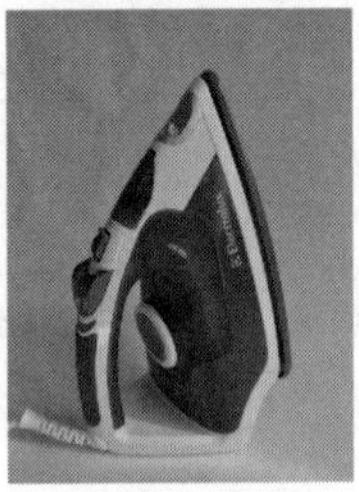

图 14-7 直立的熨斗

请分析并记录：

① 设计的最终目的是什么？

答：________________________________

② 最终理想解是什么？

答：________________________________

③ 达到最终理想解的障碍是什么？

答：________________________________

④ 出现这种障碍的结果是什么？

答：________________________________

⑤ 不出现这种障碍的条件是什么？

答：________________________________

⑥ 创造无障碍条件的可用资源是什么？

答：________________________________

解决方案：________________________________

问题 3：聪明草种的诞生。

为了保持草坪平整漂亮，人们通常都使用割草机。割草机在割草时会发出噪声，消耗能源、产生污染，高速飞出的草或地面上的杂物有时会伤害到劳动者……如何克服上述的诸多缺陷？

在传统的产品改进思路中，设计者首先想到的就是要改进已有的割草机，解决噪声问题。为了达到降低噪声的目的，设计者一般都要为系统增加减震器、消声器等子系统，这不仅增加子系统的复杂性，而且增加的子系统也降低了系统的可靠性。显然，这不符合最终理想解的四个特点中的后两个。

如果用最终理想解来分析，会得到截然不同的创新设计方案。

请分析并记录：

① 设计的最终目的是什么？

答：________________

② 最终理想解是什么？

答：________________

③ 达到最终理想解的障碍是什么？

答：________________

④ 出现这种障碍的结果是什么？

答：________________

⑤ 不出现这种障碍的条件是什么？

答：________________

⑥ 创造无障碍条件的可用资源是什么？

答：________________

解决方案：________________

4. 实训总结

5. 实训评价（教师）

第15章 创业模式与创业计划

【创新引领】美国最大无人机公司是怎么败给中国大疆的

《福布斯》发表文章介绍了美国无人机公司 3D Robotics 失败的前因后果。之前，这家公司的前景还一片光明，但现在它已经彻底退出了无人机制造领域，在与中国无人机厂商大疆创新的竞争中败下阵来，沦为一家挣扎求生的软件公司。

2015 年 3 月晴朗的一天，克里斯・安德森（Chris Anderson，见图 15-1）带着美国记者赴加州伯克利 3D Robotics 总部的户外场地，谈论飞行机器人的未来。

图 15-1　克里斯・安德森

3D Robotics 当时是北美最大的消费级无人机制造商，而安德森是《连线》杂志的前主编，也是《纽约时报》畅销书《长尾理论》的作者。

他自信地对记者说，无人机市场的规模可达数十亿美元级别，3D Robotics 已经做好了抓住这个机会的准备。

如今，无人机或许仍然是一种极富价值的消费级技术，就像个人计算机或智能手机，但 3D Robotics 的前景却已经变得混浊而黯淡。过去 12 个月里，该公司已经从美国无人机初创领域的领军者沦落到挣扎求生的地步。3D Robotics 已经裁员 150 余人，烧钱烧掉差不多 1 亿美元，还彻底转变了经营策略，这一切都是不良的管理、失败的策略和莽撞的预测造成的。

硅谷狂妄自大症

《福布斯》采访了 10 名 3D Robotics 前员工，希望了解该公司陷入困境的始末。很多人说，直到 2016 年年初，他们才发现公司遇到了困难。圣诞购物季期间销售状况不佳，而竞争对手却在迅速崛起（见图 15-2），这让安德森和他的管理团队不得不撤离消费级无人机领域。还有人说，差不多 2015 年这个时候，他们就觉得 3D Robotics 注定会失败，当时公司的第一款大众市场无人机在生产环节中问题重重。

图 15-2 中国大疆公司生产的无人机

"这就是典型的硅谷狂妄自大症。由于无能，公司犯下了价值 1 亿美元的错误。"一位前雇员说。他仍然在无人机行业工作，因此不愿具名。

在鼎盛时期，3D Robotics 曾在湾区、奥斯汀、圣地亚哥和蒂华纳设有办事处，共有员工 350 余人；高通风投、理查德·布兰森和 True Ventures 等投资者给该公司的估值是 3.6亿美元。安德森认为消费级无人机空间竞争较少，希望开发能够吸引普通消费者以及公司的飞行机器人。他离开《连线》杂志，全力投入到 3D Robotics 公司的时候，勾勒了这样一幅图画：孩子们在公园里玩飞行机器人，农民和建筑工人则使用它们来巡视玉米田，查看施工现场。

3D Robotics 打算研发的 Solo 就是这样的无人机。它是一架黑色的四轴飞行器，其开源软件平台可供外部开发者开发应用。但 2015 年 4 月首次亮相的 Solo 最终却成了失败者。它失败的原因包括生产延期、组件问题较多，以及来自中国无人机公司大疆的竞争。大疆公司不仅产品价格更低，而且开发新产品的速度也更快。

失败的策略

"我们意识到，一家位于硅谷、以软件为中心的公司，要和一家位于中国、垂直整合的强大制造公司竞争，这本身就很困难，" 3D Robotics 的前首席营收官科林·格温（Colin Guinn，见图 15-3）说。他在 2015 年 9 月离开了该公司。

而安德森意识到了这一点的时候可能已经太迟了。3D Robotics 为了研制 Solo，几乎花光了所有资金，虽然它现在已经转型，在为 Autodesk 这样的合作伙伴开发软件和服务应用。目前还不清楚 3D Robotics 还剩下多少钱。在接受采访时，安德森拒绝讨论公司的财务状况，但他表示，3D Robotics 现在已经完全把精力放在了企业软件上。安德森现年 55 岁，之前经常在行业会议上发表关于无人机的主题演讲。

图 15-3　科林 · 格温

“我们退出了硬件市场，不再把消费者作为目标客户，部分原因是这个市场太难啃，”他说。“大疆是一个了不起的公司，很多人都栽在了它手上。”（见图 15-4）

图 15-4　中国大疆公司生产的无人机

公司的创办

3D Robotics 是安德森和霍尔迪·穆尼奥斯一起创办的。穆尼奥斯是一个年轻的墨西哥移民，从小在他家的车库里捣鼓遥控直升机。安德森在 2007 年创办了网上无人机爱好者社区 DIY Drones，他和穆尼奥斯就是在这个社区里结识的。当时安德森在《连线》杂志当编辑，他很喜欢穆尼奥斯的自动驾驶系统，还寄去了 500 美元资助他。

两人在 2009 年创立了 3D Robotics。穆尼奥斯经营着公司的业务，出售自制无人机套件和自动驾驶仪的电路板，而这对安德森则只是个副业，他继续在《连线》做全职编辑，并管理热闹的 DIY Drone 论坛。到了 2012 年，安德森把精力转移到了 3D Robotics 上，他写了一篇文章，讲述他如何看好无人机技术。

“正如个人计算机在 20 世纪 70 年代诞生和兴起，个人无人机也将在这十年里崛起，”他在《连线》的一个封面故事中写道，“我们正在进入无人机时代”。

2012 年 11 月，安德森已经获得了一轮 500 万美元的风险投资，而且也辞去了编辑工作。3D Robotics 扩大了业务范围，安德森担任公司 CEO，在伯克利经营业务，而穆尼奥斯在圣地亚哥和蒂华纳开设了办事处。第二年，该公司又筹集到 3 000 万美元资金。

来自大疆的竞争

3D Robotics 开始行动的时候，总部位于深圳的大疆公司已成为了早期消费级无人机的领军者。大疆公司成立于 2006 年，靠做飞行控制系统起家（见图 15-5）。

图 15-5　中国大疆公司生产的无人机

2012 年，该公司推出了“精灵”（Phantom）无人机，这是一款非常成熟的设备，后来成为消费级无人机的标杆。而且和中国其他高科技公司不同的是，大疆公司一早就把目光投向了全球市场，在无人机爱好者和前电视真人秀明星科林·吉恩（Colin Guinn）的帮助下，大疆公司在美国设立一个办事处。

吉恩成为了大疆公司的营销形象担当，他带着精灵无人机参加各种交易会，并把它销售给零售商。

到 2013 年年末，吉恩与大疆的关系恶化，他被迫离开该公司。大疆也关闭了奥斯汀的办事处。之后，吉恩起诉了大疆，并在 2014 年 2 月加盟 3D Robotics（大疆和吉恩后来达成庭外和解）。吉恩带来了大疆的前美国员工，成为了公司的首席营收官，并在奥斯汀成立了 3D Robotics 办公室，处理公司的营销和销售事务。

总之，在吉恩和安德森的构想中，Solo 会挑战精灵无人机的霸主地位。在配色上，Solo 弃白色而用黑色，它还具备一些大疆无人机当时没有的功能，比如可以编写飞行路线，为开发人员提供开放代码，提供响应式客户服务。尽管公司的 DIY 部件业务相对稳定，每年能带来 1 000 万美元的营收，3D Robotics 还是把全部资源集中到了新的无人机上。它收购了 Sifteo，一家没有无人机经验的消费级电子游戏制造商。Sifteo 带来的员工构成了 Solo 的核心工程团队。

2015 年 4 月，3D Robotics 在拉斯维加斯的 National Association of Broadcasters 大会上推出 Solo，科技媒体 The Verge 说它“可能是有史以来最聪明的无人机”，对该设备的自动驾驶功能赞不绝口。无人机爱好者也对精灵无人机替代品的出现大声欢呼，这不禁让 3D Robotics 的主要竞争对手大疆感到担忧。

2015 年春天，大疆创始人兼 CEO 汪滔和安德森会面。当时的一个与会者说，汪滔表示愿意买断该公司，安德森拒绝了这个提议。当时 Solo 即将开始出货，3D Robotics 要做的是一番大事业。

问题爆发

前员工告诉记者，他们注意到 Solo 的问题是 2015 年 6 月 Solo 在百思买上架销售的时候，“Solo 推出之后，事情就脱离了轨道”一个员工说。

Solo 无人机的 GPS 系统有时会出现连接问题，会影响到飞行的稳定性，所以无人机有时会飞走或坠毁。摄像头稳定装置万向节也面临生产延误，所以第一批上架的 Solo 没有安装万向节，不适合拍摄照片和视频，而拍摄恰恰是大多数消费级无人机的主要用途。“制造万向节比制造无人机还难，”吉恩表示。万向节在 Solo 上架整整两个月之后才出货，那时已经到了 8 月。

不过，3D Robotics 的高管仍然看好 Solo 的潜力，预计它会在假日购物期间销售一空。据一名员工说，首席财务官约翰·雷克斯(John Rex)和安德森本来已经和代工厂 PCH 国际公司签订了制造 6 万架 Solo 的合同，而到了 6 月中旬，他们又以不足一个月的销售数据为依据，决定追加 4 万架的订单。这是一个重大的决定，一名前员工说，因为每架无人机及其万向节的生产成本，加上配送到零售商的费用，总共超过了 750 美元。知情人士告诉《福布斯》说，虽然该公司在 2015 年筹集了 6 400 万美元的资金，但大部分都花在了制造成本上。

不少人指责 3D Robotics 的莽撞预测导致了 Solo 的失败，比如一名前雇员说，领导层的致命错误是用“在卖”而不是“卖出”的数字为依据来进行预测。运送到零售渠道（如百思买）的库存，并不能显示消费者的需求，因为零售商如果没有把产品销售出去，还可以退回给公司。然而公司进行预测的依据是零售商那里的库存，而不是顾客实际购买的数量。

除了大疆，大家都是输家

3D Robotics 营销团队的一名前员工，也对公司在媒体公关上的一些做法表示了质疑。例如，2015 年春天，公司向科技媒体 The Verge 提供的演示中，有一架无人机是“精心改装过的”，和你在商店里买到的 Solo 并不一样。“我们知道用来演示的那架无人机表现会很好，”他说，那架无人机使用的增强 GPS 组件，在普通 Solo 上是没有的。

但是，媒体的好评并没有能够拯救 Solo 的命运。到 2015 年底，3D Robotics 总共只卖出了约 2.2 万架，是最初预测数字的一半。剩下的库存积压在工厂车间和海运集装箱里。而大疆也开始行动起来。拥有万向节和 GoPro 摄像头的 Solo 价格超过 1 700 美元，而垂直整合的大疆公司拥有自己的工厂，其精灵 3 专业版套装可以和 Solo 媲美，而价格仅为 1 300 美元。到 2016 年，配备了万向节和摄像头的精灵无人机价格降到了 1 000 美元。

“我从来没有见过有哪个市场出现过这样的降价，”安德森说。“除了大疆，大家都是输家。”

一落千丈

大疆的行动让安德森和他的高管没有了喘息的余地。2015 年底，他们取消了一个名为“Nemo”的小型竞速机计划，翌年 1 月，在前往拉斯维加斯参加 CES 消费电子展之后，他们意识到，曾经空旷的消费级无人机领域，很快就会挤满几十个来自中国的竞争对手。从 CES 展会一回来，3D Robotics 的领导层就改弦易辙，取消了“Blackbird”工业无人机计划，开始规划如何退出硬件制造领域。

由于资源过度集中在 Solo 上，在不到一年的时间里，3D Robotics 已经元气大伤。资金枯竭。他们不得不关闭了圣地亚哥的办公室和的工厂，默默地把联合创始人穆尼奥斯送出了门。（穆尼奥斯如今仍然在无人机行业工作，他拒绝对此事置评。）3D Robotics 欠代工厂 PCH 的货款也无法偿还，只好与它签订了一个协议。

安德森拒绝透露该协议的细节，但两名知情员工表示，3D Robotics 把剩余的 Solo 库存都交给了 PCH，同时需要为这批无人机提供营销和销售帮助。销售 Solo 的大多数收入都直接交给 PCH。而且 PCH 还获得了 3D Robotics 的部分股份，以及公司董事会的一个观察员席位。

经验教训

安德森说，3D Robotics 消费级项目的员工大多数都离开了，虽然蒂华纳还有一些 Solo 客户支持人员。现在 3D Robotics 正在转型为一家为企业服务的软件公司。他估计大约有 80 人留了下来，现在大多数员工都属于 Site Scan 软件团队，这个项目旨在帮助企业捕捉和分析航空数据。

3D Robotics 的新项目或许可以开花结果，但它也面临着一批硅谷初创公司的竞争，比如 Kespry、DroneDeploy 等，其中一些公司为开发企业软件解决方案筹集了数以百万美元的资金。3D Robotics 现在要想迎头赶上，可能已经没有足够的资源来支撑。

“我们不再制造 Solo 了，我们也不打算再制造无人机了”安德森说。他表示 3D Robotics 将开始为其他无人机制造商开发软件。“其他公司在做硬件，所以我们不必做硬件了，我们可以专注在提供软件和服务方面。我喜欢这个思路。我们是一家硅谷公司，我们应该做的就是软件，那些中国公司应该做硬件。”

与此同时，消费者仍然可以购买 Solo 无人机。一套 Solo 和万向节的制造和运输成本超过 750 美元，零售价曾经高达 1 400 美元。而现在，它在百思买的售价仅仅 500 美元。

阅读上文，请思考、分析并简单记录。

（1）请通过网络搜索，了解中国大疆公司，并做简单介绍。

答：______________________________

____

____

____

____

（2）仔细阅读本文并分析，你认为 3D Robotics 为什么会败给中国大疆？

答：______________________________

____

____

____

____

（3）结合网络搜索，请仔细了解无人机的发展现状，你个人是否看好这个产品、行业和市场的未来发展？

答：______________________________

____

____

（4）请简单记述你所知道的上一周发生的国际、国内或者身边的大事。

答：

15.1 “互联网+商业模式”创新

商业模式是一个企业满足消费者需求的系统，这个系统组织和管理着企业的各种资源（资金、原材料、人力资源、作业方式、销售方式、信息、品牌和知识产权、企业所处的环境、创新力），形成能够提供消费者无法自制而必须购买的产品或服务，因而具有自己能复制但不被别人复制的特性。

传统生态里的商业模式是固定的，而管理模式、生产模式、营销模式是变化的。如今，在互联网+企业里，最核心的就是商业模式的互联网化，即利用互联网精神（平等、开放、协作、分享）来颠覆和重构整个商业价值链（见图 15-6）。

图 15-6 互联网+商业模式

（1）工具+社群+商业模式。互联网的发展，使信息交流越来越便捷，志同道合的人更容易聚在一起，形成社群。同时互联网将散落在各地的星星点点的分散需求聚拢在一个平台上，形成新的共同需求，并形成了规模，解决了重聚的价值、社群和平台。如今互联网正在催熟新的商业模式，即“工具+社群+超级 APP”的混合模式，如微信。

（2）长尾型商业模式。由克里斯·安德森提出，这个概念描述了媒体行业从面向大量用户销售少数拳头产品，到销售庞大数量的利基产品[①]的转变，虽然每种利基产品相

① 所谓“利基”，是指“有获取利益的基础”。通过对市场的细分，企业集中力量于某个特定的目标市场，或严格针对一个细分市场，或重点经营一个产品和服务，创造出产品和服务优势。

对而言只产生小额销售量，但利基产品销售总额可以与传统面向大量用户销售少数拳头产品的销售模式媲美。传统金融搜索模式是违背长尾模式的，将繁如牛毛的金融产品呈现给消费者是一种不负责任的行为。长远来看，从信息撮合到交易撮合是趋势，在“互联网+”下，一定是“用户需要什么就生产什么”而不是“生产什么就卖什么”。

（3）跨界商业模式。互联网专家凯文·凯利说过：“不管你们是做哪个行业的，真正对你们构成最大威胁的对手一定不是现在行业内的对手，而是那些行业之外你看不到的竞争对手。”跨界模式是在给看得见的对手造成压力，给看不见的对手提高门槛。例如，小米做了手机，做了电视，做了农业，还要做汽车、智能家居。互联网实质上就是利用高效率来整合低效率，对传统产业核心要素的再分配，也是生产关系的重构，并以此来提升整体系统效率。

（4）免费商业模式。“互联网+”时代是一个“信息过剩”的时代，也是一个“注意力稀缺”的时代，怎样在“无限的信息中”获取“有限的注意力”，便成为“互联网+”时代的核心命题。互联网创业者们想尽办法去争夺注意力资源，而互联网产品最重要的就是流量，以流量为基础构建自己的商业模式，创造价值，然后转化成赢利。如果有一种商业模式既可以统摄未来的市场，也可以挤垮当前的市场，那就是免费的模式。

（5）O2O（线上线下）商业模式。狭义理解就是线上交易、线下体验消费的商务模式，包括线上到线下，用户在线上购买或预订服务，再到线下商户实地享受服务，目前这种类型比较多；再是线下到线上，用户通过线下实体店体验并选好商品，然后通过线上下单来购买商品。

平台型商业模式的核心是打造足够大的平台，产品更为多元化和多样化，更加重视用户体验和产品的闭环设计。利用互联网平台，企业可以放大，原因有：第一，这个平台是开放的，可以整合全球的各种资源；第二，这个平台可以让所有的用户参与进来，企业和用户之间的零距离。通过平台以最快的速度汇聚资源，满足用户多元化的个性化需求。

15.2 知识产权、技术评估和产业化

知识产权是指“权利人对其所创作的智力劳动成果所享有的财产权利”，一般只在有限时间内有效。各种智力创造如发明、文学和艺术作品，以及在商业中使用的标志、名称、图像以及外观设计，都可被认为是某一个人或组织所拥有的知识产权。

15.2.1 知识产权的概念

知识产权（见图 15-7）是关于人们就其在社会实践中创造的智力劳动成果所依法享有的专有权利。通常是国家赋予创造者对其智力成果在一定时期内享有的专有权或独占权。随着科技的发展，为了更好地保护产权人的利益，知识产权制度应运而生并不断完善。

图 15-7 知识产权

知识产权按保护目的不同，可分为工业产权和著作权；按保护对象不同，可分为创造性知识成果和经营标识两大类。知识产权具有专有性、地域性、时间性、无形性等特征。专利、专有技术的评价方法有收益法和成本法两类。商业秘密具有新颖性、价值性、保密性等特点。

通常认为，知识产权是一种无形财产权。从广义上说，知识产权是指以“创作性知识成果”和“经营标识”为核心而产生的财产权的总称。国内外著作普遍表述知识产权概念的方式是列举知识产权的主要内容，如知识产权传统上包括专利、商标和版权三个法律领域，或者说“专利权、商标权与著作权等一般结合在一起称之为知识产权。”然而，这种方法不能揭示概念的全部外延，只包括了专利权、商标权和著作权，而不涉及除商标之外的其他商业标记权、集成电路布图设计权、反不正当竞争等内容。

以计算机为例，创造性知识成果包括：计算机的画面处理装置或者数据处理装置相关的发明（发明专利权）；计算机的形状、构造等相关的实用新型（实用新型专利权）；计算机的外观设计（外观设计专利权）；计算机的半导体集成电路芯片设计（集成电路布图设计专有权）；计算机上安装的计算机软件（软件著作权）。经营标识包括：计算机上附着的注册商标（商标权）；计算机特有的商品形态、名称、包装、装潢等（反不正当竞争法保护的其他权益）。

知识产权具有无形性特征，这一特征将它们同一切有形财产权区分开。法律赋予了知识产权在一定期间内排他性的独占权。同时，知识产权具有地域性的特征，按照一国法律取得的知识产权，只能在该国有效，不会产生域外效力。此外，知识产权具有时间性的特征，一旦超出法律规定的有效期限，即丧失专有性，相关知识产品就进入公有领域，成为社会的共同财富，任何人都可以自由利用。如我国规定公民作品的著作权保护期为作者有生之年及其死后五十年，发明专利权的保护期为二十年，实用新型和外观设计专利权的保护期为十年。但并非每一类知识产权都具备以上全部特征，如商业秘密在时间性上就不受限制。

15.2.2 知识产权的分类

不同的国际公约对知识产权的类型有着不同的规定。

（1）按保护目的不同，可分为工业产权和著作权。狭义的工业产权包括发明、实用新型、外观设计和商标等。例如：一支铅笔的发明原来是圆柱形的，容易从桌子滚下来，那么将铅笔改为不易滚动的六棱形便可取得实用新型。给铅笔涂上设计的图案增加美观，就是外观设计。特定的制造商将自己的商标标注在铅笔上，这支铅笔就拥有了发明、实用新型、外观设计的专利权和商标权。著作权则涉及文学、科学、艺术领域，保护的是作者创作的作品。

（2）按保护对象不同，可分为创造性知识成果和经营标识两大类。创造性知识成果包括发明、实用新型、外观设计、作品等。近年来随着科学技术的发展，知识产权的保护范围逐渐扩大，如计算机软件、集成电路、植物新品种、商业秘密等也被列入创造性知识成果的保护范围。经营标识包括商标、商号、其他与制止不正当竞争有关的识别性标记等。

1. 发明

发明是指对产品、方法或者其改进所提出的新的技术方案。它分为产品发明和方法发明两大类型。例如，一种新合金的化学组成是产品发明，而制造该新合金的新方法或者工艺流程则是方法发明。发明专利权的保护期为 20 年。要取得发明专利权需要具备新颖性、创造性、实用性三个要件。新颖性是指一项发明是现有技术中所没有的。现有技术是指申请目前在国内外出版物上公开发表、在国内公开使用或者以其他方式为公众所知的技术。创造性是指除了是现有技术中所没有的以外，还必须是创造性构思的成果，而且与现有技术相比，该发明具有突出的实质性特点和显著的进步。实用性是指该发明能够制造或者使用，并且能够产生积极效果。此“三性”是发明区别于一般技术并能够取得专利权的核心要件。

2. 实用新型

实用新型是指对产品的形状、构造或者其结合所提出的适于实用的新的技术方案。实用新型的保护对象只限于产品形状、结构。产品的制造方法不能获得专利。实用新型专利权的保护期为 10 年。实用新型要取得专利权也需要具备新颖性、创造性、实用性的要件。但对其创造性水平的要求相比发明专利要低，故称之为“小发明”。对它不需要进行实质审查，只需要进行形式审查。因此，从技术高度性和权利稳定性上看，发明专利明显高于实用新型专利的价值。实用新型有时可以是一个简单实用的技术产品。

3. 外观设计

外观设计是指对产品的形状、图案或者其结合以及色彩与形状、图案的结合所作出的富有美观并适于工业应用的新设计。它属于美学范畴，主要指有用物品的装饰性或艺术性的外表，其保护期为 10 年。外观设计是对广泛的工业产品外观的形态创造，它可以是儿童玩具的造型，也可以是汽车外形设计或者汽车轮胎花纹的设计。外观设计有时为产品带来美观的同时也具有功能性，如轮胎的花纹。

4. 商标

商标是用来识别一种商品区别于其他商品，且具有“显著性”特征的商品标识。商标由文字、图形或文字、图形的组合所构成。与商品商标相同，服务业的经营者为了使自己的服务区别于其他经营者的同类服务而使用服务商标。例如，航空公司、旅馆、餐馆、银行、保险公司、旅行社、出租汽车公司等服务性企业使用的标记。一个标识可以同时是商品商标和服务商标。例如，麦当劳的商标既是商品商标，又是服务商标。当它提供外卖时，商品包装上所使用的标识是商品商标，而店铺向消费者提供服务时其标识为服务商标。商标权的保护期为10年，但可以无限期续展。因此，商标权实质上可以成为一种永久性权利。

5. 作品

受著作权法保护的是文学、艺术和科学作品。思想、感情的表现形式称为作品，如书籍、戏剧或音乐、舞蹈、艺术、电影、美术、摄影等作品。著作权是为了保障作者就其作品能够获得经济利益。现在各国著作权法中都授予作者复制、发行、表演、演奏、放映、广播其作品等专有权，其目的是保护作者利用或者许可第三人利用其作品而获得经济利益的权利。特别是在作品和技术相结合的今日，著作权正变得越来越重要。例如，许多高新技术产品和工艺需要通过计算机软件来操作，其软件开发费用占整个开发费用的80%或者更多。因此，相对于专利或专有技术而言，软件在很大程度上是一种现代工业语言，在经济和技术方面，都显得更加重要。

6. 商业秘密

商业秘密是指不为公众所知悉、能为权利人带来经济利益，是人类智力活动的产物，具有实用性并经权利人采取保密措施的技术信息和经营信息。一类是制造诀窍，也称专有技术，例如，如何钻探油田或者如何制造飞机发动机，以及产品设计、工艺流程、配方、质量控制等；另一类是经营诀窍，例如，如何计划、组织一个培训讲座班，以及成本和价格的数据、市场的调查研究成果、客户名单、促进销售的方式方法、人事信息、资金信息、财务诀窍等。企业对于所拥有的商业秘密，必须采取保密措施严加保护。如果因为不慎而被公开，该信息就落入公用领域，任何人都可自由使用。侵犯他人的商业秘密就是侵犯他人的知识产权，是与侵犯专利、商标、版权等知识产权一样，阻碍科学技术和管理技术的发展。

7. 集成电路布图设计

集成电路是指一种产品，在它的最终形态或中间形态，其中众多元件（其中至少一个是源元件）的部分或全部互连集成在一块材料之中或之上，以执行某种电子功能。在集成电路的价值成本中，大部分都是知识、技术与信息所增加的附加价值，这种附加价值主要集中在以集成电路为载体的集成电路布图设计上。目前对于集成电路布图设计，多数采取专门立法的形式予以保护，不过这种权利仍然属于工业产权的一部分。集成电路主要用于高级数据处理设备，以及应用于手表、电视机、洗衣机、汽车等日常使用的电子产品之中。集成电路创作新的布图设计需要大量的投资，但是模仿和复制却相对容易，一般只需要花费相当于原创作费用的十分之一左右。这是采用立法形式保护集成电路布图的主要原因。

15.2.3 知识产权商业化

知识产权的财产和市场价值日益彰显，越来越成为市场竞争的利器。

首先，要求在保护中要凸显知识产权的财产性和商业性。在处理涉及财产与人身的知识产权关系时，要注意人身表象背后的财产本质，透过现象看本质或者尊重当事人意思自治。例如，企业名称权本质上是一种财产权，可以转让和继受。

其次，在纯粹为商业目的委托创作作品的关系（如委托设计商品包装装潢）中，如果当事人约定买断作品的所有权利，要尊重当事人的意思自治，通过限缩解释等方式解决法律适用问题，无须僵化地认定人格权类的人身权不能转让。在这种情况下，当事人交易和降低交易成本，注意把握知名人物姓名、形象等商品化趋势，充分保护由人格权演化为财产权所产生的新类型权益。

再次，要注意保护商业成功，在专利性判断、专利权保护强度等方面适当考虑商业成功因素；在商标侵权、商业标识权利冲突等案件中适当注意保护商业成功，在商标近似、恶意等判断上适当考量商业成功。例如，除公然违反或明显抵触《商标法》明文规定外，对于已具有较大规模、客观上能够进行市场区分的商标，不宜轻率地撤销或者认定为商标近似，所体现的是保护商业成功及混淆性近似标准的主观认定客观化的精神，反映了对于市场客观事实的尊重。

15.2.4 控制产业链的表现

在电子、通信领域，一条产业链通常包括上游的技术提供商、中游的产品设计开发企业和下游的产品加工制造企业。

技术提供商研究新的基础技术，通过技术许可获利，或者通过出售核心零部件/芯片获利。产品设计开发企业围绕技术提供商提供的基础技术设计开发出满足用户/市场需求的具体产品，通过销售具体产品获利。产品加工制造企业主要是接受技术提供商或产品设计开发企业的委托，生产制造满足委托方要求的零部件/芯片或具体产品。

对于每个企业来说，虽然其知识产权的工作都包括专利、商标和商业秘密保护这几个主要部分，但是对位于产业链中不同位置的企业，其知识产权工作的侧重点是不同的。

在一条产业链中，上游企业的利润最高，中游企业的利润次之，下游企业的利润最低。相应地，上游企业对知识产权的要求也是最高的，在知识产权方面的投入也是最大的；中游企业次之；下游企业对知识产权的要求最低，投入也最少。

15.3 评价考虑因素

应分别针对专利技术、专有技术和商标，来分析、考虑考虑其评价因素。

15.3.1 评价专利技术应考虑的因素

（1）专利权的法律界定。这是专利权评价中首要考虑的因素，其中包括：

① 确定被评价对象所处的法律状态。专利权可以分为专利申请技术和专利技术两

种。前者是已向专利管理机构申请并得到受理但未最后授权的技术。这种技术的法律性质处于一种不确定的状态，可能被授权，也可能不被授权，在评价中应慎重对待。我国专利法规定，专利技术在申请公布以后，该技术可以受到专利法的临时保护，他人使用时应交付一定的费用。因此，在评价时，其作价应低于已获得专利权的技术。

② 确定专利技术的法律归属。在专利权的评价中，应明确确定该专利权归谁所有，无论是职务发明，还是非职务发明，都要有完备的法律文件以及相应的手续证明材料。

③ 审查专利权的时间与空间效力范围。任何超过规定时间的技术均为公有技术，使用者不用支付任何费用，即不在评价范围之内；专利权只有在授权国的范围内才能受到法律保护，超出这一范围的技术可以自由使用，不需要支付任何报酬，也不在评价范围之内。

（2）确定专利权的技术水平。专利技术虽然在取得专利权之前经过了一系列审查，但只能看到它是否达到法律文件中所描述的水平和条件，况且，专利法对实用新型和外观设计只进行了初步审查。因此，在评价时，应请有关方面的专家对被评价的技术进行认真论证，特别是对技术市场上所能遇到的竞争状况，要作充分的估计。另外，专利权存在一个萌芽、成长、成熟和消亡的过程，也应该注意其各阶段的价值。

15.3.2 评价专有技术应考虑的因素

（1）开发成本。专有技术的开发成本是构成其价格的因素之一，但它又不同于一般的商品。一般的商品，生产成本在价格中占的比重较大，赢利因素占的比重较小；而技术产品的价格往往相反，其所带来的赢利因素在价格中占到很大的比重。

（2）产品市场的供求关系。专有技术产品的市场供求关系对其价格也有重要的影响。产品在投入期和衰退期，因需要较低，其经济效益一般较差，技术价格也相对较低；而产品在成长期、成熟期销售很好，供不应求，效益高，其技术的价格也会相应提高。

（3）无形损耗。在科技高度发展的今天，技术的无形损耗在加快，技术的进行和更新换代速度在加快，技术的价值降低的速度也随之加快。

（4）技术的领先程度、成熟程度和可靠程度。对一项专有技术来讲，技术水平高、成熟可靠，才可以占领市场，发挥技术产品独家生产、垄断经营的特点，技术才长寿。一项专有技术的寿命越长，就越容易被人承认和尝试，它的效益期限就会越长，创造效益也会越大，才有更高的价值量。

（5）国家的科技政策也会影响专有技术的价格。

15.3.3 评价商标应考虑的因素

商标的价格是其价值的货币表现。但是，作为无形资产的商标的价值和价格与一般商品相比都有其特殊性，商标价值包含四部分：生产商标标志物的劳动，在法律上取得商标所有权的费用，注册商标的所有人和使用者为提高商标的内在质量而使用的特种技术、配方、选料、款式设计以及包装、开拓市场等方面所发生的劳动和费用，注册商标的所有人或使用人为建立自己的商标信誉和知名度而发生的费用。

商标收益年限受法律保护年限和商标经济寿命两个因素的影响。注册商标的保护年限是 10 年，但是到期可以续展，每次续展期也是 10 年。但是，最重要的是商标的经济寿命，需要联系企业发展状况、商标的发展潜力等方面进行综合分析。

15.4　编制创业计划书

一般来说，在创业之初，创业者在征询潜在的投资者，向银行申请贷款，或者准备聘用高层管理人员，或者准备与某一供应商建立长久往来关系时，对方都会要求创业者提供创业计划。这时，创业者必须拿出事先准备好的创业计划书，才能有效地宣传自己并节省宝贵的时间，提高工作效率。

创业计划书是指创业者在创业初期所编写的企业创立与运营的整体规划方案。这个时期，创业的风险较大，一般很难获得商业贷款或创业基金，风险投资商也对处于这个时期的企业投资非常小心，这个时期企业需编写大量的创业期文书，用于说服别人、规范自己。

创业计划书要描述创办一个创业企业时所有相关的外部及内部要素，包括商业前景的展望、人员、资金、物质等各种资源的整合，以及经营思想、战略确定等，是为创业项目制定的一份完整、具体、深入的行动指南。

15.4.1　创业计划的特征

创业计划具有 3 个方面的特征：

（1）涉及未来，因而应具有预见性。不论个人或组织，我们都必须在对未来进行充分估计的基础上行动。因此，运用科学的方法对未来进行预测，应是计划的一个基本组成部分。这些预测按内容分类，包括国家宏观经济前景及变动预测等。

（2）涉及行动，因而需要有可行性。创业就是行动，没有具体的行动，创业就是一句空话，所以创业计划又可称为创业行动计划。它既指出了所要达到的目标，又指出了所要遵循的路线、通过的阶段和所使用的手段。因此，失去了可行性，就会失去指导行动的功能。

（3）涉及许多复杂的环境因素及其变化，因此应具有灵活性。创业者受自身知识结构、所获信息数量和质量及人类的限制，完全准确地看清未来是不可能的，因而对于不确定的未来，创业计划应是相当灵活的，能顺应人们认识的深化而调整。越是能在计划中体现灵活性，由偶发事件发生所造成损失的风险就越小。另外，针对创业的不同阶段，对计划的要求是不同的。一般说来，在创业的初期，要求计划更具有指导性；在创业的成长期，要求计划更为具体和详细；在创业的成熟期，要求长期的、具体的战略发展计划。

15.4.2　创业计划的内容

根据投资者的不同，可以把创业计划分为以下四类：争取创业投资股权投入，争取产业资本股权投入，争取他人合伙，争取政府支持。

创业计划的内容主要包括：

（1）总体叙述：就是将自己的创业构想扼要地用文字形式表达出来。总体叙述一般包括创业构想、获利预测和风险评估等内容。

（2）组织机构：创业计划要说明企业的组织机构设置、职能范围以及完成这些职能的人员必须具备的条件和素质。合适的组织系统图和详细的职位说明书是组织计划的核心内容。组织机构设置不合理、职能范围不确定、人员素质和条件不达标是企业发展的重要障碍。

（3）产品内容：初步确定了创业目标，实际上就确定了创业的产品或服务的内容。创业计划应明确创业产品或服务项目的名称，直接成本及各种费用、税金、固定资产折旧等成本，生产制造或服务的有利条件和保证措施等。

产品计划是创业计划的重要内容之一，它是在深入进行市场调查和分析比较论证的基础上确定企业向市场提供产品的实施方案，主要内容有：产品名称，产品价格，销售方式和销售附加条件（如服务合同、维修合同、使用说明、安装服务等）。产品计划应当明确与产品有关的决策，包括如何实现目标，有无替代性产品，以及与附属产品、附加产品和外围产品有关决策。

（4）市场预测：产品或服务内容的市场情况将决定未来企业的生产经营状况。在创业计划中要说明创业产品或服务内容的市场需求情况，销售或服务的地区，销售或服务的方式，产品或服务的价格定位，成长性、利润率情况以及产品或服务的市场竞争情况等。

（5）生产规划：是对已确定的产品在生产过程中对厂房、设备、人员、技术、资金以及生产活动所需要的支持等方面的要求进行设计。要根据生产的规划制订详细的生产计划。生产计划主要描述生产的设备要求、厂房要求、人力资源要求、技术要求、进度要求、原材料要求、质量要求等方面的问题，也就是说生产计划主要是解决如何进行生产、如何保证产品质量的问题。生产计划可以分阶段制订，如起步阶段、正常经营阶段、快速发展阶段等。在各阶段，企业生产能力的提高应与产品需求的增长保持一致。

（6）工作进度：创业计划要注明创建工作的时间进度安排，应详细说明工作内容、工作要求、执行时间、执行负责人等内容。最好是拟订一份创建工作进度安排表。创建工作进度安排表包括做好市场调查、确定创业的产品或服务的内容、进行产品和服务的设计及包装、选择厂址厂房、购置生产设备、招聘员工、制作广告及促销方案、领取营业执照、银行开户、税务登记、开业典礼等内容。执行时间可以交叉安排。

（7）财务预算：创业计划要说明创业工作需要的财务总预算，要分项列出建设厂房的总造价、生产设备的总投资、为创办企业应缴的各种费用、创业产品的原材料价格、生产工人和管理人员的工资、生产流动资金等。

15.4.3 创业计划书的类型

为实现不同的目的，应该采用不同的方法编写创业计划书，同时突出不同的侧重点。在具体编写过程中，创业者应该根据具体案例调整结构，增删要素和议题，采用灵活多样的形式使创业计划书更为有效。以结构和篇幅来划分，可以将创业计划书分成两大类。

1. 简式创业计划书

简式创业计划书是一种比较简明、短小的计划书，它包括企业的重要信息、发展方向，以及少量重要的辅助性材料。简式计划书内容通常为 10~15 页。

一般来说，简式创业计划主要适用于以下情况：

（1）申请银行贷款。虽然很多银行在受理企业贷款申请时，并未正式规定企业要提供创业计划书，但是，一份简式创业计划书既能加深银行对企业的印象，也能够满足银行关于企业财务数据方面的要求。

（2）创业者享有盛名。如果创业者在以前已经成功地创建过企业，或者来自一家著名的公司，给风险投资商一份简式的创业计划书就足够了。

（3）试探风险投资商的兴趣。在向风险投资商提供完整的正式计划书以前，创业者也许会向他们提供简式创业计划书；那些有兴趣了解企业详情的投资者将会要求创业者提供更全面的计划。这也就是说，创业者应准备两份创业计划书。但这并不复杂，因为在编写简式创业计划书时已经完成了计划书的重要部分，此时，只需要对创业计划书中相应部分作一些必要的调整与补充即可。

（4）竞争激烈、时间紧迫。市场的发展和变化非常快，机会转瞬即逝，创业者在这种情况下来不及完成一份完整的创业计划书，为节省时间，创业者往往先写出一份简式创业计划书。

2. 详细创业计划书

详细创业计划书的内容一般有 30~40 页，并附有 10~20 页的辅助文件。在这样的计划书中，创业者能够将整个创业思想作一个比较全面的阐述，尤其能够对计划中关键部分进行较详细的论述。

详细的创业计划有下列几种用途：

（1）详细探索和解释企业的关键问题。为获得成功就必须同时在几个领域进行创新，翔实的创业计划书能将企业发展的关键问题解释清楚。

（2）寻求大额的风险投资。要获得较大的风险投资时，风险投资商一定会对企业的情况进行更详细的了解与研究。此时，最好提供一份详细的创业计划，因为随着投资额的增大，风险投资商也会变得更加谨慎。

15.4.4　创业计划书的写作要求

创业计划书没有固定格式，下面以一种比较常见的创业计划书为例来进行介绍。

（1）封面和标题页。有很多创业计划书没有提供任何必要的联系信息（比如企业的联系电话或地址）就送出去了。尽管企划者可能以另外的途径传递了这些必要的信息，但这样的创业计划书一般是不合格的。创业计划书的封面一定要明确写出寻求资助的企业名称、地址、电话以及该计划通过的日期。这一日期应该能够说明该计划书是基于公司对自己的地位和筹资需求的最新考虑作出的。

标题页紧随封面之后，应该再次写明企业的名称和地址；同时还应该写明联系人（一般是企业负责人）的姓名、地址和电话号码，他很可能是风险投资商第一个要接触的人。

在安排正式面谈之前，任何读了这一创业计划书的人都有可能就某一方面的问题与企业的主管人员交谈。在计划书上方一角，应注明复印件号码及保密级别字样，并在封面或标题页下方注明保密声明。

（2）目录。包括按一定次序排列的各部分内容的名称及其页码。很多企业的创业计划书只是一些内容的简单堆积和罗列，既没有逻辑关系，又没有必然联系，这种计划书很难达到融资目的。

（3）目的陈述或执行纲要。这部分是计划书的核心内容之一，它对计划书的编写以及计划书的最终效力都起着重要的作用。

（4）第一部分“企业基本情况”，包括企业概述、产品/服务、市场与竞争、销售与促销、组织机构与管理。

（5）第二部分“财务分析”，包括融资方案与资金退出、资本设备目录、资产负债表、收支平衡分析、预期损益表、现金流量计划、内部收益率及敏感性分析。这一部分主要包括企业若干年内（一般是五年）的财务预测以及相应的财务指标。

（6）第三部分“风险分析”，提出企业未来可能遇到的风险以及避免和控制这些风险的手段和措施。

（7）第四部分“附件”，包括撰写者个人简历、推荐信、意向书、租赁契约、合同、法律文件，以及其他与计划有关的文件。

习　题

1.（　　）是一个企业满足消费者需求的系统，这个系统组织和管理着企业的各种资源，形成能够提供给消费者的产品或服务，具有不被别人复制的特性。

A. 资源模式　　B. 服务模式　　C. 经济模式　　D. 商业模式

2. 在“互联网+”企业里，最核心的就是商业模式的（　　），即利用互联网精神（平等、开放、协作、分享）来颠覆和重构整个商业价值链。

A. 互联网化　　B. 利润最大化　　C. 成本最小化　　D. 人脉最优化

3. 知识产权是指“权利人对其所创作的智力劳动成果所享有的财产权利”，一般在（　　）内有效。

A. 全球范围　　B. 有限时间　　C. 永久时间　　D. 3 年

4. 各种智力创造比如发明、文学和艺术作品，以及在商业中使用的标志、名称、图像以及外观设计，都可被认为是某一个人或组织所拥有的（　　）。

A. 有形资产　　B. 精神负担　　C. 知识产权　　D. 永久财产

5. 从广义上说，知识产权是指以“创作性知识成果”和“经营标识”为核心而产生的（　　）的总称。

A. 财产权　　B. 形象权　　C. 写作权　　D. 经济权

6.（　　）是指对产品、方法或者其改进所提出的新的技术方案，分为产品和方法两大类型。

A．商标　　B．外观设计　　C．实用新型　　D．发明

7．（　　）是指对产品的形状、构造或者其结合所提出的适于实用的新的技术方案。

A．商标　　B．外观设计　　C．实用新型　　D．发明

8．（　　）是指对产品的形状、图案或者其结合以及色彩与形状、图案的结合所作出的富有美观并适于工业应用的新设计。

A．商标　　B．外观设计　　C．实用新型　　D．发明

9．（　　）是用来识别一种商品区别于其他商品，且具有"显著性"特征的商品标识。

A．商标　　B．外观设计　　C．实用新型　　D．发明

10．受著作权法保护的思想、感情的表现形式称为（　　），如书籍、戏剧或音乐、舞蹈、艺术、电影、美术、摄影等。

A．作品　　B．设计　　C．商标　　D．发明

11．（　　）是指不为公众所知悉、能为权利人带来经济利益，是人类智力活动的产物，具有实用性并经权利人采取保密措施的技术信息和经营信息。

A．作品　　B．设计　　C．商标　　D．商业秘密

12．（　　）是指一种产品，在它的最终形态或中间形态，其中众多元件（其中至少一个是源元件）的部分或全部互连集成在一块材料之中或之上，以执行某种电子功能。

A．线路板　　B．集成电路　　C．主机　　D．芯片

13．（　　）是指创业者在创业初期所编写的企业创立与运营的整体规划方案。

A．详细设计书　　B．概要设计书　　C．创业计划书　　D．需求分析报告

14．创业计划具有 3 个方面的特征，但下列（　　）不属于其中之一。

A．历史沿革　　B．涉及未来　　C．涉及行动　　D．涉及环境因素

【实训与思考】自选研究方向，编制个人发展规划

我们先做个有益的小调查。

请问：

（1）你学习的专业是：________________________________

你认为：

大一学年的课程主要是：□ 基础课　□ 专业基础课　□ 专业课　□ 不了解

大二学年的课程主要是：□ 基础课　□ 专业基础课　□ 专业课　□ 不了解

大三学年的课程主要是：□ 基础课　□ 专业基础课　□ 专业课　□ 不了解

大四学年的主要学习任务是：□ ______________________　□ 不了解

你认为，你熟悉自己所学的专业吗？

□ 熟悉　□ 基本熟悉　□ 一般　□ 不了解

大学生"是社会的一个特殊群体，是指正在或已经接受过大学教育的人，是社会新技术、新思想的前沿群体，国家培养的高级专业人才。"所以，如果你还不很了解和熟悉你的所学专业，那你得加倍努力了；或者，即使你认为自己已经比较熟悉自己的所学专业，也应该为今后的专业发展制定自己的个人发展规划。

（2）请自选发展方向，编制你自己的个人发展规划。

注意：

① 个人今后的发展并不一定必须是现在所学专业，请按照你的实际想法来编制发展规划。

② 规划可以是短期的、中期的或者长期的，请明确说明。

请另外附纸完成你的习作，并粘贴在这里（适当折叠）。

-------------------------（粘贴线）-------------------------

实训总结

____

____

____

____

实训评价（教师）

____

____

附　录

附录 A　课程学习与实训总结

至此，我们顺利完成了本课程的教学任务以及本书有关“创业创新：思维、方法与技术”的全部学习和实训作业。为巩固相关知识和技术，请就此做一个系统总结。限于篇幅，如果书中预留的空白不够，请另外附纸张粘贴在边上。

1. 课程的基本内容

（1）本学期学习的“创业创新：思维、方法与技术”主要有（请根据实际完成的教学情况填写）：

第 1 章主要内容：______________________________

____

____

第 2 章主要内容：______________________________

____

____

第 3 章主要内容：______________________________

____

____

第 4 章主要内容：______________________________

____

____

第 5 章主要内容：______________________________

____

____

第 6 章主要内容：____

____

____

第 7 章主要内容：____

____

____

第 8 章主要内容：____

____

____

第 9 章主要内容：____

____

____

第 10 章主要内容：_______________________________________

____

____

第 11 章主要内容：_______________________________________

____

____

第 12 章主要内容：_______________________________________

____

____

第 13 章主要内容：_______________________________________

____

____

第 14 章主要内容：_______________________________________

____

____

第 15 章主要内容：_______________________________________

____

____

（2）请回顾并简述：通过实训，你初步了解了哪些有关“创业创新：思维、方法与技术”的重要概念（至少 3 项）：

① 名称：____

简述：____

____

____

② 名称：____

简述：

③ 名称：

简述：

④ 名称：

简述：

⑤ 名称：

简述：

2. 实训的基本评价

（1）在全部实训中，你印象最深，或者相比较而言你认为最有价值的实训是：

①

你的理由：

②

你的理由：

（2）在所有实训中，你认为应该得到加强的实训是：

①

你的理由：

②

你的理由：

（3）对于本课程的内容及其实训，你认为应该改进的其他意见和建议：

3. 课程学习能力测评

请根据你在本课程中的学习情况，客观地对自己在“创业创新：思维、方法与技术”知识方面做一个能力测评。请在表 A-1 的“测评结果”栏中合适的项下打“✓”。

表 A-1 课程学习能力测评

关键能力	评价指标	测评结果					备注
		很好	较好	一般	勉强	较差	
课程主要内容	1. 了解本课程的知识体系、理论基础及其发展						
	2. 熟悉创新的基本概念						
	3. 熟悉本课程的在线学习环境						
战略方针	4. 了解国家创新驱动发展战略						
	5. 了解互联网思维与“互联网+”						
	6. 了解大数据思维						
创新思维	7. 熟悉发明问题的传统方法						
	8. 熟悉创新思维与技法						
TRIZ 创新方法	9. 熟悉技术系统的进化知识						
	10. 熟悉 TRIZ 创新方法主要概念						
	11. 熟悉技术系统进化与发明原理						
	12. 了解解决矛盾实现发明的方法						
	13. 熟悉科学效应与应用						
	14. 熟悉创新驱动创业知识						
网络学习能力	15. 了解网络自主学习的必要性和可行性						
	16. 掌握通过网络提高专业能力、丰富专业知识的学习方法						
自我管理与交流能力	17. 培养自己的责任心，掌握、管理自己的时间						
	18. 知道尊重他人观点，能开展有效沟通，在团队合作中表现积极						

续表

关键能力	评价指标	测评结果					备注
		很好	较好	一般	勉强	较差	
解决问题与创新能力	19. 能根据现有的知识与技能创新地提出有价值的观点						
	20. 能运用不同思维方式发现并解决创新创业问题						

说明："很好"5分，"较好"4分，余类推。全表满分为100分，你的测评总分为：__________分。

4. 实训总结

____

____

____

____

5. 实训评价（教师）

____

____

附录B　习题与部分实训参考答案

第1章

1. B	2. C	3. A	4. D	5. D	6. B
7. A	8. C	9. B	10. A	11. C	12. B
13. D	14. A	15. C	16. B	17. A	18. D

第2章

1. B	2. A	3. D	4. C	5. A	6. B
7. D	8. C	9. A	10. D		

第3章

1. C	2. A	3. C	4. C	5. A	6. C
7. A	8. C	9. B	10. D	11. B	12. C
13. A	14. B	15. D	16. A	17. C	18. B
19. A	20. C	21. D	22. C	23. B	24. A
25. B					

第 4 章

1. A	2. C	3. B	4. A	5. D	6. C
7. B	8. B	9. A			

第 5 章

1. A	2. C	3. D	4. B	5. A	6. C
7. B	8. D	9. A	10. C	11. A	12. D
13. B	14. D				

【实训与思考】

（2）请使用多屏幕法分析如何测量毒蛇的长度。

我们把放在透明玻璃容器中的毒蛇作为当前系统。

屏幕“过去”：毒蛇之前会爬行、吃东西、休息，利用毒蛇的这个特点，可以有如下想法：

① 毒蛇在爬行的时候想办法对它进行测量。

② 毒蛇在吃东西的时候，把它拉直对其进行测量。

③ 在毒蛇休息的时候，对其进行测量。

④ 在毒蛇是小蛇或者是蛇蛋的时候，根据统计规律对它的长度进行估计。

屏幕“未来”：毒蛇以后还会爬行、吃东西、休息，并且还会冬眠，利用毒蛇的这个特点，可以有如下想法：

① 毒蛇在爬行的时候想办法对它进行测量。

② 毒蛇在吃东西的时候，把它拉直对其进行测量。

③ 在毒蛇休息的时候，对其进行测量。

④ 创造让毒蛇能够冬眠的环境，在毒蛇冬眠的时候对其进行测量。

屏幕“超系统”：超系统可以是玻璃容器甚至房间，因此可以利用玻璃容器、树枝、空气，可以有以下想法：

① 利用毒蛇喜欢缠绕树枝的特点，可以在玻璃容器中架上一些树枝，当毒蛇爬过树枝的时候，对其进行测量。

② 可以改变玻璃容器中空气的成分，让毒蛇在这个环境中丧失攻击性。

③ 玻璃容器带有一个小孔，只允许毒蛇平直爬出来，然后在孔外放一个带有刻度的狭长玻璃管。可以在小孔外放上小动物，毒蛇看到了，就会自己从小孔爬到玻璃管中，也就测出了毒蛇的长度。

屏幕“子系统”：蛇的子系统包含蛇皮、蛇头，可以有如下想法：

① 测量蛇蜕掉的皮。

② 根据蛇头的大小，推算蛇的长度。

通过上述分析，在图 5-18 中完成填空。

（3）请使用金鱼法，分析如何用空气赚钱。

步骤 1：将不现实的想法分为两个部分：

现实部分：空气、钱、赚钱。

不现实部分：出售空气。

步骤 2：解释为什么非现实部分是不可行的。

答：空气为大家共有，它在我们的身边取之不尽。因此，它不能卖钱。

步骤 3：找出在哪些条件下想法的非现实部分可变为现实的。

答：在下列条件下，空气可以卖钱：空气资源缺乏，即它的供应有限；它包含某些特殊成分，或者具有某些特殊功能；它要通过特定手段来输送，而不能直接呼吸；周围的大气不适合呼吸。

步骤 4：检查系统、超系统或子系统中的资源能否提供此类条件。

答：在超系统中，存在许多这样的情境：空气供给不充足，例如，在飞机中、在飞船中、在地下、在高山上、在水下；需要人工呼吸，例如，在心脏病发作期间；需要空气中含有特殊成分，例如，深潜水中可使用基于氦的混合物；空气不适合呼吸，例如，火灾期间空气中含有高浓度的一氧化碳。

步骤 5：如果能，则可定义相关想法，即应怎样对情境加以改变，才能实现想法的看似不可行的部分。将这一新想法与初始想法的可行部分，组合为可行的解决方案构想。

答：在下列条件下，空气可以卖钱：在空气有限的场所出售空气（例如，在水下或地下作业时，在污染严重的大城市中）；出售有益健康的空气供呼吸使用（如海上或山区的空气）；出售空气净化装置，或者可制备有益健康空气的装置；出售芳香化的空气。

步骤 6：如果无法通过可行途径来利用现有资源为看起来不现实的部分提供实现条件，则可将这一“看起来不现实的部分”再次分解为现实与非现实部分。然后，重复步骤 1~步骤 5，直到得出可行的解决方案构想。

答：虽然在许多情境下空气确实可以卖钱，但它仍然不能“在正常条件下”出售，即在空气充足且新鲜的地方出售（见图 B-1）。

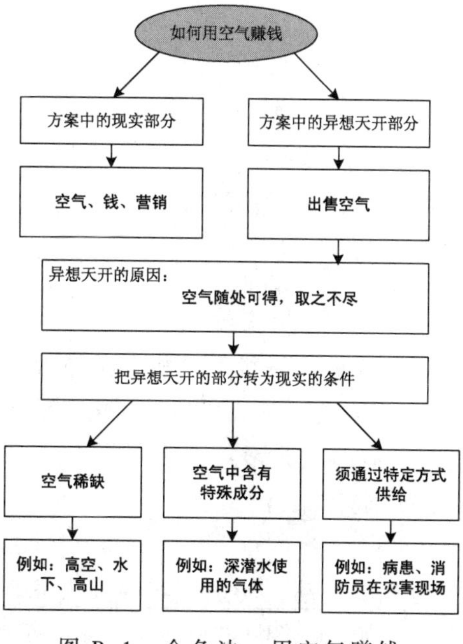

图 B-1　金鱼法：用空气赚钱

第 6 章

1. D	2. A	3. B	4. C	5. A	6. D
7. C	8. B	9. A	10. D	11. C	12. E
13. A	14. C	15. D	16. A	17. B	18. A
19. B	20. D	21. B	22. A		

第 7 章

1. 对	2. A	3. D	4. B	5. C	6. D
7. B	8. A	9. C	10. 错	11. 错	12. A、B
13. B	14. 对	15. A、B	16. C		

第 8 章

1. 对	2. D	3. A	4. B	5. A	6. C
7. B	8. D	9. C	10. A	11. B	12. D

第 9 章

1. D	2. C	3. D	4. C	5. D	6. B
7. A	8. C	9. D	10. B	11. A	12. A
13. D					

第 10 章

1. B	2. A	3. D	4. D	5. B	6. A
7. C	8. D				

第 11 章

1. A	2. C	3. D	4. B	5. C	6. 对
7. A	8. D	9. B	10. C	11. D	12. A
13. C					

第 12 章

1. C	2. 对	3. 对	4. 对	5. 对	6. D
7. A	8. 对	9. B	10. C	11. 对	12. 对
13. 对	14. B				

【实训与思考】

（9）应用技术矛盾和矛盾矩阵解决飞机发动机整流罩改进问题。

你选取的技术问题：如何改进波音 737 飞机发动机的整流罩，而不降低飞机的安全性。

步骤 1：确定技术系统的所有组成元素：

飞机发动机 发动机整流罩 起落架 跑道

步骤 2：问题描述：

在改进波音 737 设计中为加大发动机功率，需要加大发动机整流罩的截面积尺寸，整流罩与地面的距离将会缩小，而影响飞机起降的安全性。要考虑改进发动机的整流罩，而不降低飞机的安全性。

步骤 3：定义技术矛盾，定义需要改善的参数和被恶化的参数。

改善的参数：运动物体的面积。

被恶化的参数：运动物体的长度（尺寸）。

步骤 4：解决技术矛盾。在矛盾矩阵的交叉点单元格中，得到的发明原理序号是：

在 TRIZ 矛盾矩阵表的横坐标上找出恶化参数“运动物体的长度”，纵坐标上找出改善参数“运动物体的面积”，在其相交的单元格中，得到了可能的发明原理集是［14, 15, 18, 4］。

通过查阅，得到对应的发明原理及其指导原则是：

原理（14）：曲率增加（曲面化）。

指导原则 1：通过将二维或三维空间中的直线变为曲线、直线运动变为圆周运动，来增加曲率。

指导原则 2：采用滚筒、辊、球、螺旋结构。

指导原则 3：利用离心力，用回转运动代替直线运动。

原理（15）：动态特性。

指导原则 1：调整对象或对象所处于的环境，使对象在各动作、各阶段的性能达到最佳状态。

指导原则 2：将对象分割为多个部分，使其各部分可以改变相对位置。

指导原则 3：使不动的对象可动或可自动适应。

原理（18）：机械振动原理。

指导原则 1：使对象发生机械振动。

指导原则 2：如果对象已经处于振动状态，则提高振动的频率（直至超声振动）。

指导原则 3：利用共振频率。

指导原则 4：用压电振动代替机械振动。

指导原则 5：将超声波振动与电磁场振动合并使用。

原理（4）：增加不对称性。

指导原则 1：将对象（的形状或组织形式）由对称的变为不对称的。

指导原则 2：如果对象已经是不对称的了，就增加其不对称程度。

结论：你所获得的创新问题解决方案是：

考虑将飞机发动机整流罩的纵向尺寸保持不变，而横向尺寸加大，即让整流罩变成上下不对称的“鱼嘴”形状，这样，飞机发动机整流罩的进风面积加大了，而其底部与地面的距离仍然可以保持一个安全的距离，因此飞机的安全性并不会受到影响。

解决方案：应用发明原理 4，将飞机发动机整流罩改为不对称形状。

事实上，最终波音 737 飞机发动机整流罩改进设计的解决方案就是采用了“鱼嘴”形状（见图 B-2），

图 B-2　改进了引擎整流罩后的波音 737 飞机

既解决了发动机面积的增大，又解决了整流罩与地面距离太近的问题。

第 13 章

1. C	2. B	3. A	4. B	5. D	6. 错
7. 对	8. 对	9. B	10. A	11. C	12. 错
13. D	14. C	15. D	16. C	17. 对	18. 否
19. 对	20. 对				

第 14 章

1. C	2. B	3. A	4. A	5. D	6. B
7. A	8. D	9. B	10. A	11. C	12. D

【实训与思考】

（3）应用最终理想解解决创新问题。

问题 1：养兔子。

① 设计的最终目的是什么？

答：兔子能够吃到新鲜的青草。

② 问题的最终理想解是什么？

答：兔子永远能自己吃到青草。

③ 达到最终理想解的障碍是什么？

答：为防止兔子走得太远照看不到，农场主用笼子放养兔子，但放养兔子的笼子不能移动。

④ 出现这种障碍的结果是什么？

答：由于笼子不能移动，兔子只能吃到笼子下面面积有限的草，短时间内，草就会被吃光。

⑤ 出现这种障碍的条件是什么？

答：笼子下永远有青草。

⑥ 创造这些条件时可用的资源是什么？

答：兔子、笼子、草。

解决方案：给笼子装上轮子，兔子自己推着笼子移动，去不断地获得青草。这个解决方案完全符合 IFR 的 4 个特点。这里解决问题的资源是兔子本身会自动找青草吃。

问题 2　直立的熨斗。

① 设计的最终目的是什么？

答：衣服不会被熨斗烫坏。

② 最终理想解是什么？

答：熨斗能自行保持站立状态。

③ 达到 IFR 的障碍是什么？

答：熨斗无法自行站立，需要靠人来摆放成站立状态。

④ 出现这种障碍的结果是什么？

答：如果人忘记把熨斗摆放成站立状态，熨斗长时间与衣服接触，衣服被烫坏。

⑤ 不出现这种障碍的条件是什么？

答：有一个支撑力将熨斗从平行状态支起。

⑥ 创造无障碍条件的可用资源是什么？

答：熨斗的自重、形状。

解决方案：我们可以思考有什么东西可以自行保持站立状态，小孩子也马上能够想到一种最常见的玩具：不倒翁。那么不倒翁是如何实现这种神奇的状态的？是不是相同的原理可以应用在熨斗的设计上呢？

把熨斗的尾部设计成圆柱面或者球面，让重心移到尾部，因此熨斗像不倒翁一样，平时保持自动站立的姿态。使用时轻轻按倒即可；不使用时，只要你一松手，熨斗就自动站立起来，脱离与衣服的接触。这样，你就可以放心地去做别的事情了。

这里解决问题所使用的是一分钱不用花的资源：重力。

问题 3 聪明草种的诞生。

① 设计的最终目的是什么？

答：漂亮整洁的草坪。

② 最终理想解是什么？

答：无须人工修剪，草坪上的草能始终保持在一个固定的高度。

③ 达到最终理想解的障碍是什么？

答：为了对付总在长高的草，不得不使用割草机。

④ 出现这种障碍的结果是什么？

答：割草机除了具有修剪草坪的一个有用功能之外，带来的是大量的无用功能（费钱、费时、费力、噪声，消能、污染、伤人等）。

⑤ 不出现这种障碍的条件是什么？

答：让草坪上的草能始终保持在一个固定的高度。

⑥ 创造无障碍条件的可用资源是什么？

答：草本身。

解决方案：于是，“聪明的草种”诞生了。这种草生长到一定高度就停止生长，人们不再需要割草机了，问题得到了理想的解决。

这里解决问题的资源是草本身，可以通过遗传培养或基因工程来筛选出长成固定高度的青草。

第 15 章

1. D	2. A	3. B	4. C	5. A	6. D
7. C	8. B	9. A	10. A	11. D	12. B
13. C	14. A				

附录 C　39×39 矛盾矩阵

	恶化参数 改进参数	运动物体的重量	静止物体的重量	运动物体的长度	静止物体的长度	运动物体的面积	静止物体的面积	运动物体的体积	静止物体的体积	速度	力
		1	2	3	4	5	6	7	8	9	10
1	运动物体的重量	+	-	15,8,29,34	-	29,17,38,34	-	29,2,40,28	-	2,8,15,38	8,10,18,37
2	静止物体的重量	-	+	-	10,1,29,35	-	35,30,13,2	-	5,35,14,2	-	8,10,19,35
3	运动物体的长度	8,15,29,34	-	+	-	15,17,4	-	7,17,4,35	-	13,4,8	17,10,4
4	静止物体的长度		35,28,40,29	-	+	-	17,7,10,40	-	35,8,2,14	-	28,10
5	运动物体的面积	2,17,29,4	-	14,15,18,4	-	+	-	7,14,17,4		29,30,4,34	19,30,35,2
6	静止物体的面积	-	30,2,14,18	-	26,7,9,39	-	+	-		-	1,18,35,36
7	运动物体的体积	2,26,29,40	-	1,7,4,35	-	1,7,4,17	-	+	-	29,4,38,34	15,35,36,37
8	静止物体的体积	-	35,10,19,14	19,14	35,8,2,14	-		-	+	-	2,18,37
9	速度	2,28,13,38	-	13,14,8	-	29,30,34	-	7,29,34	-	+	13,28,15,19
10	力	8,1,37,18	18,13,1,28	17,19,9,36	28,10	19,10,15	1,18,36,37	15,9,12,37	2,36,18,37	13,28,15,12	+
11	应力或压力	10,36,37,40	13,29,10,18	35,10,36	35,1,14,16	10,15,36,28	10,15,36,37	6,35,10	35,24	6,35,36	36,35,21
12	形状	8,10,29,40	15,10,26,3	29,34,5,4	13,14,10,7	5,34,4,10		4,14,15,22	7,2,35	35,15,34,18	35,10,37,40
13	结构稳定性	21,35,2,39	26,39,1,40	13,15,1,28	37	2,11,13	39	28,10,19,39	34,28,35,40	33,15,28,18	10,35,21,16
14	强度	1,8,40,15	40,26,27,1	1,15,8,35	15,14,28,26	3,34,40,29	9,40,28	10,15,14,7	9,14,17,15	8,13,26,14	10,18,3,14
15	运动物体作用时间	19,5,34,31	-	2,19,9	-	3,17,19	-	10,2,19,30	-	3,35,5	19,2,16
16	静止物体作用时间	-	6,27,19,16	-	1,40,35	-		-	35,34,38	-	
17	温度	36,22,6,38	22,35,32	15,19,9	15,19,9	3,35,39,18	35,38	34,39,40,18	35,6,4	2,28,36,30	35,10,3,21
18	光照度	19,1,32	2,35,32	19,32,16		19,32,26		2,13,10		10,13,19	26,19,6
19	运动物体的能量	12,18,28,31	-	12,28	-	15,19,25	-	35,13,18	-	8,15,35	16,26,21,2
20	静止物体的能量	-	19,9,6,27	-		-		-		-	36,37

续表

	恶化参数 / 改进参数	应力与压力	形状	结构稳定性	强度	运动物体作用时间	静止物体作用时间	温度	光照度	运动物体的能量	静止物体的能量
		11	12	13	14	15	16	17	18	19	20
1	运动物体的重量	10,36,37,40	10,14,35,40	1,35,19,39	28,27,18,40	5,34,31,35	-	6,29,4,38	19,1,32	35,12,34,31	-
2	静止物体的重量	13,29,10,18	13,10,29,14	26,39,1,40	28,2,10,27	-	2,27,19,6	28,19,32,22	19,32,35	-	18,19,28,1
3	运动物体的长度	1,8,35	1,8,10,29	1,8,15,34	8,35,29,34	19	-	10,15,19	32	8,35,24	-
4	静止物体的长度	1,14,35	13,14,15,7	39,37,35	15,14,28,26	-	1,10,35	3,35,38,18	3,25	-	
5	运动物体的面积	10,15,36,28	5,34,29,4	11,2,13,39	3,15,40,14	6,3	-	2,15,16	15,32,19,13	19,32	-
6	静止物体的面积	10,15,36,37		2,38	40	-	2,10,19,30	35,39,38		-	
7	运动物体的体积	6,35,36,37	1,15,29,4	28,10,1,39	9,14,15,7	6,35,4	-	34,39,10,18	2,13,10	35	-
8	静止物体的体积	24,35	7,2,35	34,28,35,40	9,14,17,15	-	35,34,38	35,6,4		-	
9	速度	6,18,38,40	35,15,18,34	28,33,1,18	8,3,26,14	3,19,35,5	-	28,30,36,2	10,13,19	8,15,35,38	-
10	力	18,21,11	10,35,40,34	35,10,21	35,10,14,27	19,2		35,10,21	-	19,17,10	1,16,36,37
11	应力或压力	+	35,4,15,10	35,33,2,40	9,18,3,40	19,3,27		35,39,19,2	-	14,24,10,37	
12	形状	34,15,10,14	+	33,1,18,4	30,14,10,40	14,26,9,25		22,14,19,32	13,15,32	2,6,34,14	
13	结构稳定性	2,35,40	22,1,18,4	+	17,9,15	13,27,10,35	39,3,35,23	35,1,32	32,3,27,16	13,19	27,4,29,18
14	强度	10,3,18,40	10,30,35,40	13,17,35	+	27,3,26		30,10,40	35,19	19,35,10	35
15	运动物体作用时间	19,3,27	14,26,28,25	13,3,35	27,3,10	+	-	19,35,39	2,19,4,35	28,6,35,18	
16	静止物体作用时间			39,3,35,23		-	+	19,18,36,40		-	
17	温度	35,39,19,2	14,22,19,32	1,35,32	10,30,22,40	19,13,39	19,18,36,40	+	32,30,21,16	19,15,3,17	
18	光照度		32,30	32,3,27	35,19	2,19,6		32,35,19	+	32,1,19	32,35,1,15
19	运动物体的能量	23,14,25	12,2,29	19,13,17,24	5,19,9,35	28,35,6,18	-	19,24,3,14	2,15,19	+	-
20	静止物体的能量			27,4,29,18	35				19,2,35,32	-	+

续表

	恶化参数 / 改进参数	功率	能量损失	物质损失	信息损失	时间损失	物质数量	可靠性	测试精度	制造精度	物体外部有害因素作用的敏感性
		21	22	23	24	25	26	27	28	29	30
1	运动物体的重量	12,36,18,31	6,2,34,19	3,5,35,31	10,24,35	10,35,20,28	3,26,18,31	1,3,11,27	28,27,35,26	28,35,26,18	22,21,18,27
2	静止物体的重量	15,19,18,22	18,19,28,15	5,8,13,30	10,15,35	10,20,35,26	19,6,18,26	10,28,8,3	18,26,28	10,1,35,17	2,19,22,37
3	运动物体的长度	1,35	7,2,35,39	4,29,23,10	1,24	15,2,29	29,35	10,14,29,40	28,32,4	10,28,29,37	1,15,17,24
4	静止物体的长度	12,8	6,28	10,28,24,35	24,26	30,29,14		15,29,28	32,28,3	2,32,10	1,18
5	运动物体的面积	19,10,32,18	15,17,30,26	10,35,2,39	30,26	26,4	29,30,6,13	29,9	26,28,32,3	2,32	22,33,28,1
6	静止物体的面积	17,32	17,7,30	10,14,18,39	30,16	10,35,4,18	2,18,40,4	32,35,40,4	26,28,32,3	2,29,18,36	27,2,39,35
7	运动物体的体积	35,6,13,18	7,15,13,16	36,39,34,10	2,22	2,6,34,10	29,30,7	14,1,40,11	25,26,28	25,28,2,16	22,21,27,35
8	静止物体的体积	30,6		10,39,35,34		35,16,32,18	35,3	2,35,16		35,10,25	34,39,19,27
9	速度	19,35,38,2	14,20,19,35	10,13,28,38	13,26		10,19,29,38	11,35,27,28	28,32,1,24	10,28,32,25	1,28,35,23
10	力	19,35,18,37	14,15	8,35,40,5		10,37,36	14,29,18,36	3,35,13,21	35,10,23,24	28,29,37,36	1,35,40,18
11	应力或压力	10,35,14	2,36,25	10,36,3,37		37,36,4	10,14,36	10,13,19,35	6,28,25	3,35	22,2,37
12	形状	4,6,2	14	35,29,3,5		14,10,34,17	36,22	10,40,16	28,32,1	32,30,40	22,1,2,35
13	结构稳定性	32,35,27,31	14,2,39,6	2,14,30,40		35,27	15,32,35		13	18	35,24,30,18
14	强度	10,26,35,28	35	35,28,31,40		29,3,28,10	29,10,27	11,3	3,27,16	3,27	18,35,37,1
15	运动物体作用时间	19,10,35,38		28,27,3,18	10	20,10,28,18	3,35,10,40	11,2,13	3	3,27,16,40	22,15,33,28
16	静止物体作用时间	16		27,16,18,38	10	28,20,10,16	3,35,31	34,27,6,40	10,26,24		17,1,40,33
17	温度	2,14,17,25	21,17,35,38	21,36,29,31		35,28,21,18	3,17,30,39	19,35,3,10	32,19,24	24	22,33,35,2
18	光照度	32	13,16,1,6	13,1	1,6	19,1,26,17	1,19		11,15,32	3,32	15,19
19	运动物体的能量	6,19,37,18	12,22,15,24	35,24,18,5		35,38,19,18	34,23,16,18	19,21,11,27	3,1,32		1,35,6,27
20	静止物体的能量			28,27,18,31			3,35,31	10,36,23			10,2,22,37

续表

	恶化参数 / 改进参数	物体产生的有害因素	可制造性	可操作性	可维修性	适应性及多用性	装置的复杂性	监控与测试的困难程度	自动化程度	生产率
		31	32	33	34	35	36	37	38	39
1	运动物体的重量	22,35,31,39	27,28,1,36	35,3,2,24	2,27,28,11	29,5,15,8	26,30,36,34	28,29,26,32	26,35,18,19	35,3,24,37
2	静止物体的重量	35,22,1,39	28,1,9	6,13,1,32	2,27,28,11	19,15,29	1,10,26,39	25,28,17,15	2,26,35	1,28,15,35
3	运动物体的长度	17,15	1,29,17	15,29,35,4	1,28,10	14,15,1,16	1,19,24,26	35,1,26,24	17,24,26,16	14,4,28,29
4	静止物体的长度		15,17,27	2,25	3	1,35	1,26	26		30,14,7,26
5	运动物体的面积	17,2,18,39	13,1,26,24	15,17,13,16	15,13,10,1	15,30	14,1,13	2,36,26,18	14,30,28,23	10,26,34,2
6	静止物体的面积	22,1,40	40,16	16,4	16	15,16	1,18,36	2,35,30,18	23	10,15,17,7
7	运动物体的体积	17,2,40,1	29,1,40	15,13,30,12	10	15,29	26,1	29,26,4	35,34,16,24	10,6,2,34
8	静止物体的体积	30,18,35,4	35		1		1,31	2,17,26		35,37,10,2
9	速度	2,24,35,21	35,13,8,1	32,28,13,12	34,2,28,27	15,10,26	10,28,4,34	3,34,27,16	10,18	
10	力	13,3,36,24	15,37,18,1	1,28,3,25	15,1,11	15,17,18,20	26,35,10,18	36,37,10,19	2,35	3,28,35,37
11	应力或压力	2,33,27,18	1,35,16	11	2	35	19,1,35	2,36,37	35,24	10,14,35,37
12	形状	35,1	1,32,17,28	32,15,26	2,13,1	1,15,29	16,29,1,28	15,13,39	15,1,32	17,26,34,10
13	结构稳定性	35,40,27,39	35,19	32,35,30	2,35,10,16	35,30,34,2	2,35,22,26	35,22,39,23	1,8,35	23,35,40,3
14	强度	15,35,22,2	11,3,10,32	32,40,25,2	27,11,3	15,3,32	2,13,25,28	27,3,15,40	15	29,35,10,14
15	运动物体作用时间	21,39,16,22	27,1,4	12,27	29,10,27	1,35,13	10,4,29,15	19,29,39,35	6,10	35,17,14,19
16	静止物体作用时间	22	35,10	1	1	2		25,34,6,35	1	20,10,16,38
17	温度	22,35,2,24	26,27	26,27	4,10,16	2,18,27	2,17,16	3,27,35,31	26,2,19,16	15,28,35
18	光照度	35,19,32,39	19,35,28,26	28,26,19	15,17,13,16	15,1,19	6,32,13	32,15	2,26,10	2,25,16
19	运动物体的能量	2,35,6	28,26,30	19,35	1,15,17,28	15,17,13,16	2,29,27,28	35,38	32,2	12,28,35
20	静止物体的能量	19,22,18	1,4					19,35,16,25		1,6

续表

	恶化参数 改进参数	运动物体的重量	静止物体的重量	运动物体的长度	静止物体的长度	运动物体的面积	静止物体的面积	运动物体的体积	静止物体的体积	速度	力
		1	2	3	4	5	6	7	8	9	10
21	功率	8,36,38,31	19,26,17,27	1,10,35,37		19,38	17,32,13,38	35,6,38	30,6,35	15,35,2	26,2,36,35
22	能量损失	15,6,19,28	19,6,18,9	7,2,6,13	6,38,7	15,26,17,30	17,7,30,18	7,18,23	7	16,35,38	36,38
23	物质损失	35,6,23,40	35,6,22,32	14,29,10,39	10,28,24	35,2,10,31	10,18,39,31	1,29,30,36	3,39,18,31	10,13,28,38	14,15,18,40
24	信息损失	10,24,35	10,35,5	1,26	26	30,26	30,16		2,22	26,32	
25	时间损失	10,20,37,35	10,20,26,5	15,2,29	30,24,14,5	26,4,5,16	10,35,17,4	2,5,34,10	35,16,32,18		10,37,36,5
26	物质数量	35,6,18,31	27,26,18,35	29,14,35,18		15,14,29	2,18,40,4	15,20,29		35,29,34,28	35,14,3
27	可靠性	3,8,10,40	3,10,8,28	15,9,14,4	15,29,28,11	17,10,14,16	32,35,40,4	3,10,14,24	2,35,24	21,35,11,28	8,28,10,3
28	测试精度	32,35,26,28	28,35,25,26	28,26,5,16	32,28,3,16	26,28,32,3	26,28,32,3	32,13,6		28,13,32,24	32,2
29	制造精度	23,32,13,18	28,35,27,9	10,28,29,37	2,32,10	28,33,29,32	2,29,18,36	32,23,2	25,10,35	10,28,32	28,19,34,36
30	物体外部有害因素作用的敏感性	22,21,27,39	2,22,13,24	17,1,39,4	1,18	22,1,33,28	27,2,39,35	22,23,37,35	34,39,19,27	21,22,35,28	13,35,39,18
31	物体产生的有害因素	19,22,15,39	35,22,1,39	17,15,16,22		17,2,18,39	22,1,40	17,2,40	30,18,35,4	35,28,3,23	35,28,1,40
32	可制造性	28,29,15,16	1,27,36,13	1,29,13,17	15,17,27	13,1,26,12	16,40	13,29,1,40	35	35,13,8,1	35,12
33	可操作性	25,2,13,15	6,13,1,25	1,17,13,12		1,17,13,16	18,16,15,39	1,16,35,15	4,18,39,31	18,13,34	28,13,35
34	可维修性	2,27,35,11	2,27,35,11	1,28,10,25	3,18,31	15,13,32	16,25	25,2,35,11	1	34,9	1,11,10
35	适应性及多用性	1,6,15,8	19,15,29,16	35,1,29,2	1,35,16	35,30,29,7	15,26	15,35,29		35,10,14	15,17,20
36	装置的复杂性	26,30,34,36	2,26,35,29	1,19,26,24	26	14,1,13,16	6,36	34,26,6	1,16	34,10,28	26,16
37	监控与测试的困难程度	27,26,28,13	6,13,28,1	16,17,26,24	26	2,13,18,17	2,39,30,16	29,1,4,16	2,18,26,31	3,4,16,35	36,28,40,19
38	自动化程度	28,26,18,35	28,26,35,10	14,13,17,28	23	17,14,13		35,13,16		28,10	2,35
39	生产率	35,26,24,37	28,27,15,3	18,4,28,38	30,7,14,26	10,26,34,31	10,35,17,7	2,6,34,10	35,37,10,2		28,15,10,36

续表

	恶化参数 改进参数	应力与压力	形状	结构稳定性	强度	运动物体作用时间	静止物体作用时间	温度	光照度	运动物体的能量	静止物体的能量
		11	12	13	14	15	16	17	18	19	20
21	功率	22,10,35	29,14,2,40	35,32,15,31	26,10,28	19,35,10,38	16	2,14,17,25	16,6,19	16,6,19,37	
22	能量损失			14,2,39,6	26			19,38,7	1,13,32,15		
23	物质损失	3,36,37,10	29,35,3,5	2,14,30,40	35,28,31,40	28,27,3,18	27,16,18,38	21,36,39,31	1,6,13	35,18,24,5	28,27,12,31
24	信息损失					10	10		10		
25	时间损失	37,36,4	4,10,34,17	35,3,22,5	29,3,28,18	20,10,28,18	28,20,10,16	35,29,21,18	1,19,26,17	35,38,19,18	1
26	物质数量	10,36,14,3	35,14	15,2,17,40	14,35,34,10	3,35,10,40	3,35,31	3,17,39		34,29,16,18	3,35,31
27	可靠性	10,24,35,19	35,1,16,11		11,28	2,35,3,25	34,27,6,40	3,35,10	11,32,13	21,11,27,19	36,23
28	测试精度	6,28,32	6,28,32	32,35,13	28,6,32	28,6,32	10,26,24	6,19,28,24	6,1,32	3,6,32	
29	制造精度	3,35	32,30,40	30,18	3,27	3,27,40		19,26	3,32	32,2	
30	物体外部有害因素作用的敏感性	22,2,37	22,1,3,35	35,24,30,18	18,35,37,1	22,15,33,28	17,1,40,33	22,33,35,2	1,19,32,13	1,24,6,27	10,2,22,37
31	物体产生的有害因素	2,33,27,18	35,1	35,40,27,39	15,35,22,2	15,22,33,31	21,39,16,22	22,35,2,24	19,24,39,32	2,35,6	19,22,18
32	可制造性	35,19,1,37	1,28,13,27	11,13,1	1,3,10,32	27,1,4	35,16	27,26,18	28,24,27,1	28,26,27,1	1,4
33	可操作性	2,32,12	15,34,29,28	32,35,30	32,40,3,28	29,3,8,25	1,16,25	26,27,13	13,17,1,24	1,13,24	
34	可维修性	13	1,13,2,4	2,35	11,1,2,9	11,29,28,27	1	4,10	15,1,13	15,1,28,16	
35	适应性及多用性	35,16	15,37,1,8	35,30,14	35,3,32,6	13,1,35	2,16	27,2,3,5	6,22,26,1	19,35,29,13	
36	装置的复杂性	19,1,35	29,13,28,15	2,22,17,19	2,13,28	10,4,28,15		2,17,13	24,17,13	27,2,29,28	
37	监控与测试的困难程度	35,36,37,32	27,13,1,39	11,22,39,30	27,3,15,28	19,29,39,25	25,34,6,35	3,27,35,16	2,24,26	35,38	19,35,16
38	自动化程度	13,35	15,32,1,13	18,1	25,13	6,9		26,2,19	8,32,19	2,32,13	
39	生产率	10,37,14	14,10,34,40	35,3,22,39	29,28,10,18	35,10,2,18	20,10,16,38	35,21,28,10	26,17,19,1	35,10,38,19	1

续表

	恶化参数 改进参数	功率	能量损失	物质损失	信息损失	时间损失	物质数量	可靠性	测试精度	制造精度	物体外部有害因素作用的敏感性
		21	22	23	24	25	26	27	28	29	30
21	功率	+	10,35,38	28,27,18,38	10,19	35,20,10,6	4,34,19	19,24,26,31	32,15,2	32,2	19,22,31,2
22	能量损失	3,38	+	35,27,2,37	19,10	10,18,32,7	7,18,25	11,10,35	32		21,22,35,2
23	物质损失	28,27,18,38	35,27,2,31	+		15,18,35,10	6,3,10,24	10,29,39,35	16,34,31,28	35,10,24,31	33,22,30,40
24	信息损失	10,19	19,10		+	24,26,28,32	24,28,35	10,28,23			22,10,1
25	时间损失	35,20,10,6	10,5,18,32	35,18,10,39	24,26,28,32	+	35,38,18,16	10,30,4	24,34,28,32	24,26,28,18	35,18,34
26	物质数量	35	7,18,25	6,3,10,24	24,28,35	35,38,18,16	+	18,3,28,40	13,2,28	33,30	35,33,29,31
27	可靠性	21,11,26,31	10,11,35	10,35,29,39	10,28	10,30,4	21,28,40,3	+	32,3,11,23	11,32,1	27,35,2,40
28	测试精度	3,6,32	26,32,27	10,16,31,28		24,34,28,32	2,6,32	5,11,1,23	+		28,24,22,26
29	制造精度	32,2	13,32,2	35,31,10,24		32,26,28,18	32,30	11,32,1		+	26,28,10,36
30	物体外部有害因素作用的敏感性	19,22,31,2	21,22,35,2	33,22,19,40	22,10,2	35,18,34	35,33,29,31	27,24,2,40	28,33,23,26	26,28,10,18	+
31	物体产生的有害因素	2,35,18	21,35,2,22	10,1,34	10,21,29	1,22	3,24,39,1	24,2,40,39	3,33,26	4,17,34,26	
32	可制造性	27,1,12,24	19,35	15,34,33	32,24,18,16	35,28,34,4	35,23,1,24		1,35,12,18		24,2
33	可操作性	35,34,2,10	2,19,13	28,32,2,24	4,10,27,22	4,28,10,34	12,35	17,27,8,40	25,13,2,34	1,32,35,23	2,25,28,39
34	可维修性	15,10,32,2	15,1,32,19	2,35,34,27		32,1,10,25	2,28,10,25	11,10,1,16	10,2,13	25,10	35,10,2,16
35	适应性及多用性	19,1,29	18,15,1	15,10,2,13		35,28	3,35,15	35,13,8,24	35,5,1,10		35,11,32,31
36	装置的复杂性	20,19,30,34	10,35,13,2	35,10,28,29		6,29	13,3,27,10	13,35,1	2,26,10,34	26,24,32	22,19,29,40
37	监控与测试的困难程度	18,1,16,10	35,3,15,19	1,18,10,24	35,33,27,22	18,28,32,9	3,27,29,18	27,40,28,8	26,24,32,28		22,19,29,28
38	自动化程度	28,2,27	23,28	35,10,18,5	35,33	24,28,35,30	35,13	11,27,32	28,26,10,34	28,26,18,23	2,33
39	生产率	35,20,10	28,10,29,35	28,10,35,23	13,15,23		35,38	1,35,10,38	1,10,34,28	18,10,32,1	22,35,13,24

续表

	恶化参数 / 改进参数	物体产生的有害因素	可制造性	可操作性	可维修性	适应性及多用性	装置的复杂性	监控与测试的困难程度	自动化程度	生产率
		31	32	33	34	35	36	37	38	39
21	功率	2,35,18	26,10,34	26,35,10	35,2,10,34	19,17,34	20,19,30,34	19,35,16	28,2,17	28,35,34
22	能量损失	21,35,2,22		35,32,1	2,19		7,23	35,3,15,23	2	28,10,29,35
23	物质损失	10,1,34,29	15,34,33	32,28,2,24	2,35,34,27	15,10,2	35,10,28,24	35,18,10,13	35,10,18	28,35,10,23
24	信息损失	10,21,22	32	27,22				35,33	35	13,23,15
25	时间损失	35,22,18,39	35,28,34,4	4,28,10,34	32,1,10	35,28	6,29	18,28,32,10	24,28,35,30	
26	物质数量	3,35,40,39	29,1,35,27	35,29,25,10	2,32,10,35	15,3,29	3,13,27,10	3,27,29,18	8,35	13,29,3,27
27	可靠性	35,2,40,26		27,17,40	1,11	13,35,8,24	13,35,1	27,40,28	11,13,27	1,35,29,38
28	测试精度	3,33,39,10	6,35,25,18	1,13,17,34	1,32,13,11	13,35,2	27,35,10,34	26,24,32,28	28,2,10,34	10,34,28,32
29	制造精度	4,17,34,26		1,32,35,23	25,10		26,2,18		26,28,18,23	10,18,32,39
30	物体外部有害因素作用的敏感性		24,35,2	2,25,28,39	35,10,2	35,11,22,31	22,19,29,40	22,19,29,40	33,3,34	22,35,13,24
31	物体产生的有害因素	+					19,1,31	2,21,27,1	2	22,35,18,39
32	可制造性		+	2,5,13,16	35,1,11,9	2,13,15	27,26,1	6,28,11,1	8,28,1	35,1,10,28
33	可操作性		2,5,12	+	12,26,1,32	15,34,1,16	32,26,12,17		1,34,12,3	15,1,28
34	可维修性		1,35,11,10	1,12,26,15	+	7,1,4,16	35,1,13,11		34,35,7,13	1,32,10
35	适应性及多用性		1,13,31	15,34,1,16	1,16,7,4	+	15,29,37,28	1	27,34,35	35,28,6,37
36	装置的复杂性	19,1	27,26,1,13	27,9,26,24	1,13	29,15,28,37	+	15,10,37,28	15,1,24	12,17,28
37	监控与测试的困难程度	2,21	5,28,11,29	2,5	12,26	1,15	15,10,37,28	+	34,21	35,18
38	自动化程度	2	1,26,13	1,12,34,3	1,35,13	27,4,1,35	15,24,10	34,27,25	+	5,12,35,26
39	生产率	35,22,18,39	35,28,2,24	1,28,7,10	1,32,10,25	1,35,28,37	12,17,28,24	35,18,27,2	5,12,35,26	+

参考文献

[1] 周苏. 创新思维与 TRIZ 创新方法 [M]. 2 版. 北京：清华大学出版社，2018.

[2] 周苏，王文. 大数据导论 [M]. 北京：清华大学出版社，2016.

[3] 周苏，王硕苹. 创新思维与方法 [M]. 北京：中国铁道出版社，2016.

[4] 周苏. IT 创新思维与创新方法 [M]. 北京：中国铁道出版社，2016.

[5] 周苏. 创新思维与科技创新 [M]. 北京：机械工业出版社，2016.

[6] 吕爽. 创业基础 [M]. 北京：中国铁道出版社，2016.

[7] 郭晓宏，段秀红，陈浩. 从 0 到 1 学创业：写给创业者的实用指南 [M]. 天津：天津科学技术出版社，2016.

[8] 马化腾. 互联网+：国家战略行动路线图 [M]. 北京：中信出版社，2015.

[9] 罗森. 世界上最强大的思想：蒸汽机、产业革命和创新的故事 [M]. 北京：中信出版集团，2016.

[10] 李善友. 颠覆式创新：移动互联网时代的生存法则 [M]. 北京：机械工业出版社，2015.

[11] 创新方法研究会，中国 21 世纪议程管理中心. 创新方法教程：初级 [M]. 北京：高等教育出版社，2012.

[12] 奥尔洛夫. 用 TRIZ 进行创造性思考实用指南 [M]. 北京：科学出版社，2010.

[13] 李海军，丁雪燕. 经典 TRIZ 通俗读本 [M]. 北京：中国科学技术出版社，2009.

[14] 王亮申，孙峰华. TRIZ 创新理论与应用原理 [M]. 北京：科学出版社，2010.

[15] 赵敏，史晓凌，段海波. TRIZ 入门及实践 [M]. 北京：科学出版社，2010.